历史名人传记

司马相如传

许 结-著

天地出版社
TIANDI PRESS

图书在版编目（CIP）数据

司马相如传 / 许结著. -- 成都：天地出版社，
2025. 6. -- (历史名人传记). -- ISBN 978-7-5455
-3702-4

Ⅰ. K825.6

中国国家版本馆CIP数据核字第202529T3F7号

历史名人传记
SIMA XIANGRU ZHUAN

司马相如传

出 品 人	杨　政
作　者	许　结
责任编辑	李　倩
责任校对	卢　霞
封面设计	今亮后声
责任印制	刘　元

出版发行 天地出版社
（成都市锦江区三色路238号　邮政编码：610023）
（北京市方庄芳群园3区3号　邮政编码：100078）
网　　址 http://www.tiandiph.com
电子邮箱 tianditg@163.com

印　刷 水印书香（唐山）印刷有限公司
版　次 2025年6月第1版
印　次 2025年6月第1次印刷
开　本 710mm×1000mm　1/16
印　张 19.5
字　数 329千字
定　价 98.00元
书　号 ISBN 978-7-5455-3702-4

在中国历史上，伴随秦汉大一统帝国的出现，有了大一统的帝国文化，也有了供职朝廷的文人，他们身处京城，接近皇帝，既胸怀治国平天下的大志，又因作为"语言侍从"的身份，常常被皇帝视为"倡优"——譬如宫廷艺人——而牢骚满腹。这些文士的志向与不平，往往通过文学创作展现出来，他们保留下来的作品，为整个中国文学史增光添彩。秦朝统一中国后以"法"治天下——所谓"秦世不文"（刘勰语），不重视王朝文化的建设，汉代初年又忙于恢复被长期战乱摧残了的社会经济，从汉高祖创业到"文景之治"，主要精力放在立国建统与发展经济上，并没有工夫去倡导什么文学，一直到文武双全、雄才大略的汉武帝的出现，时代风尚才发生了变化。朝廷向藩国地方招募宫廷语言侍从，于是一批擅文之士如司马相如、枚皋、董仲舒、司马迁等皆汇聚于朝廷，产生了中国历史上第一批宫廷文人，司马相如就是其中突出的代表。

　　只要提到汉代文学，少不了说"大汉文章两司马"，就是被后代奉为"赋圣"的司马相如和大史学家，也就是《史记》的作者司马迁。司马相如从一个蜀中少年到一代赋圣，一生充满了传奇。比如他在临邛"琴挑卓文君"而成就一段传奇的爱情，于是有了"文君相如，俏冤家"的故事和"琴心相挑""坐上琴心"的成语；他与文君结合后一时穷愁潦倒，将自己穿的鹔鹴裘换酒喝，于是有了"家徒四壁"与"貂裘换酒"的成语；他献赋给汉武帝，在赋中虚构了"子虚""乌有"等人物，于是又有了"子虚乌有""化为乌有"等典故；传说汉武帝的陈皇后失宠时幽居长门宫，找人花千金购买司马相如的《长门赋》，以打动汉武帝的心，于是又有了"量金买赋"或"千金买赋"的成语。

作为文人的司马相如，创造了历史上罕有的辉煌，因曾三度献赋而三"惊"汉主，纵观中国古代无人可及。作为一位时代人物，他曾受命两度出使巴蜀之地，建功立业，且留下"盖世必有非常之人，然后有非常之事；有非常之事，然后有非常之功"（《难蜀父老》）的名言——这句话历近30年，还被汉武帝记起，写进他的诏书，以彰显其创业垂统，铁马雄风的功绩与气象。当然，囿于宫廷文人的生存境遇，司马相如也不免遭受"倡优蓄之"的命运，他曾因"受金"而"失官"，托病闲居，虽不"穷愁"，却甚"潦倒"，到晚年以"孝文园令"的官职履行为汉文帝守墓的使命，不免有些落寞与寒凉。可是他在临终时又留下了一篇令汉武帝再次震惊的《封禅文》，这又开启了若干年后帝王泰山封禅的新时代。

唐初文人王勃《滕王阁序》写道"杨意不逢，抚凌云而自惜"，其中以相如上《大人赋》使汉武帝沉浸于神游仙境的"凌云"之意，转化为以"凌云"代其赋笔，这一词语也成为人们赞美好文章的共识。所以在后世的接受过程中，司马相如还是回归为一个文士，从而形成了由"辞宗"到"赋圣"的历史构建。

蜀中少年

　　司马相如约生于公元前179年，即汉文帝前元元年，逝年不确定，或谓逝于公元前118年，即汉武帝元狩五年，享年60岁左右。也有认为逝于元狩六年，即公元前117年。关于他的事迹，主要记载于司马迁的《史记·司马相如列传》，这篇传记据唐人刘知幾《史通》所说，又是根据司马相如的"自叙"编写的，《汉书》本传承袭《史记》，内容基本相同。在相如的自叙中，没有说明其姓氏来历与籍贯所在，所以给后人留下了诸多疑问。司马迁的记述，只说相如是"蜀郡成都人"，这究竟是他的出生地，还是少年时期的生活地，也语焉未详。所以相如的家世籍贯以及早年学养，自然成为后世研究者所关注并加以考述的问题。

一、相如的家世籍贯

　　司马相如童年、少年时代应该都是在蜀中度过的，而且还应是生长在一个比较富裕的家庭。据刘知幾《史通》所说，《史记》中的"相如传"与《汉书》中的"扬雄传"都是引用传主的自叙，而扬雄明言"祖先所出"，相如却"但记自少及长，立身行事而已，逮于祖先所出，则蔑尔无闻"（《史通·序传》）。"蔑尔无闻"，自然就缺失了这段历史，所以相如的"祖先"及其"司马氏"迁蜀的源头，也湮灭无闻，对此，历代研究家只能付之阙如，或者依据史迹和其他记载加以推测了。

　　相如复姓"司马"，源自上古的姓氏。在中国的古代，汉以前平民是没有姓的，汉以前的三代，特别是周朝，姓氏是有封土的贵族才有的，"司马"就是一个复姓贵族。据说在周宣王的时候，有一位叫程伯休甫的人担任司马的官职，后来因故失去了官守，就被称为"司马氏"，也就是说司马氏是"以官为氏"的。古代姓氏源于宗法制度，特别是周朝分封制度的扩大，姓氏的来源也就非常广泛，比如"以官为氏"除了司马，还有司徒、司空等，此外还有"以名号为氏"的，如唐、夏等，有"以国名为氏"的，如曹、鲁、宋等，有"以爵位为氏"的，如王、公等，有"以居所为氏"的，如郭、池等；有"以事职为氏"的，如巫、陶等。司马相如的远祖应该担任过司马的官职，后来就以官职名为氏。如此推算，司马相如跟比他约小三十岁的司马迁应该是共有同一先祖的。由于相如没有说明祖先由何地迁徙到"蜀郡"的变迁线路，我们只能通过司马迁的记载作些推测。

据司马迁的《太史公自序》记载，司马氏由上古传说延续至汉代太史公家族，史迁分成两个阶段进行叙述。第一阶段从上古到周宣王之世：

> 昔在颛顼，命南正重以司天，北正黎以司地。唐虞之际，绍重黎之后，使复典之，至于夏商，故重黎氏世序天地。其在周，程伯休甫其后也。当周宣王时，失其守而为司马氏。司马氏世典周史。惠、襄之间，司马氏去周适晋。晋中军随会奔秦，而司马氏入少梁。

这里历述从颛顼、唐虞、夏、商到周朝，说明司马氏远承重黎（司天地之职）之后，到了周宣王朝，其官职又是负责编写周代历史的。再到了周惠王、襄王的时候，司马氏宗族离开周（今河南洛阳一带）到了晋（今山西一带），又逢上晋中军随会奔秦事，司马氏又迁到了梁国。第二阶段从周朝司马氏入晋，叙述到太史公（指司马迁的父亲司马谈）：

> 自司马氏去周适晋，分散，或在卫，或在赵，或在秦。其在卫者，相中山。在赵者，以传剑论显，蒯聩其后也。在秦者名错，与张仪争论，于是惠王使错将伐蜀，遂拔，因而守之。

据史迁所述，司马氏入晋后分为三支，一支迁到卫国（今河南境内），一支迁到赵国（今山西境内），一支迁到秦国（今陕西一带）。在秦国的司马错接受秦惠王的命令，攻打当时的古蜀国，战胜后就驻守在那里，于是排列谱系，所谓"错孙靳""靳孙昌""昌生无泽""无泽生喜""喜生谈"，传七世而到司马迁。所以司马迁是迁移到秦国的一支，是秦将司马错的后裔。相如是不是与司马迁一样，是由周到秦，由秦入蜀的这一支，历史没有交代，不能确定。另外由周到赵的一支司马氏，史书却有历代都以擅长剑器（以传剑论显）而闻名于世的记述，由此联系到《史记》"相如传"有关"少时好读书，学击剑"的记载，况且后入《刺客传》的蒯聩为这支后人，可见颇有尚武传统。这"击剑"是否为其世传，即赵国这一支司马氏的传统，虽无确证，但也是很有可能的。相如所好"剑术"，据司马贞《史记索隐》引《吕氏春秋》剑伎云"持短入长，倏忽纵横之术也"，以及曹丕《典论》云"余好击剑，善以短乘长"，所谓的"剑术"，或类似飞镖类的打击器物。但有一点可以确证，那就是相如在汉景帝时初入宫廷任职"武骑常侍"，张揖释云"常侍从格猛兽"，这与相如擅长飞"剑"之术有密切的关联，若身无这类具武功性质的技艺，从事"格猛兽"职任，确实不可思议。另外还有一个旁证，司马相如早岁慕蔺相如而更名，蔺相如也是战国时赵人，相如慕其侠义，其中是否有些故国情怀？加上后来相如又"琴挑"卓王孙女文君，卓氏也是由赵国邯郸迁入蜀地的，相同的来历和渊源，或许也有其中的原因。当然，司马相如是不是传自赵国这一支，也只能是猜测，但有一点可以肯定，他的先辈也是从中原迁到蜀地的。

司马相如的祖籍在哪里，因为史料不详，没有定论。关于他的出生地，《史记》记述的是"蜀郡成都人"，司马迁和相如基本是同时代的人，说法应该是有依据的，所以班固《汉书》也延承了这个说法。不过，相如究竟是出生在成都，还是小时候随父辈从某出生地迁入成都，也是有争议的。或者说汉史所载的"蜀地成都"也是个较为广泛的地域概念。于是有当代学者在"蜀地"进行文献与实地考古，认定相如出生地为今天四川的蓬安县。①因为梁天监六年（507年）在今蓬安之地设置"相如县"，北周天和四年（569年）置蓬州，隋大业三年（607年）改州为郡，属巴西郡。后至唐代屡有更改，唐初贞观元年（627年）时任相如县令的陈子良撰《祭司马相如文》尚记述其事："予忝宰兹邑，似觌遗尘，抚事怀贤，实劳瘵寐。……抑维（一作抑维）往彦，差拟其伦，缅彼风猷，载深长想。"表达了地方官对邑中先贤敬仰的情怀。明废"相如"县名，后明人曹学佺曾任职四川右参政，迁按察史，广搜蜀中掌故，编撰成《蜀中广记》，在该书第五十四卷的《蜀中郡县古今通释第四·川北道属·蓬州》中指出："梁天监中置。相如县，长卿桑梓也。"清代学者王培荀的《听雨楼随笔》中有《相如籍贯》一则，也明确说"人皆以相如为成都人，实今之蓬州人，后迁成都，又居临

①　邓郁章、赵正铭编：《司马相如故里在蓬安》，四川人民出版社2007年版。

邛，三处皆有琴台"。当代很多学者据此寻根溯源，提出了相如籍贯在今四川蓬安县这一说法。比如王仲荦先生的《北周地理志》在"相如县"一条中，明确指出当时的相如故县址"为今之蓬安县利溪场"，并认为其县名"相如"实缘于本地有"相如坪""相如琴台""相如故宅""相如别业"。这一说法也是有史料依据的，宋代王象之《舆地纪胜》在"顺庆府·人物"中有载述，祝穆的《方舆胜览》也有同类记载。明人曹学佺《蜀中名胜记》转录宋人王俦《长卿祠壁记》文有记述云："伏念长卿杰出于西京文章极盛之际，自是至今薄海内外人，无贤愚皆知有长卿，言语之妙若谒日月，俦……尝过县之琴台，乃《图经》所谓长卿故宅者，一时遗迹仿佛尚在。"视相如故宅在蓬安，也是前人普遍的认识。

蓬安是山水佳境，周朝的时候属于巴子国，秦属巴郡阆中县，地处四川东北，东依营山、渠县，西接南部、顺庆、高坪，北邻仪陇，东南与广安毗连，南与岳池交界。地处嘉陵江西岸，有舟楫之便，上通阆、利，下达果、渝。清光绪年间方旭所编《蓬州志》记载："相如属境，南有今南充之北陲，东南有岳池之半，东有营山之废朗池，西北有南部之废新政，其理所距今府治八十五里。"今蓬安有锦屏、周口，依山环水，风光旖旎。据史志记载，蓬州有著名的"八景"，其中"广陵晓钟""五马奔江""嘉陵晚渡""琴台夜月""马鞍樵唱"，都在锦屏、周口。所称的"琴台"，指的就是相如琴台，这又与当地的相如山、相如坪、长卿祠堂等旧地名，共同编织出有关"相如"青少年时代的历史记忆。历代诗人每每过此境，都会流连忘返，写下"相如印象"的精彩篇章。例如有关相如故城的歌咏：

梓潼不见马相如，更欲南行问酒垆。行到巴西觅谯秀，巴西惟是有寒芜。

（唐·李商隐《梓潼望长卿山至巴西复怀谯秀》）

买赋金钱出后宫，长卿文采冠诸公。梁园未至时名大，蜀道前驱使节雄。已托焦桐传密意，更倚残札寄遗忠。如何一讽神仙事，却得飘云起赋中。

（宋·胡宿《长卿》）

相如一去已年年，县废台空名自悬。莫道当垆花影尽，至今皓魄尚娟娟。

（明·卢雍《琴台夜月》）

几年未上尊经阁，胜友同游亦快哉。江水不流山色去，天风时卷市声来。空中咳唾豪情在，客里登临倦眼开。明日相如添异事，喧传仙侣见蓬莱。

（清·伍联芳《与醒园、淮楼同登尊经阁》）①

这些诗作或怀古，或寄友，或追思，或抒写人生感慨，相如的本事与典故，皆蕴含其间。唐宋元明清，从古走到今，从唐人李商隐的诗作，到清人伍联芳的诗篇，诗人的记忆与美丽的向往，皆钟情于此，这也是相如生于斯的形象说明。

在这依傍于美丽的嘉陵江畔的蓬安小城中，相如度过了他富裕而幸福的童年。后来因为相如被奉为"赋圣"，在四川当地还流行一种说法，到蓬安是为了"朝圣"，因为孔子是儒家学派的圣人，相如就是辞赋创作的圣人了。②

---

① 邓郁章编注：《相如故里风光吟》，四川人民出版社2007年版。

② 2007年蓬安县举办"相如县"建县1500年的庆典活动，作者受邀参加，作"诵赋而惊汉主——司马相如与汉宫廷赋考述"的学术发言。

二、相如的名号

司马相如，字长卿，因"少时好读书，学击剑，故其亲名之曰犬子"，这是《史记·司马相如列传》开篇就记述的。顾名思义，"犬子"就是小狗，似乎很不雅，若追究相如的父母（其亲）为何替他取了个这样的小名，也有多种说法。一说是依《史记》所述，他小时候"学击剑"，较调皮，所以叫他小狗；一说是父母为了小儿远离疾病邪魅，而特意选一个低贱字词命名，便于孩子健康生养，所以"以狗名之"；还有一种说法是"爱称"，司马贞《史记索隐》引孟康之说："爱而字之也。"由此查询历史上以"犬子"命名，首先出现的就是相如，于是又有一种推断，"犬子"称谓不单单是一个谦辞，还含着一种美好的期盼，包含了古人望子成龙的期许与怜爱。当然，从习惯称谓来看，其谦鄙之义一直存在，如《三国演义》第二十八回："郭常夫妇出拜于堂前，谢曰：'犬子冒渎虎威，深感将军恩恕。'"又如第七十三回："云长勃然大怒曰：'吾虎女安肯嫁犬子乎！不看汝弟之面，立斩汝首。'"前者或有些许怜惜，后者则是代指"无用"之人了。

至于"相如"名字的由来，《史记》记载的是"慕蔺相如之为名人，更名相如"。蔺相如是战国时期赵国的一位胆大心细、不畏强暴且又识大体的名人。据《史记·廉颇蔺相如列传》记载，蔺相如本来只是宦者令缪贤的"舍人"（门客），地位比较卑微，但他一生却为赵国做出了三件惊人的事：

第一件事是"完璧归赵"。说的是赵惠文王时，赵国得到了"和氏璧"（珍奇的玉石），秦昭王听说赵惠文王得到了和氏璧，提出用秦地的十五个城池换这块宝玉，赵王非常为难，怕被秦王欺骗，犹豫无策。结果经缪贤的推荐，蔺相如主动送璧入秦。《史记》在记述蔺相如识破秦王欲诈取和氏璧而不付城池的企图后，其描写是：

> 相如持其璧睨柱，欲以击柱。秦王恐其破璧，乃辞谢固请，召有司案图，指从此以往十五都予赵。相如度秦王特以诈详为予赵城，实不可得，乃谓秦王曰："和氏璧，天下所共传宝也，赵王恐，不敢不献。赵王送璧时，斋戒五日，今大王亦宜斋戒五日，设九宾于廷，臣乃敢上璧。"……相如度秦王虽斋，决负约不偿城，乃使其从者衣褐，怀其璧，从径道亡，归璧于赵。

当秦王拿到璧而不愿割城时，蔺相如假装对秦王说璧上有瑕疵，取回璧，先是"持璧却立"，显示出与璧共存亡的胆识，然后才对秦王说："我看大王并不想给赵王城池，所以取回璧。大王要逼我的话，我就把这块璧和我的头都撞碎在大殿的柱子上。"蔺相如的气势迫使秦王服软，如引文所述。文中用两个"度"字，表现出蔺相如的机智，结果秦王果然不肯割城，于是蔺相如将完好的和氏璧带回了赵国。

第二件事是"渑池之会"。秦王邀赵王会于西河外的渑池，赵王畏惧不敢去，蔺相如反对赵王"示弱"，于是随行。《史记》描写会面的情形是：

> 秦王饮酒酣，曰："寡人窃闻赵王好音，请奏瑟。"赵王鼓瑟。……蔺相如前曰："赵王窃闻秦王善为秦声，请奏盆缶秦王，以相娱乐。"秦王怒，不许。于是相如前进缶，因跪请秦王。秦王不肯击缶。相如曰："五步之内，相如请得以颈血溅大王矣！"

秦王与赵王会于渑池，秦王要赵王为他鼓瑟，并叫史官记录下来，以示侮辱。蔺相如见状，就拿起一个盛酒的瓦罐（缶）要秦王敲击，秦王不肯，蔺相如就说"我五步之内以血溅大王"，意思就是拼命，秦王只得敲击瓦罐，当众出丑。前面与和氏璧共存亡，这次与秦王共存亡，其智勇可见一斑。

第三件事是"廉蔺交好"。蔺相如原为一个小小的门客，因为两次立奇功，赵王委任他为上卿，地位在大将军廉颇之上。廉颇大怒，每每侮辱他，出行时如果相逢，蔺相如总是避让，以致他的手下人都怪他胆小，欲辞职离去，以示抗议。《史记》记述蔺相如的话是：

> 夫以秦王之威，而相如廷叱之，辱其群臣，相如虽驽，独畏廉将军哉？顾吾念之，强秦之所以不敢加兵于赵者，徒以吾两人在也。今两虎共斗，其势不俱生。吾所以为此者，以先国家之急而后私仇也。

蔺相如的隐忍在于顾大义，是种超级的胆识，他说秦王像虎狼一样，他都敢呵斥，怎么就怕廉颇将军呢？只是强秦威胁赵国，如果他与廉将军再不团结，只能干出亲者痛、仇者快的事了。正是蔺相如先国家而后个人的高风亮节感动了廉颇，于是又演绎出了廉颇"负荆请罪"的历史剧情。

通过这三件事，我们也就知道了司马相如更名的初衷，是钦佩蔺相如的为人和对建立奇特功勋的向往。蓬安县境内还有一座山叫锦屏山，人们又叫它"慕蔺山"，也是因这段佳话而来的。后人又以"慕蔺"代"慕贤"的意思，如唐代诗人李白《赠饶阳张司户燧》诗云："慕蔺岂曩古，攀嵇是当年。"魏万又作《金陵酬李翰林谪仙子》云："长卿慕蔺久，子猷意已深。"皆取法相如故事，以喻当时情怀。同样，相如字"长卿"，"卿"在古代是朝中官员或爵位的称谓，可知以此作字，也寓含志向，即有为国家栋梁的意味。

由"犬子"更名"相如"，字"长卿"，既可见司马相如早年的成长过程，又为他不同凡响的人生铺垫了不平凡的童年色调。

三、早年为学经历

　　司马相如少年时代以好读书闻名，应该是个大才子，据说唐明皇李隆基到四川时，曾经在梓潼境内的一座山上看到一个石窟，随行的人告诉他这是当年相如的"读书之窟"，于是唐明皇就对当地官员说，这座山就改名"长卿山"吧。①这是长卿山，或者称"相如山"的来历。说司马相如是个读书人，大体不谬，他后来因为写辞赋而闻名于世，与此文化素养有关。司马相如好读书，却不是躲在洞中的书呆子，你看他少年时代就特别钦慕蔺相如，又好击剑，颇有些侠客的味道。在司马相如那个时代，崇尚游侠是一种社会风气，这只要读一读司马迁《史记》中的"游侠列传"，也能看出大致的情况。相如也很崇拜侠客，甚至刺客，据说他曾写过一篇《荆轲赞》，比司马迁《史记》歌颂荆轲要早几十年。如果把相如早年好击剑和他后来到临邛琴挑卓文君的事结合起来看，他真是"剑胆琴心"，文武双全。

　　由于史传中对其早年的学养惟有"好读书"一句，所以他的学习与师承的史料均付之阙如。但依据相关文献可知，相如早年为学也有一些蛛丝马迹可供后人寻绎，当然也引起历史上的诸多争议。有关相如年轻时在蜀地的学术活动及其影响，有两则文献常被人提起，一则是《汉书·地理志》的有关蜀地文化昌盛的原

---

① 乐史《太平寰宇记》卷八十四记载："梓潼（县）……长卿山，在县五里之南，旧名神山。按《图经》云：'唐玄宗幸蜀，遥见山上有窟，近臣奏："此汉司马相如读书之窟。"敕改为长卿山。'"

因记载：

> 景、武间，文翁为蜀守，教民读书法令，未能笃信道德，反以好文刺讥，贵慕权势。及司马相如游宦京师诸侯，以文辞显于世。乡党慕循其迹，后有王褒、严遵、扬雄之徒，文章冠天下。由文翁倡其教，相如为之师。

其中所说的"文辞显于世""文章冠天下"，以及"相如为之师"，都指的是相如"游宦京师诸侯"之后的表现及对蜀地文化带来的影响，至于相如本身的早年学养从何而来，却没有明确的显示。于是在《史记》本传"相如既学"语后，司马贞索隐加案语："秦密（宓）云：'文翁遣相如受七经。'"这又引出有关相如早年受学的第二则文献，就是《三国志·蜀书·秦宓传》记载的秦宓与当时蜀郡太守王商的书信。秦宓是三国时的蜀汉大臣，以善舌辩著称。在这封信中他劝王商应为蜀中名士如司马相如等建立祠堂，以追慕先贤，表彰纪念。他写了一句被司马贞引述以解释"相如既学"的话：

> 蜀本无学士，文翁遣相如东受七经，还教吏民，于是蜀学比于齐、鲁。

这是相如曾受文翁派遣修习经学的记载。有关当时蜀地郡守文翁办学兴"蜀"的故事，主要见载于班固《汉书·文翁传》：

> 景帝末，（文翁）为蜀郡守，仁爱好教化。见蜀地辟陋有蛮夷风，文翁欲诱进之，乃选郡县小吏开敏有材者张叔等十余人亲自饬厉，遣诣京师，受业博士，或学律令。……由是大化，蜀地学于京师者比齐、鲁焉。

这段话有三个视点：其一，是文翁化蜀前"蜀地辟陋有蛮夷风"，蜀地乃比较原始而未开化的地方；其二，文翁派遣小吏张叔等去往京师"受业博士，或学律令"，以提升当地的文化水准；其三，"蜀地学于京师者比齐、鲁"语，不同于秦宓所说的"蜀学比于齐、鲁"，后者缺失了"学于京师"的话语，意思也就变了。而这三点都没有涉及司马相如。于是，清人齐召南对《汉书·文翁传》"蜀地"句作一考证，认为这与《汉书·地理志》"文翁倡其教，相如为之师"是相合的。于是将《汉书》的《文翁传》《地理志》与秦宓说的"文翁遣相如东受七经"的说辞链接起来，形成了某种误读。而对《地理志》的"相如为之师"的"师"字，近人李详《愧生丛录》卷一也有辨析："《地理志》言王、扬文章师法相如而已，非亲为之师也。秦宓误读班志，以相如为教授之师。""师"，并非教授，仅"师承"的传统而已。当然，还有一些解读，如王文才《两汉蜀学考》说秦宓的话有"省并"，还原其意思应该是"文翁遣张叔等东受七经，相如亦还教吏民"，前一句有依据，后一句仍为猜测之语。①对相如早年的受学经历，也没有什么史料的补益之处。

其实，对"相如既学"的推测，关键在对文翁化蜀前当地文化程度的认知。文翁化蜀之前其地是否"辟陋有蛮夷风"，也存在理解的问题，因为文翁化蜀重要的举措是遣人"受业博士，或学律令"，也就是适应"京师"（朝廷）的教化，而不是文化或文明的全部。尽管从相如后来所写文章中可以看出他的经学素养，也不排除他早年在蜀地就已学习当朝显学之经学的可能性，但其素学的广泛和精深，更是不能忽略的。刘勰《文心雕龙·练字》中曾引曹植的话说"陈思称：扬、马之作，趣幽旨深，读者非师传不能析其辞，非博学不能综其理"；刘师培《论文杂记》也说"西汉文人，若扬、马之流，咸能洞明字学，故选词遣字，亦能古训是式，非浅学所能窥"；陈世松在《四川通史》中也说"相如辞赋小学功夫底子极厚，一些名篇中很少使用重复字，喜好以同句型文辞连用排比，多用复音字"，与"武帝时，司马相如作有《凡将篇》，字无重复"有关，且《凡将篇》"至唐代仍存"②。这其中是否有渊深的蜀学传统，确实是值得我们深思的。金沙遗址、三星堆遗址各类器物和工艺，蜀地早期文明的惊人成就，也是熏陶或孕育相如早年学养的一些旁证。

回到《史记》相如本传，前几句就包括了"好读书""学击剑""既学"三

① 有关辨析，详见房锐：《对司马相如成名与文翁化蜀关系的再认识》，文载邓郁章编《司马相如与巴蜀文化研究论集》，四川人民出版社2007年版。

② 《汉书·艺文志》著录司马相如《凡将》一篇，又云："武帝时司马相如作《凡将篇》，无复字。"

方面。"好读书"是文化素养，应该是与史书记载缺失的良好家教有关。"学击剑"如前所述，与赵国一支司马氏擅长技艺相关。"既学"应该是进入正规的学习渠道学成，由于文献没有什么记载，具体情况难以知晓，但从其文化水平看，所学应该是非常丰富也有专精的。而且相如还精通琴技，可见他早年应该受到了很好的教育，才能成为这样一位有极好素养的全才。当然，相如早年的学业如何，还与他童年时代良好的家境有密切关系。

第二章

以赀为郎

　　司马相如出生在蓬安，后随家迁居成都，度过
了他的少年时代。他虽然身在蜀地，却胸怀大志，
一心想着建功立业，有所作为。他在快到二十岁的
时候，第一次离开生养他的蜀郡，骑着一匹普通的
马儿离开了成都，向京城长安迤逦而去，开启了他
闯荡江湖、进入仕途的历程。《史记》本传记载他
"以赀为郎"，指的就是这次离开蜀中抵达汉廷的
第一份职业。

一、升仙桥题辞

大约是公元前152年，也就是汉景帝前元五年，司马相如踌躇满志，骑着一匹马顺着弯弯的蜀道，从四川向当时的首都长安进发。路过升仙桥时，他在送客观的门柱上写下了"不乘赤车驷马，不过汝下"的誓言。这是他的一腔热血和满怀抱负的初始爆发，被后世传为励志的佳话。据常璩的《华阳国志》记载："城北十里有升仙桥，有送客观。司马相如初入长安，题市门曰'不乘赤车驷马，不过汝下'也。""赤车驷马"，《水经注》引作"高车驷马"，遂为流行语。所谓"驷马"，指古代一辆车所套的四匹马，多以显贵所乘驾四马的高车，表示地位显赫。而据《汉官仪》记载，汉时地方长官太守是配四马，出行巡游乡里则加一马，汉乐府歌诗《艳歌罗敷行》中所说的"五马立踟蹰"，是有所专指的。相如所说"赤车驷马"，也就是后人习惯称的"高车驷马"。但他所说"不乘"与"不过"，更加重了这次出蜀要干一番事业的决绝之心，这一举动说明相如居家时就是位颇有志向的青年，同时又因这样一句话，成为后世之人仿效其志表达要出人头地思想的典范。

相如出蜀入秦，究竟是早年"以赀为郎"到长安朝廷为官，还是从梁国回家乡后，也就是琴挑文君之后因杨得意推荐再入朝为官时，有不同的说法。按照相如人生情节，我认为宜为前者，就是初出蜀时的作为，而后代小说、戏剧为丰富情节，多置放在"琴挑"之后，这才有了男女主角参与的戏剧性。由于相如出蜀入秦抵达长安的这一作为，"升仙桥"这一地名变得具有了某种象征性的意义，过"升仙桥"，也被说成一个人发迹的开端或瑞兆。而相如过升仙桥与作"凌云赋"，更是后人自我感慨的"遇"与"不遇"的两个视点，折射出相如人生的"得意"与"失意"。苏轼《复改科赋》中说"虽负凌云之志，未酬题柱之心"，王实甫《西厢记》第五本第四折中说"得意也当时题柱，正酬了今生夫妇"，都取意于此。明代佚名作者的《司马相如题桥记》与韩上桂的《凌云记》，又正是由"得意"与"失意"两个视点演绎出的戏剧作品。而历代诗人的歌咏尤多，如唐人岑参创作的《升仙桥》诗云：

> 长桥题柱去，犹是未达时。及乘驷马车，却从桥上归。名共东流水，滔滔无尽期。

诗中既写到相如壮志得酬的欣慰，也寄托了人生渺茫的惆怅与迷惘。由于司马相如其人的文才影响，以及这一典故中所寓含的锐意进取、荣归故里的意思，"相如题桥"的典故广为后代文士所用。如李白《白头吟》似乎吟咏的是另一件事，但同样联想了相如的题桥，即"相如去蜀谒武帝，赤车驷马生光辉"，其他诗作如《赠从弟南平太守之遥二首》之一也说"汉家天子驰驷马，赤车蜀道迎相如"。杜甫《投赠哥舒开府二十韵》同样借此表达志气，谓"壮节初题柱，生涯独转蓬"；又如《水宿遣兴奉呈群公》谓"赠粟囷应指，登桥柱必题"。杜牧《寄湘中友人》自抒情怀与感慨，也是用此故事："相如已定题桥志，江上无由梦钓台。"这一典故同样也进入了辞赋文本之中，最早的作品是唐代李远的《题桥赋》（以"望在云霄，居然有异"为韵）。该赋以铺写的手法转述和赞美相如的题桥故事。作者在赋中首先描写和演绎了《华阳国志》的记载，他写道：

> 昔蜀郡之司马相如，指长安兮将离所居，意气而登桥有感，沉吟而命笔爰书。傥并迁莺，将欲夸其名姓；非乘驷马，誓不还于里闾。

继写相如以文采成就的才名"染翰而含情自负，挥毫而纵意成文"，再写其献赋邀得圣宠的幸运以及富贵返乡的荣耀：

人才既许其独出，富贵应知其自有。潜生肸蠁之心，暗契纵横之手。于是名垂要路，价重仙桥。离离迥出，一一高标。参差鸟迹之文，旁临彩槛；踊跃鹏抟之势，下视丹霄。既而玉垒经过，金门宠异。方陪侍从之列，忽奉西南之使。乘轺电逝于遐方，建节风生于旧地。结构如故，高低可记。追寻往迹，先知今日之荣；拂拭轻尘，宛是昔时之字。想夫危梁藓剥，渍墨虫穿。长含气象，久滞风烟。几遭凡目之见嗤，徒云率尔；终俟瑰姿之后至，觉始昭然。

从"人才"出发，由"富贵"告成，融织了相如人生中诸多高光时刻，以显示"题桥"中所寓含"立志"的重要性。在赋的结尾处，作者又写道"题记数行，寂寥千载。何搦管而无感，如合符而中在。警后进而慕前贤，亦丁宁而有待"，既喻示"后进"追慕"前贤"，又有以相如之际遇的自期之意。

继李远之后，同类赋作甚多，如清末庐江太守编《赋海大观》，该书的卷三下就收录有清人陈士林、蔡殿齐、史宝徵、蒋炯《题桥赋》四篇同题作品。赋中取意大同小异：

鸾骞立志，还须抒写。……抚我辈之胸怀，谓文章何难华国；抒生平之志愿，非富贵不归故乡。

（陈士林）

遇知音于画阁，调寄求凰；献佳赋于长门，才惊倚马。

（蔡殿齐）

上林献赋，天使临边，星来益部，风动里阡。桥柱之横斜犹是，题字之高低宛然。

（史宝徵）

献赋金门，终遂弃繻之志；挥毫玉蛛，先传题柱之名。

（蒋炯）

或偏于"立志",或重在"知音",或写"献赋"之盛况,或抒"题柱"之初心,皆推衍史家所载相如过升仙桥"题辞"本事。这也影响到域外的学者,比如朝鲜文士李荇在他的《容斋先生外集》中就收有其创作的《题柱赋》,赋的开篇就说"邈余生之潦落,骋遐怀于往事。列古人而尚论,畴有才而不试。想题柱于今日,伟司马之壮志",由自己的科举不试而怀想相如题柱时的理想,鼓励自己。所以赋中接着描写的是"蹑金门而待诏""从上林而奏赋",在"后千载而兴慕,竞歆羡于功名"的思想驱使下,赞叹"惟驷马高车之是志"。由此可见,相如题桥故事影响之广泛而深远。为了追述"题柱"故事,后世有人又绘制出《题柱图》,将本事图像化,而围绕这类图像又有了歌咏的作品,如宋人郑思肖的《司马相如题柱图》诗云:"初上升仙何慷慨,重来衣锦颇从容。男儿意气当如此,透过禹门方是龙。"相如题柱时意气风发的形象也跃然纸上。

　　宋代京镗有篇《驷马桥记》的文章,是为其建"驷马桥"的题记。文章通过《成都集记》考论其实,从历史角度进行地名与本事的辨析,又为我们呈现了另一视角。不过文中对相如早岁出蜀时意气风发的赞美,还是溢于字里行间。如文中写道:

　　　　余谓长卿负飘飘凌云游天地之意气,发轫趋长安时,欲与蜀山川泄其不平,其操笔大书,当于万目睽睽之地,绝不在三家市无疑也。况象应七星之义,必其屈曲连属,不应升仙,独与它桥相辽绝。陵谷有变移,册牍有缺逸,窃意近时之清远,即昔日之升仙。

　　文中考述相如所题字的桥名(如升仙与清远)与方位(不在三家市),却从相如的少年"意气"着眼,聚焦"凌云"之笔,考证文不乏以想象评述才情,也是很有趣味的。再看文章里的另一则议论:

　　　　粤自六丁开蜀,参井岷峨之英灵,耻秦不文德,不忍度剑关者,百七十有余年。至汉文翁守蜀,始振发之。长卿实钟其英灵者,首入帝京,以雄丽温雅之文,动万乘,震一时。其后蜀士接轸以进者,皆长卿破其荒,议公当为文翁亚。文翁创兴之学，长卿经行之桥，事虽不侔，迹皆不当芜没。余来成都学官，歆倾欲压，已改筑栋宇，人谓自成均而下，无此壮观，似足以侈文翁化俗之万分。兹建桥以"驷马"名，自是长卿之遗踪，亦不泯矣。

从这段文字中，我们可以了解到作者作为当时蜀地的地方官，修学宫，建新桥，并以相如原话中的"驷马"为名，以媲美文翁与相如对当地文化的贡献。然而作者并不限于本事，而是推论上古六丁开蜀，反思秦政"不德"导致道路的不通，以此反衬汉政初兴，相如"首入帝京"的"破其荒"之举，夸赞他初次离蜀的开创意义。于是长卿越过的"桥"也成为一种象征，喻示着后世多少文士跨越龙门式的前行之路。

在相如与文君戏中，直接以"题桥"名之者就有宋元南戏《司马相如题桥记》、明杂剧《司马相如题桥记》、明传奇《题桥记》等。从剧情上看，这些作品都敷衍了相如文君的爱情故事，对"题桥"一事有着力的描摹。如明杂剧《司马相如题桥记》描写相如与文君相依相别于升仙桥边的情节：

（末云）今日是个好良辰，不可误了起程。娘子送我到升仙桥作别如何？

（旦云）妾身愿随。……

（当二人执升仙桥上立定）……

（末云）娘子来到这升仙桥上，琴童将笔砚来。

（童云）笔砚在此。

（末云）娘子，烦你捧着砚，琴童取些江水，添上梅香磨墨，我向着桥柱上题两句诗为誓愿。……

（末题柱科）……

（旦云）这字是也欠明白，官人念一遍我听。

（末念云）不乘驷马车，不复过桥此。……

（旦云）官人再念一遍我听。……

（旦云）……官人你知妾的意么，我只怕你忘却了故交，你多念几遍。

这段戏文中卓文君自言怕相如忘却故交，因此反复让他念所题之诗，其实已蕴含了后来《白头吟》的故事。在"相如文君"戏中，成就最高影响最大的当属明代孙柚（字梅锡，一作禹锡；号遂初、遂初山人，常熟人）所撰《琴心记》，其中第二十出为《誓志题桥》：

〔生〕青囊，我行得劳顿了，且在升仙桥坐一坐去。

〔坐介丑〕相公，无人在此，有一言奉禀。

〔生〕有话便说。

〔丑〕小人闻知，幽鸟不飞，难迁乔木；潜龙久蛰，终困盐池。鸳侪翠馆，何如鹭序朱门；宝凤青楼，不若玉堂金马。如今小姐厥疾不瘳，尚尔赖扶药石。可奈相公跣足视地，安图稳步云霄。自谓美玉待沽，还有连城日也；岂念遗珠自泣，终无合浦时乎？倘幸妆台病起，急须鞍马登程。欲图偕老西施，早决兴吴之计；保护虞姬，重盟霸楚之谋。休得恹恹风月，担误一天雷雨；凄凄花草，胡遮万里春光。失此不为之所，他年悔亦晚矣。不识相公之志，寒灰可复燃耶？

〔生惊起揖丑介〕青囊，你忠言相劝，我怎不从。一待小姐病痊，决向前程进取。若今生不乘驷马高车，誓不过此桥。我且题柱为盟，借取笔砚来。

〔丑借介生题介〕

这段戏文描写"相如题桥"故事，情节较前引《司马相如题桥记》不同，同行者由卓文君变成了仆人青囊。这是因为《华阳国志》并未记载相如题桥的详细情况，也就为后世剧作家驰骋想象和改编本事提供了较大的空间。虽然这类剧本多以后来相如在临邛"琴挑文君"故事为主，但也关涉到所述本事（题桥）的内容，只不过更多情节是戏剧家的演绎而已。如在无名氏《司马相如题桥记》中，撰者写题桥情节是：皇帝征贤，临邛县令王吉送来车马黄金，劝相如到京城求功名。于是相如与文君作别，过升仙桥时，题桥柱以明志。老朋友杨得意为狗监，将相如在梁国写的《子虚赋》献给皇帝，以此为推荐的原由。皇帝召见，相如上

《上林赋》等，皇帝大为赏识，封相如为中郎将。正值唐蒙使略通西南，结果激起蜀民之变，相如受命抚蜀。路过升仙桥，文君来迎，夫妻同坐宝马七香车过升仙桥。此时王吉已为太守，前来迎接相如，负弩前导。卓王孙也赶来迎接，并解释了当初收回嫁妆之意，前嫌顿释，全家和睦如初。从这段情节的描述中，可见剧本是颠倒时空，杂糅相如事迹加以编排而成的。不过其中夸张地突出相如"三过"升仙桥，分别是题桥明志、抚蜀路过升仙桥、功成夫妻乘宝马香车再过，以复叠而又递进的情事，突出"升仙桥"的隐喻，也算是解读相如这一故事的创意。

那么是什么激发起相如的雄心壮志，而有了题桥柱的故事呢？是他初离蜀郡的喜悦，还是释褐为官的期待，或者只是后世误传的一则史料，是对历史名人的某种追慕，难以确证。但是他离蜀往秦进入朝廷做官，则是真实的史事，而他如何能够入朝为官？据《史记》本传记载是"以赀为郎"，这又隐示了相如早年家境的富裕。应该说，相如在当时也堪称富家子弟，否则也不能够以"赀"（假借为"资"，财货）为"官"了。

二、家财与赀选

　　司马相如的确很有才华，他离开蜀郡时信心满满，发誓不乘"高车驷马"就不回来，但是他初次到京城去做官，并不是因为他有什么出众的才能被选拔，而是"以赀为郎"，是因为有较雄厚的家财才获得到皇帝身边做郎官的机会。

　　汉代做官有很多途径，最主要的是察举制度，有察举孝廉、察举秀才等，就是由地方官根据被举荐人的孝行与才学，将其推荐给朝廷，然后任职。西汉时每郡岁举孝廉两人，一般不考试就授官。如《汉书·京房传》记载，京房原是郡吏（地方小官），因举孝廉后升职为郎官。又如《路温舒传》记载，路温舒也因举孝廉后升职为山邑丞。察举直接授官职，孝廉科是"以德取人""以行取人"。与孝廉并列的常科是举"秀才"（东汉辟汉光武帝名讳称"茂才"）。例如《汉书·武帝纪》载元封五年（114年）诏："其令州郡察吏民有茂才异等，可为将相，及使绝国者。"由此可知被举秀才而授官的人，是需要有一定才能的。在察举常科的"孝廉"与"秀才"外，汉代还有"征辟"和"任子"的制度。皇帝直接任官叫"征"，官府聘官为"辟"；而"任子"就是食禄两千石以上、任职满三年的官员可以推荐自己的子弟去朝中为官，比如手执汉节在匈奴牧羊十九年而不投降的苏武，就是因为他的父亲苏建曾任郡太守（两千石），得以由"任子"渠道为官的。

　　至于"赀选"，既似买官，又不完全是用钱买官，因为根据汉代朝廷的规定，家产在五百万钱以上的，可以做郎官，但须自备车马服饰去京城长安，然后等候朝廷派员任用。尤其是西汉时，除有市籍的商人外，凡向政府缴纳一定资财（如纳粟若干）者，可到长安候选。后来渐渐衍为凡出钱捐官的都称作"赀选"。汉景帝时，非商人有财产达四万钱，可任郎，自备车马去京城候用，故称"赀郎"。换句话说，家财是"赀选"的先决条件。根据这一制度，相如因此途入仕，可见他少年时家产颇为丰厚，一定也是成都的富户，只是后来长辈亡故，家道中衰，变得"家徒四壁"了。也正因为"赀选"是以经济而不是以个人能力为官，所以一般做官的路途也就比较坎坷。比如宋末元初史学家马端临在《文献通考》中就提及过，以赀为郎的人，会妨碍通显，终身坎坷。值得一提的是，"赀选"开始于西汉，起先还只是参考经济实力，且授官都不高，而到了汉末政治腐败，就变成了赤裸裸的卖官鬻爵了。比如汉灵帝时，有位宰相死了，位置有了空缺，灵帝不急于安排，而是与太监商量"拍卖"，标价高达五千两，结果被一个富翁买走，富翁当了宰相，灵帝回宫后就对太监抱怨，说价格标低了，应该标八千两就好了。这种荒唐的事情，也只是在大汉帝国气数将尽的时候才出现的。在西汉初期，"赀选"作为一种用官制度，还是在正常轨道上运作的，相如以此为"郎"，应该归属于"赀郎"。

不过，相如的人生确实充满了传奇，《史记》本传一方面说他"以赀为郎"，喻示其家财颇丰，一方面又记述他游京师及客居梁园归成都，已是"家徒四壁"（是这一成语的肇始），极言其穷困潦倒，其中的起伏跌宕确实很不平凡。当然，这次"以赀为郎"只是相如第一次进京的缘由，与他以后再次进京为官的状况也是大不相同。

三、任职"武骑常侍"

相如"赀选"入朝，是"事孝景帝"，即在汉景帝朝做官，职务是"武骑常侍"。这个职务地位不高，属于"郎官"系统，又具有武职的性质。据司马贞索隐引张揖说，武骑常侍是"秩六百石，常侍从格猛兽"。该职位是西汉设置的官，职守是车驾游猎，常从射猛兽。换句话说，就是侍奉皇帝游猎或在其观看猛兽搏斗时充当保镖。这一职务到东汉、魏、晋已不置，宋世祖大明中，又复置。所谓"武骑"，《六韬·武骑士》记述："壮健捷疾，超绝伦等，能驰骑彀射，前后左右，周旋进退，越沟堑，登丘陵，冒险阻，绝大泽，驰强敌，乱大众者，名曰武骑之士，不可不厚也。"可见为此职宜勇猛擅斗。扬雄《羽猎赋》描写道"及至罕车飞扬，武骑聿皇"，即从猎之状。后世如庾信《拟咏怀》诗"无因同武骑，归守灞陵园"，张文琮《赋桥》诗"已授文成履，空题武骑书"，都是隐写汉史，且言及相如。

在汉代，所授的官等是按年俸米石而定，以食禄多少石为官员的工资。一般朝廷的九卿是中二千石，随后是诸侯，是真二千石，郡守次一等，是二千石，再次一等的是比二千石，以下则有千石、八百石、六百石各级。司马相如年俸米石六百，在朝中任职是不高的，纵观他在朝中任郎职历有变迁，包括晚年任职"孝文园令"，其食禄一直没逾越"六百石"，从未超过该标准，这也许是他一生际遇"明主"而又哀叹"不遇"的原因之一。

相如以家财为"郎"，到京城后很快就被安排在汉景帝身边做了个"武骑常侍"，即皇帝出行游猎或观"格猛兽"时的身边保镖。安排相如做这项工作，也是有道理的，因为他自幼就好击剑，武功身手恐怕也应非同凡响，否则肯定不会让他做这个位置虽不高，却关系到皇上安危的重要工作。这里要解释一下"格猛兽"的问题。古代天子诸侯狩猎，属于"军礼"，一方面是军事演习，一方面是因为古代野兽多。汉代皇帝除了自己参加狩猎，还喜欢观看格杀猛兽的游戏，这项活动是有危险性的。据《汉书·儒林传》记载，汉景帝的时候，齐地博士辕固与黄老的信徒黄生在朝廷辩论"汤武革命"的性质，辕固用儒家思想看问题，黄生用黄老无为思想看问题，争论不休。当时景帝的母亲窦太后掌权，她推崇"黄老之学"，对辕固贬低老子的书为"家人语"，勃然大怒，于是惩罚辕固到兽圈里和野猪搏斗。景帝同情辕固，悄悄塞给他一把利刃，辕固才刺死了野猪，逃过了被野猪咬死的劫难。可见"格猛兽"既是一种危险的事情，也是一种惩罚性行为。再比如西汉后期的汉成帝，为了向胡人夸耀他圈养的野兽多，曾命令成千上万的百姓到秦岭捉虎豹熊罴等野兽，送进长杨宫的射熊馆，让胡人与野兽搏斗，胜者可以获取猎物，成帝亲临观看，为此，扬雄写了一篇《长杨赋》加以批评。汉武帝更是以好狩猎出名，他甚至喜欢"自击熊罴，驰逐野兽"，司马相如还为此上疏劝谏，认为这件事"非天子之所宜近"，这已是后话了。

从司马相如后来反对武帝"格猛兽"，回溯他在景帝时做"武骑常侍"这样类似陪同观看"格猛兽"且兼任保镖的工作，也就勉为其难了。所以司马迁在相如传中以"非其好也"一句话显出微言大义，为相如以后彰显文采的生涯作了铺垫。试想，相如毕竟饱读诗书，据说少年时就能精熟"七经"，而且文采斐然，所以与"击剑"类武功相比，他自己更情愿展示文才。遗憾的是他辞赋写得好，偏偏如司马迁记述的"景帝不好辞赋"，于是他感到怀才不遇，当了约两年时间的武骑常侍后，机会终于来了，那就是景帝前元七年（前150年），梁孝王刘武从封地梁国"入朝"拜见兄长皇帝刘启，并探望母亲窦太后的事件。

在汉景帝朝，曾发生过一场有关传位的争论。景帝母亲窦太后生育三人，分别是景帝刘启、梁孝王刘武与长公主刘嫖，因为景帝的薄皇后没生儿子，所以窦太后主张景帝传位给弟弟刘武。这梁孝王非等闲之辈，他早年受到文帝与窦后的宠爱，于文帝二年（前178年）封"代王"，两年后改封"淮阳王"，十二年迁梁地，立为"梁王"。在汉代，诸侯王没有要事不能入朝，可是在文帝时，梁孝王有五次入朝的经历，加之在"吴楚七国之乱"中，刘武协助刘启平叛，立有大功，景帝赏赐他"北界泰山，西至高阳，四十余城"的大片膏腴之地，于是梁孝王大兴土木，盖宫室，建苑囿，又被赐"天子旌旗"，所为"出言跸（清道），入言警（警戒）"，千乘万骑而"拟于天子"，何等壮观。这次梁孝王入朝，不仅声势浩大，而且身边还带有一批满腹经纶的文才之士，如《史记·司马相如列传》记述的："梁孝王来朝，从游说之士齐人邹阳、淮阴枚乘、吴庄忌夫子之徒。"①所谓惺惺相惜，"相如见而说（悦）之"，于是"因病免，客游梁"，即托病辞去了"武骑常侍"的职务，随梁孝王到了梁国，开始了他的文士生涯。

　　一个满腹经纶、雄心勃勃的天府少年，带着一腔热血与宏誓大愿，从偏僻的蜀地来到了京城长安，结果当上了一个陪皇上观看捕杀野兽的保镖，如此过了两年时光，终于决定辞职，在追随梁孝王去梁国的同时，也暂时丢弃了他当初进京时的宏愿。他离开京都的朝廷而往梁孝王藩国之地，究竟是与众游说之士声气相求，还是趋慕梁孝王的威势，或者还有其他什么企图，史书没有交代，但他这段人生轨迹，却在诸多文献中或隐或显地呈现出来。

---

① 有关庄忌夫子，《史记》裴骃集解引徐广曰："名忌，字夫子。"司马贞索隐案："《邹阳传》云枚先生、严夫子，此则夫子是美称，时人以为号。《汉书》作'严忌'者，案忌本姓庄，避明帝讳改姓严也。"

第三章

入幕梁王

司马相如假托生病，辞了朝廷的"武骑常侍"之职，追随梁孝王及其门客去了梁国，他自愿而且能够放弃朝廷的职位，到梁孝王幕下做一位门客，缘由应该是多重的。首先是汉初还保留着战国遗风，存在一个游士集团，所谓"朝秦暮楚"，职业可以相对自由地选择。其次就是相如本人爱好文学，不愿长期做个鲁莽的武士，所以他看到梁孝王带入朝的游说之士邹阳、枚乘、庄忌等人，一个个风流倜傥，文采出众，"见而说（悦）之"，心向往之，于是下决心"客游梁"。再者，这与梁孝王刘武的特殊身份有关，就是说梁孝王看上的人，景帝尽管舍不得也不得不割爱。可见相如"因病免"或许只是个托词，他去京师而东行前往梁国，也是怀惴着梦想的。

一、从游士到文士

　　相如从朝廷辞职，入幕梁王，为什么《史记》本传记载说"客游梁"呢？"客游"，就是以门客的身份寄游于此地，这是战国时期形成的"客卿制度"和"养士制度"的遗风。在战国以前，选官制度基本是贵族世袭，也就是"世卿世禄制"，是任人唯亲，而不是任人唯贤。时代发展到春秋末年，各诸侯王国力争霸业，亟需各种人才，选才是无论贵贱，而要有用于世。比如《国语·齐语》中记载的"春秋五霸"之一的齐桓公说的话："匹夫有善，可得而举。"而宗亲贵胄，也不能坐享其成，例如《史记·商君列传》记述商鞅变法所规定的："非有军功，论不得属籍。"由商鞅变法，开启了秦国的"客卿制度"，也就是引进外邦国的才能之士到秦国为"客卿"，然后再论功行赏。当时为秦国争取霸业最终统一中国的功臣，如商鞅、张仪、吕不韦、李斯等，都不是秦国本土人。同样，战国后期六国（齐、楚、燕、赵、韩、魏）为了抗秦，争夺霸主地位，也纷纷引进人才，当时齐国的孟尝君、赵国的平原君、楚国的春申君、魏国的信陵君被称为"战国四公子"，都是养士的典范，也因此演绎出一幕幕如"窃符救赵""鸡鸣狗盗"等"活剧"。正是这种制度的变化，社会上出现了一批颇有个人才干的"游士"，他们可以"朝秦暮楚"，凭三寸不烂之舌，游说诸侯。这些人游说诸侯的思想方法或有不同，有说仁义之道的，如孟子游说梁惠王、齐宣王，有骋一己之才的，如冯谖客孟尝君，以及苏秦、张仪等合纵、连横之士，然皆审时度势，是为诸侯王称霸于世或安民定邦服务的。

这种"游士"风气，一直到司马相如的时代还存在，所以梁孝王才养了一大批"游士"，为他提建议，为他做事，陪他游玩。不过我们会发现，战国时期诸侯王养士，是为了他们的政治霸业服务的，而汉代已经是大一统帝国，这些士人如果再在政治上、军事上有所企图，就是谋逆，例如梁孝王身边的羊胜、公孙诡策划谋害袁盎，就被判了死罪。所以问题的症结在于，西汉初的"游士"已与战国纵横说客有一个很大的不同之处，就是由在政治上或军事上的才能转化到文学上的才能，娱乐性质的增加，形成了由"游士"向"文士"的转变。司马相如居梁期间，创作了《子虚赋》等作品，而且产生了极大的文学效应，为他以后再次回到宫廷成为语言侍从奠定了基础，这也是一个文士的作为。

相如以游士和门客的身份在梁国写文作赋，与他后来在宫廷作赋写文又有什么不同吗？就文学创作本身来看，没有什么不同，可是从他的人生经历来看，这却与中国政治史上的一大变革有关。汉景帝时，朝中御史大夫晁错协助朝廷"削藩"，即削减诸侯王封地与权势，结果得罪了这帮皇兄皇子们，引发了震惊朝野的"七国之乱"。这七国诸侯王分别是吴王刘濞、胶西王刘卬、楚王刘戊、赵王刘遂、济南王刘辟光、淄川王刘贤、胶东王刘雄渠，他们相约举兵反叛，兵锋所向，直指京师，结果景帝被逼无奈，一方面杀了大臣晁错以向诸侯王谢罪，一方面调动将军周亚夫和窦婴的兵力积极平乱。"削藩"引发了"七国之乱"，虽然后来平叛获得成功，但诸侯王的势力并没有真正削减，直到汉武帝登基亲政以后，才采用一个叫主父偃的人的建议，开始用"推恩"的方式"削藩"，就是所有诸侯王的子弟亲属都有分享封土食禄的权利，于是这些大国的诸侯"藩主"再往下分封，产生了无数中小"地主"。同时，汉武帝为了制约宰相与朝臣的势力，又在官制上变革，分设外朝官与中朝官，外朝官就是宰相以下的大臣和地方官，中朝官就是皇帝身边的随从秘书等。朝廷每遇大事，都要由外朝官与中朝官在宫廷大殿进行"廷辩"，形成相互间权力的制约，从而巩固皇帝至高无上的集权地位。而这些中朝官的一个重要来源，就是那些长期"客居"在诸侯王藩国的"游士"，于是从战国年间产生而延续到西汉的"游士"阶层，也就逐渐瓦解并消亡了。由此历史的视域来看，司马相如是历史上的最后一批"游士"，又是由"游士"变为"文士"的代表性人物，而且成为最早一批由藩国转到朝廷以效力于大一统帝国宫廷的文学侍从。

二、梁园生涯

作为文士，相如在梁国的几年，应该是度过了一段比较惬意而愉快的时光。这在于他所依附的梁王地位的特殊。作为景帝的同胞弟弟，梁王一直享有特殊的荣耀，特别是"七国之乱"时他支持朝廷，助力兄长景帝，立有殊功。当年七国诸侯的军队向汉王朝中央进兵时，梁王在他的地盘睢阳（今河南商丘一带）阻止了叛军，接着乘胜追击，协助王朝军队平叛成功。他的母亲窦太后非常高兴，兄长景帝也十分高兴，赏赐给了他大片的土地，从泰山西到高阳四十多个城池都归他所有，于是梁王大兴土木，据说建了个方圆三百里的大花园，历史上称之为"梁王菟（兔）园"，又称"梁苑"（今书梁园），故址在今天河南商丘的东部。而相如随梁王身边的众门客同赴梁园，并为梁王所接受，也算是遇到"知音"了，他的文学才华恰恰是在这里开始被人赏识的。

有关梁园的景象，枚乘的《梁王菟园赋》（残文）颇有记述。如写"修竹檀栾，夹池水，旋菟园，并驰道，临广衍""西望西山，山鹊野鸠，白鹭鹁鸪，鹍鹗鹔雕""左挟弹焉，右执鞭焉""游观西园""枝叶荣茂"等，或摹景，或壮势，或拟物，或言事，作者身历其境，应为写实。特别有趣的是，这座规模宏大的园林，并非仅供诸侯王及门客游弋娱乐之用，还是曾经进行过"文学竞赛"活动的场所。据葛洪的《西京杂记》卷四记述，梁孝王特别喜欢营造宫室苑囿，作曜华之宫，筑菟园，园中又垒起百灵山，山上有肤寸石、落猿岩、栖龙岫，又有雁池，池中有鹤洲、凫渚；园中宫室相连，有几十里地之长，其中什么奇果异树、珍禽怪兽，应有尽有。而梁王则与宾客宫人在园中射鸟钓鱼，不亦乐乎。如果说梁王身边的宫人陪梁王游乐恐怕就是取乐，则这班宾客文士还有文学创作的任务。据说有一次梁王游到园中的忘忧之馆，命众游士作赋，枚乘写了篇《柳赋》，路乔如写了篇《鹤赋》，公孙诡写了篇《文鹿赋》，邹阳写了篇《酒赋》，公孙乘写了篇《月赋》，羊胜写了篇《屏风赋》，邹阳又代韩安国写了篇《几赋》，文士随物赋形，竞才斗趣，赋成后由梁王评点优劣，结果邹阳和韩安国因"代写"之过被"罚酒三升"，枚乘、路乔如等因赋才敏捷，每人赏赐五匹绢。我们不妨摘录若干赋作中的佳句，以观其梁园趣味：

忘忧之馆，垂条之木。枝逶迟而含紫，叶蓁蓁而吐绿。

（枚乘《柳赋》）

故知野禽野性，未脱笼樊。赖吾王之广爱，虽禽鸟分抱恩。方腾骧而鸣舞，凭朱槛而为欢。

（路乔如《鹤赋》）

麀鹿濯濯，来我槐庭。食我槐叶，怀我德声。

（公孙诡《文鹿赋》）

清者为酒，浊者为醴；清者圣明，浊者顽骏。

（邹阳《酒赋》）

月出皦①兮，君子之光。鹍鸡舞于兰渚，蟋蟀鸣于西堂。

（公孙乘《月赋》）

---

① 皦、皎，古代相通。

屏风鞈匝，蔽我君王。重葩累绣，沓璧连璋。饰以文锦，映以流黄。

（羊胜《屏风赋》）①

这些赋作似乎写到了梁王菟园的景观与生趣，但也由于句式整齐，且文献来自小说类撰述，其真实性受到怀疑。②一般文学史都认为最早出现的文人集团是汉末时的"建安七子"，如果梁王主持的这场文学活动是真实的，那么早在汉初这一批梁园宾客，以文会友，吟酬作赋，应该算最早的文人集团了。司马相如虽然没有在这次活动中出现，但《史记》记录其"与诸生游居数岁，乃著子虚之赋"，已足以证明他是梁园中一员，以游乐为生活，却写出传世的篇章《子虚赋》，创造了一个赋坛的奇迹。

---

① 引自晋葛洪：《西京杂记》卷四，中华书局1985年版，第26、27页。
② 参见费振刚：《梁王菟园诸文士赋的评价及其相关问题的考辨》，康达维：《〈西京杂记〉的赋篇》，载《新亚学术集刊》第十三辑《赋学专辑》，1994年版。

三、《子虚赋》

　　"忘忧馆"真是好题名，相如在梁王菟园也应该是乐以忘忧了。可是他的这段经历并没有什么记述，有的仅是写了篇"子虚之赋"。《子虚赋》以"子虚"与"乌有"对答成篇，描写了楚王行猎之状与齐王游弋东海之滨。该赋的篇名，究竟是原名，还是后人以赋中先出场的虚构人物"子虚"为名，已不可考。《史记》本传记载："相如以'子虚'，虚言也，为楚称；'乌有先生'者，乌有此事也，为齐难；'无是公'者，无是人也，明天子之义。故空借此三人为辞，以推天子诸侯之苑囿。其卒章归之于节俭，因以风谏。"这是合"天子游猎赋"而论，至萧统始将其分为《子虚》《上林》两赋。后人对此意见颇有分歧，征引考证者亦多。①或者认为今存史传的《子虚赋》为最初的原始写作，抑或认为另有"子虚之赋"，这些争议至今还是赋史的热点话题。但《子虚赋》的创作，属于相如在梁苑的一段记忆，并为以后他以赋闻名于世奠定了基础，则是毋庸置疑的史实。

　　相如《子虚赋》的写作意图如何，后来又为何受到汉武帝的激赏，或许与这篇赋的思想主旨有关联。相如在赋中假托的第一个人物"子虚"，表面上是指楚国使臣，实际正是他处于梁国经历梁孝王刘武由盛而衰的写照，或许可以说是针对梁王暴露出的不臣之"野心"的一种婉言惩戒。据《史记·梁孝王世家》的记

① 参见高步瀛：《文选李注义疏》（中华书局1985年版），所载有关该赋的分篇问题的征引与讨论。

述，有几个问题与梁王的盛衰相关。首先是他受到窦太后的极度宠爱：

> 窦太后少子也，爱之，赏赐不可胜道。于是孝王筑东苑，方三百余里。广睢阳城七十里。大治宫室，为复道，自宫连属于平台三十余里。得赐天子旌旗，出从千乘万骑。东西驰猎，拟于天子。出言跸，入言警。招延四方豪杰，自山以东游说之士莫不毕至。

因窦太后的宠爱，他的哥哥景帝刘启也无可奈何，一个诸侯王居然享受天子的待遇，特别是招揽人才以为己用，实在是犯了朝廷大忌。其次是平叛功勋：

> 吴楚齐赵七国反。……梁孝王城守睢阳，而使韩安国、张羽等为大将军，以距吴楚。……吴楚破，而梁所破杀虏略与汉中分。

梁王协助朝廷平七国之乱，功绩与朝廷（汉）相等，这也使梁王心理得以膨胀，居功自傲而不自觉。再者是立太子的事，窦太后协助梁王争位：

> 上废栗太子，窦太后心欲以孝王为后嗣。大臣及袁盎等有所关说于景帝，窦太后义格，亦遂不复言以梁王为嗣事由此。

当初汉景帝立栗妃子为嗣，后又将其废掉，皇太子位暂缺，所以窦太后进言由梁王继位，糟糕的是景帝有一次与弟弟刘武饮酒，对其失语说"千秋之后传梁王"，于是窦太后更加推进梁王继嗣之事。而当朝的大臣袁盎、窦婴等皆极力反对，理由是汉宜继周，所谓"大人世及以为礼"（《礼记·礼运》），殷商传世法多"及"（兄传弟），周制用"世"（父传子），如果兄传弟（景帝传梁王），窦婴认为是"擅自弄乱高帝以来家法"。这样一来，窦太后也就不再坚持了。梁王曾获继位的机会，不能不使他在行动上有所企图，这就使更要紧的一个事件发生：

上立胶东王为太子。梁王怨袁盎及议臣，乃与羊胜、公孙诡之属阴使人刺杀袁盎及他议臣十余人。

在景帝立胶东王刘荣为太子后，梁王得知讯息，公然策划并派人在首都长安街市刺杀袁盎等朝廷大臣，这也是非法妄为到了极点，虽然事情败露后景帝也不好追究他，但"上由此怨望于梁王"已为不争的事实。梁王之兴与衰，也正在于此功与过之间。相如与众门客经历着梁王的"胜境"，也身处其"险境"，于是在梁国的一批门客中，既有协助其骋放野心的人物，如羊胜、公孙诡等，也有规劝梁王安于本分（诸侯王的臣道）的，相如应该属于这类明智的人。邹阳、枚乘也曾有上谏书讽劝吴王之事，即邹阳上《上书吴王》、枚乘上《上书谏吴王》，无不强调臣道而防止其僭越的祸心。比较而言，相如以赋作婉谏梁王，则显得相对隐曲。尽管如此，赋的思想指向还是明确的。比如赋中夸耀诸侯王游猎之盛况，则与梁王"出从千乘万骑。东西驰猎，拟于天子"的行为相关，是一种明显的警戒。其具体的描写有"车驾千乘，选徒万骑""列卒满泽，罘网弥山""射中获多，矜而自功"，所谓"千乘""万骑"，正与史传所述切合；而"矜而自功"，既是楚王（或喻"梁王"）的形象彰显，更是对其骄矜的挞伐。所以赋中假托"齐王"与"楚臣"的对话：

> （齐王）顾谓仆曰："楚亦有平原广泽游猎之地饶乐若此者乎？楚王之猎孰与寡人乎？"仆下车对曰："臣，楚国之鄙人也，幸得宿卫十有余年，时从出游，游于后园，览于有无，然犹未能遍睹也，又焉足以言其外泽者乎？"齐王曰："虽然，略以子之所闻见而言之。"

这是赋开篇的对话，引出的是"子虚"对"楚王游猎"的大幅的描绘，于铺张中寄托讽意。特别是由齐臣（乌有）与楚臣（子虚）争胜而引出相如《上林赋》中天子使臣（亡是公，《史记》作"无是公"）有关"天子校猎"的描写及反省，以天子朝廷掩压诸侯王庭的意图已昭彰于赋者的描述过程中。

这与相如早年就受到过儒家思想的影响，主张"圣王"之学，反对诸侯割据与国家分裂的观念相关。正因如此，他在梁国期间没有参与任何政治事务，也没有任何有损朝廷的"不轨"行为。或因如此，后来汉武帝欣赏《子虚赋》，表面上是肯定辞章之美，骨子里却是对相如赋中的大一统思想的认同。当然在梁园，有一点非常明显，相如过去只是好辞赋，在去梁国之前并没有作品流传，所以他这一阶段所创作的《子虚赋》，应该也是与梁园宾客以文会友的结果，尤其是年长于他的枚乘，其创作对他的影响是很明显的。枚乘除了创作《梁王菟园赋》，最著名的赋体文章是《七发》。从文本来看，《七发》不仅是汉代骋辞大赋的肇端，而且可以说是相如《子虚赋》创作的形制之祖。例如《七发》中有关"游宴""校猎"及"论道"而"醒悟"的部分，全然被相如取法。不妨作一文本结构的对比：

《七发》写"游宴"一节，自"客曰"后历写以下内容：（1）"范围"："既登景夷之台……"（2）"宫苑"："浮游览观，乃下置酒于虞怀之宫。连廊四注，台城层构，纷纭玄绿。辇道邪交，黄池纡曲。"（3）"禽鸟龙鱼"："涵章、白鹭，孔鸟、䴔鹊，鸧雏、鸡鹍，翠鬣紫缨。螭龙、德牧，邕邕群鸣。阳鱼腾跃，奋翼振鳞。"（4）"草木"："淑漻蓁蓼，蔓草芳苓……"（5）"酒乐"："列坐纵酒，荡乐娱心……"（6）"美色"："使先施、徵舒、阳文、段干、吴娃、闾娵、傅予之徒，杂裾垂髾，目窕心与；揄流波，杂杜若，蒙清尘，被兰泽，嬿服而御。此亦天下之靡丽、皓侈、广博之乐也，太子能强起游乎？"再看"校猎"一节，自"客曰"后历写以下内容：（1）"装束"："将为太子驯骐骥之马……"（2）"出游"："游涉乎云林……"（3）"行猎"："逐狡兽，集轻禽 …… 此校猎之至壮也 …… 客见太子有悦色，遂推而进之曰……"（4）"夜猎"："冥火薄天，兵车雷运……"（5）"续猎"："未既。于是榛林深泽，烟云暗莫，兕虎并作。毅武孔猛，袒裼身薄。白刃碢碢，矛戟交错。"又如写"醒悟"一节："客曰：'将为太子奏方术之士有资略者……'于是太子据几而起，曰：'涣乎若一听圣人辩士之言。'涊然汗出，霍然病已。"

再看《子虚赋》的构篇，先叙述本事："楚使子虚使于齐，齐王悉发，与使者出田。田罢，子虚过诧乌有先生，亡是公在焉。"复以齐王曰"虽然，略以子之所闻见而言之，"语引起，历述以下内容：（1）"楚使子虚对齐王问"："仆对曰：'唯唯。臣闻楚有七泽，尝见其一，未睹其余也。臣之所见，盖特其小小者耳，名曰云梦。'"（2）"范围"："云梦者，方九百里，其中有山焉。"（3）"地形物产"："其山（山势）……其土（矿产）……其石（玉石）……其东（香草）……其南（平原地势）……其高燥（蒿草）……其卑湿（蒿草）……其西（池景）……其中（龟鳖）……其北（林木果树）……其上（飞禽）……其下（虎豹）……"（4）"校猎"："于是乃使专诸之伦，手格此兽。"（5）"装扮"："楚王乃驾驯驳之驷……"（6）"行猎"："案节未舒，即陵狡兽。"（7）"美色"："于是郑女曼姬……"（8）"夜猎"："于是乃相与獠于蕙圃……"（9）"醒悟"："将息獠者……"最后写"齐臣乌有反击"，即乌有先生的话语："是何言之过也！……然在诸侯之位，不敢言游戏之乐，苑囿之大；先生又见客，是以王辞而不复，何为无用应哉！"

两相比较，书写方式的类同，是非常明显的。赋史上以"枚马"并称，既构成了西汉赋史上从《七发》到《子虚》《上林》的"枚马"所创制的模式，也反映了相如在梁园创作《子虚赋》的历史意义。

相如在梁国约八年时间，主要是与一批文学之士写文作赋，而他到梁国的时候，又正值梁王春风得意的时期，可想而知相如在梁国还是过了一段欢快的日子。古人讲"满遭损，谦受益"，物极必反，梁王虽然居功荣耀，入朝与皇帝"同辇"进出，但是景帝总是想把皇位让给儿子，于是在前元四年立皇子胶东王刘荣为太子，梁王很失落。过了三年，皇太子因事又被废，窦太后再次要景帝让梁王继嗣大统，结果受到大臣袁盎等人的坚决反对。三个月后，景帝就册立胶东王刘彻为太子，就是后来的汉武大帝。景帝立子为嗣，梁王非常失望，而心又不甘，于是与门客羊胜、公孙诡等密谋，派人刺杀袁盎等议臣十余人于长安街市。事情败露后，羊胜、公孙诡被判死罪，梁王刘武也惴惴不安，惶恐度日。在这件事情发生之后，景帝与梁王兄弟感情已经疏远，所以梁王再要求入朝探望母亲，景帝都不允许。有一次梁王偷偷入京，不敢进宫殿，就躲在长公主的府邸，窦太后知道他进京，又没见到儿子，以为景帝暗杀了兄弟，于是"大哭"，后来终于见了面，又"大喜"。尽管有母亲的溺爱，梁王后来再次要求到京城居住一段时间，仍遭到了景帝的断然回绝，几年后他就在郁闷中死去。

　　世上没有不散的宴席，随着梁孝王在郁闷中病逝，历史又演出了一幕树倒猢狲散的闹剧。这班"游士"散了伙，各奔东西，相如当时在朝廷的职位也丢了，于是只得返回了故乡成都的家中，此时他已是"家贫，无以自业"。不过他在梁园的那点残梦，还引起了后代很多文人的向往，比如杜甫《寄李十二白》诗中就说："醉舞梁园夜，行歌泗水春。"把梁园宾客的故事和孔子行歌泗水之滨传道授业相提并论，可见其中赞美的意思。当然这一赞美亦非虚言，相如在梁王菟园与游士们度过了一段安逸愉快的年华，为他今后卓越的文学成就打下了基础。可是当时的现状是梁王死后，曲终人散，相如又孤单地返回故乡，想到当年进京时的宏图大略，与现状大相径庭，真是造化捉弄。他回乡后的生活如何？故事又将怎样继续？

　　"子虚"赋名，或许也是一种预兆，使相如在梁王菟园的一段风华变得虚幻而缥缈。

第四章

琴挑文君

梁孝王死后，梁园的宾客也是分崩离析，各找出路，司马相如又从梁国回到了家乡成都，他的父母这时应该早已谢世，他家也由地方富户变成了破落户，所谓"家贫，无以自业"（《史记》本传）。对照当年他去长安时题桥柱的豪气，这次"失业"回到家乡，显然进入了一段人生的低谷。而正当他不知道怎样谋生，一筹莫展时，机会来了，他的一位老友王吉在离成都不远的临邛（今邛崃市）做县令，看相如贫闲无聊，于是邀请相如前往他的任职地临邛。一到那里，相如就演绎了一出"琴挑文君"的剧情，成为流传千年的才子佳人的美谈。这也是相如一生的高光时刻，充满了浪漫的情韵。唐代相如县令陈子良《祭司马相如文》中有两句话，"弹琴而感文君，诵赋而惊汉主"，概述了相如一生最得意的两大美事，其中一件就是"琴挑文君"。

一、"琴挑文君"本事

司马相如遇见卓文君的前奏是，他应临邛县令王吉的邀请来游临邛。本来，王吉是因相如无以自生，故有"长卿久宦游不遂，而来过我"的怜悯和帮助，而在相如到临邛且宿宾馆（舍都亭）后，王吉的态度来了个大转变。这就是《史记》记述的"临邛令（王吉）缪为恭敬，日往朝相如。相如初尚见之，后称病，使从者谢吉，吉愈益谨肃"。王县令为何对相如如此"恭敬"，史书用一"缪"字。这个"缪"字有两种解释：一是通"谬"，诈伪的意思；一是通"穆"，虔诚的意思。有人取第一种说法，认为王吉是假装恭敬，笔者觉得还是第二种说法妥当，相如当时虽贫，却曾是在朝廷、在梁国游宦的人物。微妙的是相如明明是王吉邀请来的，当王县令天天去馆舍拜望他，他却摆起了架子，开始还见，后来干脆称病不见，而给他提供衣食住处的王吉不仅不生气，反而"益谨肃"，就是更加恭敬了。对此，首先要看相如是真病，还是装病。据有关记述，相如有"消渴疾"，一般认为就是今天说的糖尿病，这是事实，但是不是就病到不能见客呢？显然不是的。我们只要对照他后来琴挑卓文君而且两人连夜狂奔的行动，就可以看出来他对王吉称病是有伪装的性质。这又牵涉到两种说法：一种是相如毕竟曾任京官，又游宦诸侯多年，虽家道中衰，但身份仍然显贵，作为地方长官的县令，对其恭敬也是自然的。另一种说法则是王吉看相如已三十多岁，还孑然一身在外飘泊，有心为他"说媒"，甚至有说帮助他"骗婚"，所以对相如表现得特别谦恭，这让临邛富户看到他的"贵客"身份，才会注目于其人，以致出现后来的纷纷邀往和宴请的情形。这也为《史记》记述临邛两大富户卓王孙、程郑争相邀约相如埋下了伏笔。

在王吉强邀"过饮"当地富豪卓氏家时，相如还是矜持不往，后"不得已"，才勉强答应前去，结果人们见到相如时是"一坐尽倾"，而相如也因此得遇文君。故事的情节是，由于王吉的抬举，临邛的富人纷纷邀请司马相如光临他们的府第喝酒，卓王孙邀请了近百名客人，并亲自前往馆舍去请相如，相如又摆架子，说病了，不去，这使王吉显得很焦虑，再次赶到馆舍祈求，相如这才勉强与他前往卓府。在酒席上，王吉知道相如擅弹琴，所以拿来琴请他弹奏一两曲，相如已潜知卓王孙有个十七岁的女儿，貌美，"新寡"，就是刚死去丈夫，又精通音乐，所以故意"以琴心挑之"。文君听到"琴"声中暗含的"情"意，于是透过户牖间的遮帘偷看相如，真是一见倾心，但又不好出来直接相见，于是通过侍者鱼雁传书。相如派自己的僮仆送礼给文君的侍女，后来有戏剧家为两人各编了一个名字，男仆叫青囊，侍女叫红肖或春儿等，其结果是"文君夜亡奔相如"。

对这段故事，《史记》的记述是这样的：

> 酒酣，临邛令前奏琴曰："窃闻长卿好之，愿以自娱。"相如辞谢，为鼓一再行。是时卓王孙有女文君新寡，好音，故相如缪与令相重，而以琴心挑之。相如之临邛，从车骑，雍容闲雅甚都；及饮卓氏，弄琴，文君窃从户窥之，心悦而好之，恐不得当也。既罢，相如乃使人重赐文君侍者通殷勤。文君夜亡奔相如，相如乃与驰归成都。

这段文字虽简单，内涵却十分丰富。首先是临邛令知道相如擅长琴技，以"自娱"相邀，而相如又"辞谢"；紧接着是因为相如知道了"卓王孙有女文君新寡，好音"，所以再次以一"缪"字表示与王吉关系密切和相互尊重，始为弄"琴"，关键是欲以"琴心"与文君通其爱慕之意。这时又一插叙，说明相如到临邛来时"从车骑"的气派，主要在突出相如的"雍容闲雅甚都"的人才品貌。据《西京杂记》记载"文君姣好，眉色如望远山，脸际常若芙蓉，肌肤柔滑如脂"，可知其貌亦美，而且"知音"，其与相如相遇，因两人都是才貌双全，真是双璧合美。于是再正面书写相如"弄琴"，文君窥听，以及"心悦"，即心中向慕相如的品貌与琴技，又恐不合礼制即"不得当"，未能即时相见。这都是实写，紧接着是虚写，就是有关"琴挑"之后相如通过厚赠文君身边"侍者"，以通合其事，其结果是文君"亡奔"相如，并乘车马黄夜跑回成都。由于是虚写，其中如何"通殷勤"，如何"夜亡奔"，均缺少事件的具体情节，这为文君夜奔相如故事留下了极大的想象空间，同样也造就了后世剧作家的构想与戏说。

明代洪楩编的《清平山堂话本》有一篇《风月瑞仙亭》，就为相如"琴挑"本事设置了一个很美的场景——卓王孙家后花园的"瑞仙亭"。这则话本的入话诗是"夜静瑶台月正圆，清风渐沥满林峦。朱弦慢促相思调，不是知音不与弹"。设定了"琴挑"的场景和时间，即瑞仙亭的"月正圆"时的清风夜，并将史传的单纯记事转换成情氛的刻画与渲染。如文中描写到卓王孙因王县令的介绍，迎接相如到瑞仙亭游览所观的景致：

> 径铺玛瑙，栏刻香檀。聚山坞风光，为园林景物。山叠岷岷怪石，槛栽西洛名花。梅开庾岭冰姿，竹染湘江愁泪。春风荡漾，上林李白桃红；秋日凄凉，夹道橙黄橘绿。池沼内，鱼跃锦鳞；花木上，禽飞翡翠。

集聚物产，贯穿时空，为的是夸饰园林美景，营造情氛。然后由美景引出美人，即相如初见文君于瑞仙亭时，所见人物的形象与意态：

> 眉如翠羽，肌如白雪。振绣衣，被袿裳。秾不短，纤不长。毛嫱鄣袂，不足程式；西施掩面，比之无色。临溪双洛浦，对月两嫦娥。

虽然在有些小说家笔下显得有点艳俗，但其为烘托"琴挑"的经营设色，确实也增添了一些现场感和魅惑的性质。所以待"酒行数巡"，文君令侍女春儿收拾杯盏之后，相如直白地说："小姐不嫌寒儒鄙陋，欲就枕席之欢。"文君笑着回答："妾慕先生才德，欲奉箕帚，唯恐先生久后忘恩。"相如再作答："小生怎敢忘小姐之恩。"于是"二人倒凤颠鸾,顷刻云收雨散"①。尚未"私奔"就私定了终身,而且在卓氏后园,构思荒唐,叙写浅陋。但其对"琴挑"的演绎,却有还原现场与描绘情境的创作意图,也不失为对相如与文君本事的另类解读。

由于"琴挑"事件的神奇,或者有些出格,后世有赞美其爱情故事的,也多有非议相如人品或作为的。早在西汉末年扬雄的《解嘲》文中就有"司马长卿窃赀于卓氏"的话,意谓相如琴挑文君是为了卓家的钱财。继后,如刘勰《文心雕龙·程器》言及文人的瑕疵说"相如窃妻而受金",前者指"琴挑",后者指他后来出使西南"受金"而失官之事。颜之推在《颜氏家训·文章篇》中排列历代文人无行,也有"司马相如窃赀无操"的说法。

到了宋代的苏东坡,作为同是蜀地之人,他对相如的评价由"琴挑"发端,于其生平作为进行全面诋毁。他在《和杂诗十一首》中说:"相如偶一官,嗤鄙蜀父老。不记犊鼻时,涤器混佣保。著书曾几许,渴肺灰土燥。琴台有遗魄,笑我归不早。作书遗故人,皎皎我怀抱。"在他看来,相如爱慕富贵,小人得志,而且还鄙视家乡父老,人品低劣。可以说,他对相如一生的行为,如"谄事汉主""开西南夷之隙""草《封禅书》""作《大人赋》侈言汉武意"等事情,评价极低,无不缘于"琴挑"本事。他在史评文章《司马相如之谄死而不已》中写道:

> 司马相如归蜀,临邛令王吉谬为恭敬,日往朝相如,相如称病,使从者谢吉。及卓氏为具,相如又称病不往。吉自往迎相如。观吉意,欲与相如为(率)[索]钱之会尔。而相如遂窃妻以逃,大可笑。其《谕蜀父老》云"以讽天子",以今观之,不独不能讽,殆几于劝矣。谄谀之意,死而不已,犹作《封禅书》。如相如,真可谓小人也哉!

这条评论分析了相如如何伙同王吉"窃妻卓氏",然后对其一生行为都进行了否定,可见"琴挑"一事在后人眼中对相如人品的影响。换个视角,例如在

<hr>

① 这两句描写存于《清平山堂话本》卷一,在拟话本《警世通言》卷六引作《俞仲举题诗遇上皇》的入话文中没有。

《风月瑞仙亭》的描写中，文君一出场，就因"良姻"难得而愁虑重重，及至偷窥相如之后，暗生情愫，又作思量："其人俊雅风流，日后必然大贵。但不知有妻无妻？我若得如此之丈夫，平生愿足！争奈此人箪瓢屡空，若待媒证求亲，俺父亲决然不肯。倘若错过此人，再后难得。"冯梦龙《警世通言》卷六《俞仲举题诗遇上皇》的入话部分，也是相如、文君故事，对前面的话本略有删改：一处是相如与文君在瑞仙亭相会，冯梦龙将二人当场苟合改为文君严词拒绝，从长计议，才定下了私奔的策略；另一处是二人回成都后开酒肆谋生，冯梦龙将开酒肆的目的明确提出，是为了使卓王孙对自己的冷漠感到懊悔。文本虽然有所不同，与宋代苏轼的说法大相径庭，但对相如文君"琴挑"和"私奔"，均作出才子佳人式的处理。

真实的历史是，相如"琴挑"文君"夜奔"之后，其人生的剧情却急转直下。一方面，相如与文君回成都后，是"家居徒四壁立"①，可谓穷愁潦倒；一方面卓王孙听说女儿夜奔私许相如事，愤怒至极，说"女至不材，我不忍杀，不分一钱也"，意思是女儿轻贱自己，虽然不忍杀了她，但绝不给一分嫁妆钱。卓王孙为何如此恼怒相如与文君的行为，除了一般理解的非"礼"，或许还有另一层原因，那就是相如当时处困顿之境——"穷"，这其中暗含了相如与文君家财的悬殊所造成的生存差距。

---

① 裴骃《史记集解》引郭璞曰："言贫穷也。"司马贞《史记索隐》案引孔文祥云："徒，空也。家空无资储，但有四壁而已，云就此中以安立也。"

二、当垆卖酒

在"琴挑"文君的故事过程中，相如由被卓王孙嫌弃到接受乃至欣赏，其中经历了一段被后世传为佳话的"当垆卖酒"的事情，这究竟是为生活所迫还是某种行为艺术，既为人们关注，也成为后世剧作家加以演绎的话题。

在今天的邛崃市，有一口"文君井"，传说是文君与相如卖酒求生的地方。事情的经过是，相如与文君回到成都，没有了生活来源，于是文君终日闷闷不乐，就建议相如与她再返回临邛，因为卓家诸兄弟的财产丰厚，回临邛寻些生计应该没有问题，也不必在成都受这般贫困的煎熬与苦恼。相如听从文君的计划，返回临邛，所以才有了两人在街头卖酒的故事。对此，《史记》本传记述得很简略，但极传神：

> 相如与俱之临邛，尽卖其车骑，买一酒舍酤酒，而令文君当垆。相如身自著犊鼻裈，与保庸杂作，涤器于市中。

才貌双全的司马相如在临邛大街上穿着"犊鼻裈"，有说是用三尺布系腰上即没有裆的短裤衩，有的说类似店小二的围腰，同店员在一起跑进跑出，洗盘涮碗；如花容貌的文君站柜台吆喝卖酒，招徕酒客，这多么引人注目，不仅可见当时临邛街上的非凡热闹，也引起后世猜测纷纷。有的说这是小夫妇实在穷得无奈，出此下策；有的说这是相如将老丈人军，你不给陪嫁钱，我就让你出丑；有的甚至说这是类似现代的行为艺术，相如和文君放下才子佳人的身价，当垆卖酒，惊世骇俗，何等风流，何等倜傥！

这一行为的结果是，临邛人争相观看，家喻户晓。作为首富的卓王孙，其闺女和女婿当街卖酒，不能不令他"闻而耻之"，脸面无光，只能"杜门不出"，以躲避人们的眼光与议论。我们还原一下两千多年以前临邛县城的现场：一边是卓王孙知道女儿当垆卖酒后感到颜面全无，气得"杜门不出"躲避在家，一脸的无奈与羞愤；一边是街市热闹非凡的卖酒情形，男主人公穿梭奔忙于店中，不亦乐乎，女主人公在酒垆边热情招呼酒客。在这反差之下，卓王孙的尴尬可想而知。结果为平息事端，卓家的叔伯兄弟出来调解，他们纷纷劝说卓王孙："有一男两女，所不足者非财也。今文君已失身于司马长卿，长卿故倦游①，虽贫，其人材足依也，且又令客，独奈何相辱如此！"这句话有两个视点：一是卓家不缺"财"，而相如正是"家贫"；二是相如人材非凡，只是暂时不愿做官，况且还是"令客"，以后不愁没有进一步发展的前景。人们给了台阶，卓王孙就顺势而下，一下子分给女儿文君"僮百人，钱百万"作为陪嫁。有了钱，相如与文君才歇"店"（酒舍）离开临邛，回到成都，买田建舍，又成了当地的富人。

文君作为一位知识女性，在被相如"琴挑"而与之"私奔"后，因贫穷无生计又"当垆沽酒"，确实算是比较出格的人物。所以后世对其评价亦有轩轾，甚至走向两个极端。据宋人王楙撰《野客丛书》卷十五，对文君相关的评价有这样一段记载：

> 今用女倡卖酒，名曰"设法"。或者谓汉晋未闻。仆谓此即卓文君当垆之意。晋人阮氏醉卧酒垆妇人侧，司马道子于园内为酒垆列肆，使姬人酤鬻酒有是矣。

唐人常将文君的形象妓女化，如将文君与薛涛并列等，较多地出于文人冶游观妓引申出来的浪漫意象，道德批判的成分不多，至于追溯卓文君的"女倡卖

---

① "倦游"，裴骃《史记集解》引郭璞曰："厌游宦也。"

酒"之法，其中已含有对其身份低贱的贬义，甚至有假沽酒而出卖色相的嫌疑，这更为宋代理学家所不齿。文君形象的"女倡化"，主要属于道德的评判，这是一个极端。另一个极端是将文君"贞女化"，其于"琴挑"时尽量忽略其寡妇的身份，而于"当垆"时则夸赞其共患难的美德，到后来传说年老色衰，丈夫（相如）有了新欢，又坚守了无怨无悔的贞烈形象。例如宋人文同的《白头吟》诗是这样叙述故事的：

> 忆昔宴华堂，金徽导幽意。虽知取名贱，越礼奉君子。相期本同穴，谁复耻犊鼻。一见茂陵人，烟霄与泥滓。愿言保新爱，妾以甘自弃。恩义薄所终，多生于富贵。

诗中的"茂陵人"指相如晚年移情别恋的对象"茂陵女"，这是民间的传说，也是后话，但其中所说的"愿言保新爱，妾以甘自弃"，宣扬的则是这些封建士大夫心中的"贞妇"形象，既有自我牺牲的精神，又成就了"妇德"中的"不妒"的典范。清人杨燮有七言诗《文君当垆处》，其中写道："识人俊眼知琴心，同归更无取酒金。鹔鷞买醉四壁无，中夜难温合欢衾。郎君素有凌云志，所少财耳妾能致。故恼王孙重携来，妾自当垆郎涤器。当垆可羞妾不羞，嫁得才人香名流。"颇以浅俗之语写深挚之情，彰显的是文君的勇气与魄力。所以无论是"妓女化"，还是"贞女化"，甚至近代社会倡导妇女解放而赞美文君"私奔"的自由恋爱性质，这都是"他者"的眼光，回到真实的历史，是既没有那么崇高，也不是那般卑贱的。只是文君当垆，相如涤器，这一奇特行为颇引起后人的赞叹，甚至还绘有《相如涤器图》等图画，并传播到域外。比如朝鲜文人赵瓒韩《玄洲集》卷二有《题相如涤器图》七言长诗。诗中写道"阛阓杂沓绕康庄，毂击肩摩争射利。女妆士饰耀伙媚，锦翠珠华夸列肆。就中何者瘦且羸，衣如悬鹑裈犊鼻。丈夫岂无糊口计，自向楼前坐涤器"，题图中透露出某种不平之气，所以该诗的收束语是"长门当日买赋时，倘见此画应洒泪"，以错忤时空的方式表达对"涤器"一事的感慨与同情，抒写的是一种士不遇的千年与共的心志。

文君当垆与相如涤器，是相如生平中的一段历史的记忆，也是一段脍炙人口的传说。当年相如夫妇卖酒的地方，现在建了"文君井公园"，据说那口"文君井"就是他们酿酒的水源，井水甘美醇香。至于这口井究竟是不是当年取水酿酒的井，因年代久远，难以考实。不过也有考古学者对这口井的形状、建材进行了研究，认为应该是秦汉时的旧井，比如里面的陶器井壁，与战国秦汉时造井的记载相符合。后代文人多半相信这口文君井，就是当年文君沽酒取水处。南宋初爱国诗人陆游任成都府路安抚司参议官时，曾游临邛，写了一首《游文君井》诗："落魄西州泥酒杯，酒酣几度上琴台。青鞋自笑无羁束，又向文君井畔来。"陆游一生爱国，又爱表妹唐婉：南宋北伐抗金失败，是他心中的爱国之痛；他与唐婉因母亲的干预，只得离婚，成了他一生的爱情之痛。在这种痛苦心境中游文君井，自然使他想起了浙江绍兴的"沈园"。据说陆游当年违心地把妻子"休"掉后，唐婉改嫁赵士程，有一天春风和煦，陆游游沈园，巧遇赵士程与唐婉。这对"曲终情未了"的昔日夫妻，相对很久，陆游便于沈园的壁上书写下《钗头凤》："红酥手，黄縢酒，满城春色宫墙柳。东风恶，欢情薄。一怀愁绪，几年离索。错、错、错。"今天沈园的墙壁上还刻有唐婉的和词，就是那"世情薄，人情恶，雨送黄昏花易落"的悲凉。直到唐婉死后多年，陆游还写了怀念她的诗作，如"伤心桥下春波绿，曾是惊鸿照影来"。可见沈园和文君井还有这样的情感联系。1957年，邛崃县政府重修文君井公园，请当时任中国科学院院长的郭沫若题词，郭沫若于当年国庆节写下《题文君井》，开头一段是："文君当垆时，相如涤器处。反抗封建是前驱，佳话传千古。"文君酒的品牌，时代也很久远，唐代初年朝廷大臣李百药《少年行》中就有了"始酌文君酒，新吹弄玉箫"的诗句，不仅有了"文君酒"的称谓，而且说明当年"文君酒"还是贡酒，为宫廷宴饮的上品。古代记述文君酒还有"临邛酒""瓮头春""卓女烧春"等名称，都是由此当垆故事衍生出来的。

三、卓氏家世与王孙之悔

在"琴挑"文君的过程中，卓王孙对相如"家贫"鄙夷的态度，取决于卓的家世。根据《史记·货殖列传》记载：卓氏本是中原赵国人，这个家族从事开发铁矿的事业和铸造业，有了丰厚的财产积累。战国末年，秦国灭了赵国，要把居住在赵国的部分富人迁到边远地区，于是很多被迫迁走的人纷纷送钱贿赂执行迁徙任务的官吏，希望被安置在较近些的地方，就是陕西与四川交界的葭萌关。而卓氏家族的人颇有远见，认为葭萌一带地处狭薄，缺少发展的空间，所以与众人不同，他们舍近而求远，结果迁徙到了临邛。临邛地下资源十分丰富，有铁矿，有火井（就是今天的天然气），有盐井，于是卓氏开采矿产，又采用火井煮盐水，特别是利用蜀（四川）滇（云南）两地廉价的劳动力跑运输，很快得以暴富，其财产与享受，被当时人视为"拟于人君"。而从山东迁来临邛的程郑家族，也是靠铸铁和运输发财，成了临邛地区仅次于卓氏家族的第二富户。他们在经济上的崛起，与当时巴蜀之地的商业文明有关。李学勤在《东周与秦代文明》一书中，考证了东周时秦、蜀两国的交流，发现秦地的墓葬中"礼器有鍪、釜、甑等，器饰几何纹或素面，有辫索形的耳"，认为是巴蜀传到秦地的，再由秦地传往东方六国，这是"古代巴、蜀人民在文化史上的贡献"[1]。这是一方面。而另一方面，秦国也以自己的政治强势改造巴蜀地区，如城池建设，常璩《华阳国

---

[1]　详见李学勤：《东周与秦代文明》，文物出版社1984年版。

志·蜀志》记述：

> （秦）惠王二十七年，仪与若城成都，周回十二里，高七丈；郫城周回
> 七里，高六丈；临邛城周回六里，高五丈。造作下仓，上皆有屋，而置观楼
> 射兰。成都县本治赤里街，若徙置少城内。营广府舍，置盐、铁、市官并长
> 丞；修整里阓，市张列肆，与咸阳同制。

如此交流整合，使巴蜀经济也注入了新元素。考察秦灭巴蜀后，在这个区
域进行了经济变革，使巴蜀地区成为私有制率先发展的地方。到了汉代立国时，
巴蜀因其经济雄厚，成为刘邦的战略大后方，特别是粮草的储备之地，如《汉
书·食货志》记载：

> 汉兴，接秦之敝，诸侯并起，民失作业而大饥馑。凡米石五千，人相
> 食，死者过半。高祖乃令民得卖子，就食蜀、汉。

因巴蜀地僻险阻，楚汉战争时受害较少，经济也得到稳定发展，成为汉初的
"就食"之处。加上文、景之世休生养息，所谓"开关梁，弛山泽之禁"，导致
"富商大贾周流天下，交易之物莫不通，得其所欲"（《史记·货殖列传》）。
在这样大力发展商业经济的背景下，巴蜀经济又得天下之先机，《史记·货殖列
传》的描述是："巴蜀亦沃野，地饶厄、姜、丹沙、石、铜、铁、竹、木之器。
南御滇僰，僰僮。西近邛笮，笮马、旄牛。然四塞，栈道千里，无所不通，唯褒
斜绾毂其口，以所多易所鲜。"这卓王孙正是避开褒斜狭口而深入蜀地做矿产等
生意得以发家致富的。当时蜀地之富，连京城长安之人也为之羡慕，所谓长安
"郊野之富，号为近蜀"（班固《西都赋》）。

正因如此，作为家有"千金"的文君，与相如当时家徒四壁的家境比较，确
实经济实力悬殊。想想看，卓王孙是得天时、地利，加上自己善于经营，才谋取
得这偌大的家业。经济实力往往决定社会地位，战国时巨商子贡"结驷连骑，束
帛之币以聘享诸侯，所至，国君无不分庭与之抗礼"（《史记·货殖列传》），

至于白圭、猗顿、郭纵诸富人无不白手起家，而扬名天下，抗礼诸侯。相比之下，卓王孙之富豪也是"拟于人君"，生活何等光鲜？现在眼看自己的女儿被这"穷措大"拐走，家财或许也要被其瓜分，于心何忍，于情何堪？他的"怒"也是情有可原的。财产的丰寡悬殊，在汉代既然是婚姻的一大障碍，这自然也成为卓王孙心中一道很难逾越的"梗"。

对相如和文君的浪漫婚配，卓王孙的态度一共发生过三次较大的变化。第一次是听说两人夜奔消息之后，王孙大怒，说："女儿极不成材，我不忍心伤害她，但也不分给一个钱。"别人劝他，他坚决不理睬。第二次是知道他们回临邛当街卖酒，先是闭门不出，后经家人和朋友劝告，勉强同意分给他们"僮百人，钱百万，及其嫁时衣被财物"，这下相如、文君高高兴兴地又回到成都，买田盖屋，成为当地的富人。第三次是多年后汉武帝拜相如为中郎将，建节出使西南少数民族地区，途经巴蜀，过临邛，卓王孙与当地官员、富人，都纷纷"献牛酒"交欢，卓王孙感叹自己当时有眼无珠，有了为何不早嫁女给相如之"悔"。就是《史记》本传记载的"卓王孙、临邛诸公皆因门下献牛酒以交欢。卓王孙喟然而叹，自以得使女尚司马长卿晚，而厚分与其女财，与男等同"。这虽然是相如"琴挑"文君后多年的事情，可是卓王孙态度的变化，以及司马相如又得到一大笔财产，倒是颇具戏剧性的。

回到"琴挑"文君的当下情境，相如为何以"琴"相挑，后世将相如的琴命名为"绿绮"，这其中又有一种文化的力量，张大了这位"剑"胆"琴"心的才子的影响力。

四、相如"琴"挑的文化意涵

相如与文君的故事，因"琴"的参与，开启了才子佳人剧因"琴"传"情"之浪漫姻缘的先河。琴作为乐器，素被中国古代士大夫推崇，倘若兼有琴棋书画的技艺，已然为最典型的儒雅君子了。汉人应劭《风俗通义》记载："雅琴者，乐之统也，与八音并行。然君子所常御者，琴最亲密，不离于身；非必陈设于宗庙乡党，非若钟鼓罗列于虡悬也……以琴之大小得中而声音和。"琴器之用，在琴音"尽声变之奥妙"（傅毅《琴赋》），琴声之变，又缘琴心之感发。庾信有诗云"临邛若有便，为说解琴心"（《和赵王看妓诗》），就是借用相如"琴心挑之"一事；清人祝凤喈《与古斋琴谱》则谓"鼓琴曲而至神化者，要在于养心"，是对这一点的理论诠解。

相如以琴心挑文君，首先在深谙琴道。传说古代有四大名琴，分别是齐桓公的"号钟"、楚庄王的"绕梁"、相如的"绿绮"和蔡邕的"焦尾"。郭茂倩《乐府诗集》卷五十七引《纂要》："古琴名有清角，黄帝之琴也。鸣鹿、循况、滥胁、号钟、自鸣、空中，皆齐桓公琴也。绕梁，楚庄王琴也。绿绮，司马相如琴也。焦尾，蔡邕琴也。凤皇，赵飞燕琴也。"其中也含四大名琴。傅玄《琴赋序》曾列举后三者，以为"名器"，后人又尝以"绿绮"为琴的代称。如张载《拟四愁诗》"佳人遗我绿绮琴"、李白《听蜀僧濬弹琴》"蜀僧抱绿绮"等诗句皆是。也正因为相如对琴道"好之"，且精通琴艺，所以才有了这些传说。当然，有相如的琴心，必有文君的感动，亦如伯牙与钟子期的知音之交，方能成就"高山流水"的佳话，正如刘勰《文心雕龙·知音》所说"音实难知，知实难逢，逢其知音，千载其一乎"。相如"琴挑"文君作为一种故事的范例，影响了后世，因"琴"知音多用于男女情事，喻琴瑟和谐，比如《玉台新咏》卷九所载托名相如的《琴诗》二首，所谓"凤兮凤兮归故乡，遨游四海求其凰"，以及后人追和的"凤兮凤兮鸣喈喈，雄将飞兮雌将从"（周紫芝《拟司马相如琴歌代文君答》）。探究其中原因，又当由琴心而观琴制。

首先是"琴源"。琴为谁造，史籍说法甚多，其中伏羲造琴说与神农造琴说影响最大，尤其前者，居琴源之首。据王应麟《玉海》载《琴书》引蔡邕《论琴》："伏羲削桐为琴。面圆法天，底平象地。龙池八寸，通八风；凤池四寸，象四气。"伏羲作为古代神话中的昆仑大神，具万有之神力，然考诸汉代史籍，其与女娲尝被奉为"婚神"。如谓"伏羲制嫁娶，以俪皮为礼"[1]，"女娲祷祠神，祈而为女媒，因置婚姻"[2]。由于对伏羲与女娲"再造夫妇"之神性的普遍承认，班固在他的《两都赋》中赞汉光武帝刘秀再定婚俗宗法之礼，则喻之以"四海之内，更造夫妇，肇有父子，君臣初建，人伦实始，斯乃伏羲氏之所以基皇德也"。正因伏羲造琴有着主"婚"之礼的内涵，所以相如因"琴"挑"情"，好合男女，也就具有了文化的本源意义。

其次是"琴材"。古人制琴，重阴阳谐和：琴面拟天，以桐材，为阳；琴底拟地，以梓材，为阴。明人刘珠《丝桐篇》论琴材："天下之材，柔良莫如桐，坚刚莫如梓。桐主发散以扬声，梓主收敛以聚声。以桐之虚，合梓之实，刚柔相配，天地之道，阴阳之义也。"由琴材到音理，亦以兼融阴阳为佳。清人程雄《琴学八则·取音》："取音之理，全凭两耳，必须细察其孰为刚，孰为柔，孰为刚中之柔，孰为柔中之刚。何也？声音之道，皆由天造，其中高下抑扬，悉本阴阳之理，生生不息。故浅之足以悦人心，微之即可通造化。"正因"阴阳合意，造化一心"，琴也就能"体兼九丝，声备五音"（谢惠连《琴赞》），从而达到"清飙因其流声兮，游弦发其逸响；心怡怿而踊跃兮，神感宕而惚恍"（成公绥《琴赋》）的境界。由琴声之"阴阳合意"到琴用之"阴阳合意"，相如

---

① 马骕：《绎史》卷三引谯周《古史考》。
② 应劭：《风俗通义》。

"琴挑"意涵有此联系。

再者是"琴德"。汉人桓谭《新论·琴道篇》："削桐为琴，绳丝为弦，以通神明之德，合天地人之和焉。"后世发挥其义，论琴"德"之说尤多，如明人冷谦《琴书大全·琴制》谓琴有"九德"，即"奇""古""透""静""润""圆""清""匀""芳"。如论"润"，则谓"韵长不绝，清远可爱"；论"清"，则谓"发声犹风中之铎"。这其中突出琴声之高逸悠远，所谓"导德宣情"（戴逵《琴赞》）、"宣和养气"（嵇康《琴赋》），实属一致。当然，因地域的区别，琴声也有差异。如宋人朱长文《琴史》卷四引唐赵耶利说"吴声清婉""蜀声躁急"，躁急者"若激浪奔雷"，更显其冲击力量。由琴德琴声看相如与文君之因"琴"传"心"，也是耐人寻味的。

最后是"琴意"。因情传意，为琴之妙用，昔人谓"参以酒德，间以琴心"（王俭《褚渊碑文》）、"譬如巧琴师，哀弹发丝桐"（韩维《览梅圣俞诗编》）。因为琴意最善传情，所以桓谭曾记述雍门周以琴见孟尝君，说"臣一为之援琴而长太息，未有不凄恻而涕泣者也"（《新论·琴道篇》）。可见情发于声，见于琴意，最为感物动人，嵇康《琴赋》云"诚可以感荡心志，而发泄幽情"，亦通合于相如"琴挑"游戏间的"琴心"真情。

从以上几个方面，聚焦相如"琴挑"的历史文化内涵，又在以"乐"行"媒"的传统。以"乐"行"媒"之源，当在上古祭神的巫术歌舞，特别是殷商时代承夏礼而重巫歌，祭神重声乐之娱，所谓"殷人尚声，臭味未成，涤荡其声。乐三阕，然后出迎牲。声音之号，所以诰告于天地之间也"（《礼记·郊特牲》）。以声乐祭神媚神，也包括行"媒"通神。虽然周礼变殷商祭神之法，即"周人尚臭，灌用鬯臭"等变重"声乐"而为重"气味"的交感巫术，其中增添了"惟吾德馨"的道德成分，但以"乐"行"媒"之风未绝，如《诗·周南·关雎》"窈窕淑女，琴瑟友之"。比较而言，更典型的就是传承殷商《桑林乐》的"郑卫之音"。据《礼记·月令》载：仲春之月"玄鸟至。至之日，以太牢祠于高禖。天子亲往，后妃帅九嫔御。"又《周礼·地官·媒氏》载："仲春之月，令会男女，于是时也，奔者不禁。"据陈梦家《高禖郊社祖庙通考》考证，高禖即郊禖，"社"又是原始宗教的神圣祭坛。所以"会男女"，内容"祭媒神"的元素①，如《墨子·明鬼》所说"燕之有祖，当齐之有社稷，宋之有桑林，楚之有云梦也，此男女之所属而观也"。而郑、卫多属殷商旧地（宋），其风尤炽盛，其声尤放纵，以致孔子有"恶郑声之乱雅乐"（《论语·阳货》）的批评，朱熹更发挥孔子"郑声淫"之说，直谓郑诗（歌词）是"淫女戏其所私"（《诗经集传》卷二《郑风·山有扶苏注》）。其实，抛开这些道德的评判，郑、卫之声的"男女奔会"之以"乐"行"媒"遗存，在楚汉辞赋领域仍有明显体现。除了《墨子·明鬼》中所言楚之云梦与宋之桑林同为祭祀媒神之地，因而产生了《高唐赋》《神女赋》，在屈原的作品中，也有以"乐"行"媒"的印记。如《离骚》："吾令丰隆乘云兮，求宓妃之所在；解佩纕以结言兮，吾令蹇修以为理。"洪兴祖《楚辞补注》："蹇修，伏羲氏之臣……使古贤蹇修而为媒理也。"朱熹《楚辞集注》："蹇修，人名。理，为媒以通词理。"蒋骥《山带阁注楚辞》谓："蹇修……理媒使也。"考之《尔雅·释乐》"徒鼓钟谓之修，徒鼓磬谓之蹇"，可知"蹇修"正是伏羲（楚汉人也视为婚神）身边以"乐"行"媒"的角色，明人何乔新《贫女篇答王元哲》"命薄蹇修拙，谁歌凤求凰"，实源于此。

西汉琴曲歌诗多承楚调，其中如《房中乐》《伯牙操》《长门怨》《琴歌》《白头吟》都是"楚调曲"，其中颇与相如有关，或谓"琴学盛于汉、晋"（杨宗稷《琴学丛话·琴话》卷二），当时也出现了像相如、蔡邕这样的琴学大家。相如作为汉初赋家，其创作以传承楚声为主流，他"琴挑文君"蕴含以"乐"行"媒"的文化渊源，正是近承楚声而远袭上古巫风的。只是在文化的传承意义上，相如"琴挑"史实已淡褪了上古巫风的祭祀媒神的色彩，却承袭了郑、卫之音的"奔会"性质。也正因此，相如的这一举动成为后世戏剧家笔下的母题。直接摹写其事的有明人朱权《卓文君私奔相如》一剧，清人舒位的《瓶笙馆修箫谱》有《卓女当垆》一剧等，而影摹者最著名的就是王实甫的《西厢记》第五折"听琴"一段。其中张生的道白："琴呵，小生与足下，湖海相随数年，今夜这一场大功，都在你这神品……昔日司马相如得此曲成事，我虽不及相如，愿小姐

---

① 参见陈梦家：《高禖郊社祖庙通考》，载《清华学报》第十二卷第三期，1937年。

有文君之意。"当剧中崔莺莺听张生所弹的一曲《凤求凰》之"将琴代语兮，聊写衷肠。何时见许兮，慰我彷徨"后，则云："是弹得好也呵！其词哀，其意切，凄凄然如鹤唳天。"张生的"琴挑"与莺莺的"知音"，可谓相如"琴挑"文君的翻版，是千年相承的以"乐"行"媒"的文化精神。

五、明清戏曲说"琴挑"

以戏曲的方式演绎"琴挑",自宋代开始就已经有了,只是明以前的作品已全部亡佚,其故事的演绎也湮没于历史长河中而不可得知。吴祖光在他写的《两千年前的恋爱传奇——〈凤求凰〉后记》一文中[①],归纳了他所见到的"琴挑"剧本,有十一种,分别是:

（明）朱权《卓文君私奔相如》

（明）佚名《司马相如题桥记》

（明）孙柚《琴心记》

（明）韩上桂《凌云记》

（明）袁晋《鹔鹴裘》（《剑啸阁鹔鹴裘记》）

（清）椿轩居士《凤凰琴》

（清）朱凤森《才人福》

（清）澹慧居士《凤求凰》

（清）舒位《卓女当垆》

（清）黄燮清《茂陵弦》

（清）许树棠《鹔鹴裘》

---

① 吴祖光:《求凰集》,中国戏剧出版社1980年版。

除此之外，还有佚名《封禅记》等。吴祖光将所列剧本分成五类：一是为司马相如作传的。这类作品重点在相如题桥，表现他虽一时困厄，终非池中物，最后功成名就。相如与文君只是一个插曲。二是传奇式的。重点在相如与文君的恋爱故事。三是对"相如琴挑""文君私奔"的辩解与开脱。四是把相如与文君的恋爱故事，以及"当垆卖酒"处理成才子佳人游戏人间的风流韵事。五是以话本《风月瑞仙亭》为情节的戏剧化描写。而在吴祖光分类的基础上，戎丽娟认为现在能看到的作品内容基本上大同小异，无非是汇集前代所有跟相如有关的内容，包括《史记》《西京杂记》《长门赋序》等文献的记载，但在思想方面却有着明显差距，并可归纳为三类：

　　（一）以"琴挑"和司马相如一生的仕宦经历为主要内容，讴歌才子配佳人，最终夫荣妻贵。这类作品最为普遍，如《琴心记》《鹔鹴裘》《凤求凰》《凌云记》属于这类。

　　（二）同样以"琴挑"贯穿相如事业，但目的是针对宋人从礼教对其质疑的翻案，认为"私奔"乃捕风捉影。这以佚名《司马相如题桥记》为代表。

　　（三）主旨仍同前两类，但目的是为了宣传神仙道化，以才子佳人的遇合和才子的飞黄腾达来劝喻世人修道向仙，《封禅记》是为典型。①

　　由此可见，所有的相如戏或文君戏，一个共同的指向就是"琴挑"，其在明清时代的兴盛，正与唐宋时代对文君的"娼妓"化与"贞女"化相关，是一种文学化的历史反省。而"琴挑"戏的终极意义，仍归属于对相如与文君史事的解读，是相如人生的新面向与新衍展。

---

① 详见戎丽娟：《相如琴挑文君本事及其衍变考述》，2008年南京大学硕士学位论文铅印本。

第五章

游士婚配

　　司马相如青年时代的这一"琴挑"举动，以及由这一举动所带来的婚姻，引起了后世不同的看法，或赞美为自由的爱情，或被鄙视为礼教罪人。落实到事情的本身，又在于二人的"亡奔"、文君的"新寡"，以及卓王孙的"大怒"，考究其原因，应该与相如所处时代的婚俗背景及其游士身份相关，这场婚姻，或可称之为游士的婚配。

一、西汉初年的婚俗背景

相如在临邛"琴挑文君"的本事，《史记·司马相如列传》据相如自叙，记述甚详，然而其间的文化内涵与婚俗背景，尚值得进一步探索与思考。其实，无论是说自由婚姻，还是违背礼教，所指的意思是一致的，就是相如与文君的婚配是反常的、不守规矩的。这是不是卓王孙开始坚持反对的原因呢？显然不是。对这段婚姻的评价，首先要注意两点：

第一点是从先秦到西汉，婚姻本身就比较自由，周代规定婚礼的所谓"六礼"，即纳采、问名、纳吉、纳征、请期、亲迎，以及"父母之命，媒妁之言"，都是对贵族和士大夫的要求，根本难以落实到平民阶层，所以西汉年间，社会上私定终身的现象非常多。我们可以参读班固《汉书·卫青传》中有关平阳公主择亲的故事：

> 平阳侯曹寿有恶疾就国，长公主问："列侯谁贤者？"左右皆言大将军。主笑曰："此出吾家，常骑从我，奈何？"左右曰："于今尊贵无比。"于是长公主风白皇后，皇后言之，上乃诏青尚平阳主。

平阳侯有恶疾居住封国，不久病故，公主作为女性当众讨论有关婚配问题，在后世很难想象，接着又"笑"说卫青原为其家奴，如何婚配。其中戏剧性的表演也是当时择亲相对自由的表现。作为公主，或许自择权力大些，而汉代并非贵族的普通妇女，也有相当的择亲自由。例如张耳、梁鸿娶妇的故事：

> 外黄富人女甚美，庸奴其夫，亡邸父客。父客谓曰："必欲求贤夫，从张耳。"女听，为请决，嫁之。
>
> （《汉书·张耳传》）

> 同县孟氏有女，状肥丑而黑，力举石臼，择对不嫁，至年三十。父母问其故。女曰："欲得贤如梁伯鸾者。"鸿闻而娉之。
>
> （《后汉书·梁鸿传》）

张、梁二人的婚配，皆为其"妇"所择，可见当时妇女择亲的相对自由。

相比于东汉，西汉早期婚姻更加自由，所谓"媒人"，只起"传言"的作用，尤其是"礼教"未严，贞操观淡薄，这应该是司马相如琴挑"新寡"的卓文君且与其私奔偕亡的婚俗基础。因为相如与文君的婚姻，曾受到传统法理与礼俗的质疑，其中最突出的是两点，即文君因相如"琴挑"而"私奔"和其"新寡"的身份。就第一点而言，由于汉代已经强调"妇人因媒而嫁"（刘向《新序·杂事》），所以受到质疑。其实，在西汉没有媒人而成婚者司空见惯，甚至相如的行为也是历代婚俗学家视为西汉婚姻相对自由的例证①。甚至在东汉末年，青年男女亦多有私定婚恋的，如繁钦《定情诗》所描写的："我出东门游，邂逅承清尘。思君即幽房，侍寝执衣巾。时无桑中契，迫此路侧人。我既媚君姿，君亦悦我颜。何以致拳拳，绾臂双金环。何以致殷勤，约指一双银。何以致区区，耳中双明珠。何以致叩叩，香囊系肘后。何以致契阔，绕腕双跳脱。何以结恩情，佩玉缀罗缨。"这既是对爱情的企盼，也是现实的写照。

第二点就是贞操观，在当时也是很淡薄的，寡妇改嫁，比比皆是，平民如此，士大夫亦如此，甚至汉景帝的王皇后也是改嫁入宫的。这类例证极多，如《汉书·薛宣传》载："敬武长公主寡居，上令宣尚焉。"说明贵族妇女不讳

---

① 参见瞿同祖：《汉代社会结构》，上海人民出版社2007年版。

言改嫁。平民百姓也不以改嫁为讳，如《汉书·外戚传》记载汉宣帝外祖母王媪"家本涿郡蠡吾平乡。年十四嫁为同乡王更得妻。更得死，嫁为广望王廋始妇"。汉代男子也不以妇女改嫁为不贞。如《汉书·孝景王皇后传》载："臧儿长女嫁为金王孙妇，生一女矣，而臧儿卜筮曰两女当贵，欲倚两女，夺金氏。金氏怒，不肯与决，乃内太子宫。"就是这位改嫁到太子宫的王夫人，并不因"二婚"遭冷遇，后成为皇后，即汉武帝的母亲。还有陈平妻的故事，既说明女子可选择夫婿，也是不忌讳改嫁的典型。《汉书·陈平传》记载：

> 及平长，可取（娶）妇，富人莫与者，贫者平亦愧之。久之，户牖富人张负有女孙，五嫁夫辄死，人莫敢取，平欲得之。邑中有大丧，平家贫侍丧，以先往后罢为助。张负既见之丧所，独视伟平，平亦以故后去。负随平至其家，家乃负郭穷巷，以席为门，然门外多长者车辙。张负归，谓其子仲曰："吾欲以女孙予陈平。"仲曰："平贫不事事，一县中尽笑其所为，独奈何予之女？"负曰："固有美如陈平长贫者乎？"卒与女。

这段记录极具故事性，而学者对此也有论述，如吴景超总结出四点：其一，嫁五次之女，不厌再嫁；其二，寡妇的尊长不劝其守节，反而物色佳婿；其三，嫁五次之女，还有人要娶；其四，寡妇的父亲不以女儿为寡妇而降低择偶标准。[①]

由此可见，在相如的时代，迎娶寡妇亦无非议，而女子改嫁，也是普遍的现象。究其原因，在于当时贞操观淡薄，并无后世那样严格的"礼教"束缚。而据史载，汉代至宣帝时才颁行了第一个褒扬"贞妇顺女"的诏令，而且仅提出赐"贞妇顺女帛"，也没有从礼教的意义进行宣扬与溢美，更没有树"贞节牌坊"的意思。汉代元帝、成帝后，儒学兴盛，伦理观渐严，"存问孤寡贞妇"（《汉书·元后传》）事例日渐增多。直到唐、宋以后，这种贞节观才日渐浓厚，后代戏剧家为了弥补文君"新寡"的遗憾，又编出一些情节，硬说她是未嫁而寡的闺

---

① 吴景超：《西汉寡妇再嫁之俗》，载《清华周刊》第37卷第9、10期合刊。

中淑女。比如明代孙柚的《琴心记》，文君出场时就道白："奴家卓氏，小字文君，爹爹把我许配给窦太后的侄子窦宝为妻，不幸芳年十七，未字而寡。"出于这样的思路，剧中就浓墨重彩地描写相如与文君的爱情，特别强调其婚配的合理性与坚贞性。比如剧中设置相如被奸臣"唐蒙"构陷情节，传说相如被下蚕室做了腐刑，卓王孙命女儿改嫁，文君逃入山中为尼，最后虚惊一场，相如冤案昭雪，夫妇相会。这一大团圆结局，蕴含了某种贞操观于其中。所以在王实甫的《西厢记》中，不会写张生琴挑寡妇，而对象崔莺莺是相国千金小姐，这才显得纯正而美好。直到郭沫若编话剧《卓文君》，又还文君以"寡妇"的身份，因为他赞美文君是寡妇改嫁，宣传的是现代反对封建礼教的意义。

二、择偶标准与游士身份

　　前面说了张负嫁孙女给陈平的故事，因重其相貌，认为必有出息，所以不嫌其贫穷，但并不说明西汉择偶标准不考虑财产，相反，财产是一个重要的因素。据文献记述，当时士大夫阶层的婚姻是以经济为基础的，所以如果说相如"琴挑"文君有障碍，则不在"非礼"，而在门第的悬殊。这只要看卓王孙态度的变化和相如生存状况的变化即可知一斑。据前引《史记·司马相如列传》，在文君听琴而初"奔"时，卓王孙大怒曰"……不分一钱"。继而相如沽酒、文君当垆于临邛市中，"卓王孙闻而耻之"，后经人劝以利害，始分"钱百万"等。而当相如为中郎将建节往使西南时，卓王孙则"厚分与其女财，与男等同"。可以说，通贯其态度变化及其所表现的，始终是金钱财物。同样，司马相如与卓氏联姻后，最大的变化是由"家贫，无以自业"到"为富人"，其主线也是钱财。在当时，富门大姓"相与为婚姻"（《汉书·赵广汉传》）是常例，若像汉初陈平家境贫寒，所以求婚富户，皆"莫肯与之"（《汉书·陈平传》），因为"富贵之男娶得富贵之妻，女亦得富贵之男"（王充《论衡·骨相》），是社会公认的婚俗条件，这一现象有着普遍性。尤其是汉代婚嫁奢靡之风极盛，在汉昭帝时的盐铁会议上，贤良文学已将其视为严重的社会问题提出质疑，认为工商之业会"导民以利"，这正与卓王孙当时对婚姻态度的重"利"是契合的。即使到东汉年间，豪门贵族仍是"奢纵无度，嫁娶送终，尤为僭侈"（《后汉书·章帝纪》），甚至有"一女许数家"的敛财行为。这在"俗奢侈""归女有百辆之徒车"（常璩《华阳国志》）的蜀地，更是如此。相如以家贫之身"琴挑"文君是引起卓王孙"大怒"的主要原因，而相如与卓氏联姻结果成为"富人"，自然也是为时俗所艳羡的。

在汉代，相貌又是婚娶的一个重要标准。相如与文君的婚配，在当时应是一对时尚佳偶，这与西汉婚俗以才貌取人相关。据《史记》本传载，相如是"雍容闲雅甚都"，文君"心悦而好之"；《西京杂记》卷二载"文君姣好"，故相如"悦文君之色"。二人惺惺相惜，一在貌，二在才，才貌双全，方为这段传奇婚配增添了才子佳人式的色调。在汉代，相貌是婚娶的重要标准，如汉乐府《艳歌罗敷行》作为情歌对罗敷美貌大作渲染，《孔雀东南飞》中焦仲卿母为子求偶的理想标准也是"可怜体无比，阿母为汝求""东家有贤女，窈窕艳城郭"。反之，丑女难嫁，也是一种普遍现象，诚如《焦氏易林·豫》中所言："东家中女，嫫母最丑，三十无室，媒伯劳苦。"也正因此，所以在卓王孙"大怒""耻之"的情形下，"昆弟诸公"劝慰他的话也是相如"虽贫，其人材足依也，且又令客"，卓王孙怒意方始稍解。可以说，相如与文君的婚姻经历坎坷而渐入坦途，与他的才貌相关，显现了当时"尚美"的婚俗文化内涵。

当然还有一点很重要，就是在汉武帝以前存在一个游士集团，相如是客游梁后再游临邛而"琴挑"文君，是典型的游士的做派，成就的也是典型的游士婚姻。也就是说，相如"琴挑"文君在其客游临邛之际，这标明了这段婚姻的流动性与偶然性，也更具传奇性，究其原因，又与自战国迄西汉的游士文化与游士婚姻有着一定的关联。游士阶层兴起于战国时代，源自秦国的客卿制度与六国的养士之风，当时战国四公子养才辩之士为门客，就是典型事例。这种风气到西汉前期仍盛行，汉代文、景之世，吴王濞、淮南王安、梁孝王武均以养士闻名，其中梁王宾客作赋陈辞，尤昭著于文学史册。司马相如的前半生正是一个典型的游士，据《史记》本传载，景帝时，"梁孝王来朝，从游说之士齐人邹阳、淮阴枚乘、吴庄忌夫子之徒，相如见而说（悦）之"，遂"客游梁"，后因梁孝王卒，始归蜀，游临邛而遇文君。也正因为有着游士集团与游士文化，方有了游士婚姻。比如秦末原为魏公子无忌门客的大梁人张耳"游外黄"时，与外黄富人女结婚；大梁人陈余"游赵苦陉"，当地富户公乘氏"以其女妻之"（《汉书·张

耳陈余传》）；汉景帝时淮阴人枚乘游梁，得娶"小妻"，而生"孽子"枚皋
（《汉书·枚乘传》），皆游士在客居地成婚的例证。由于游士的自由活动，决
定其客地婚配的流动性，所以基本没有父母之命、媒妁之言的约束，而更多的是
"一见钟情"的偶然。相如与文君的婚姻应属此类，只是其以"琴挑"与"知
音"强化了婚姻的美丽情缘与神奇色彩。到了汉武帝时，武帝为了削弱宰相权
限，将藩国游士纳入中朝，以对抗外朝官势，所以包括相如在内的一批"专务游
说"的善文之人，渐渐衍变成朝中的文学侍从，于是游士集团瓦解，也就造成了
游士婚姻的消解，婚俗中礼教的强化是与士大夫阶层之家族稳定性的进程密切相
关的。

　　由感文君的"琴心"到惊汉主的"赋心"，成就相如另一段人生的传奇。
祝凤喈《与古斋琴谱》谈弹琴与听琴的感受时曾说："迨乎精通奥妙，从欲适
宜，匪独心手相应，境至弦指相忘，声晖相化，缥缥渺渺，不啻登仙然也。"领
略如此音声之妙，再看《史记》本传记载的汉武帝读相如赋的感受："上读《子
虚赋》而善之，曰：'朕独不得与此人同时哉！'得意曰：'臣邑人司马相如自
言为此赋。'上惊，乃召问相如"；相如成《上林赋》，"奏之天子，天子大
说"；相如献《大人赋》，"天子大说，飘飘有凌云之气，似游天地之间意"。
前后或有可以相互照应之处。如果我们合观相如一生两知音，际遇"文君"，际
遇"武帝"，所赖者"琴心"与"赋心"，或许可以从相如的音乐妙才去解读他
的文辞三惊汉主的"夸艳"之美，而通过这一视域也许又有另一种感受和另一番
收获。

　　回到当下情境，相如自从临邛卖酒再回到成都，因得到卓王孙的"钱
百万"，成了富人，与文君在成都过了几年舒坦的日子。平静的生活容易被生活
者忽略，舒坦的日子更易匆匆走过，相如与文君这段"富家翁"的小日子过了多
久我们不太清楚，应该是他由青年进入中年的一段过程吧。在这期间，又是一个
偶然的机会改变了他的命运，使他再次入朝做官，并开始了他的宫廷言语侍从的
生存经历。

在司马相如安居成都的若干年间，朝廷发生了大事件，公元前140年，汉景帝刘启驾崩，年少的胶东王刘彻继承皇帝大位，后来成为历史上功勋卓著的汉武大帝。他登基时不过16岁，少年意气，雄才大略，亲政不久就开始实施了一系列的内政外交的改革措施。在宫廷内，他建立了中朝官制度，与外官宰相系统相抗衡，强化君主专制；对皇室亲戚，他用"推恩"的方法削除诸侯藩国的权势，强化中央集权；对外，他主张抗击北方匈奴的侵扰，进行了多次大规模的抗击匈奴的战争，他在位期间，出现了大量的如卫青、李广、霍去病这样的著名将领，结果是"胡人不敢南下而牧马"，直到唐代诗人还感叹"秦时明月汉时关，万里长征人未还。但使龙城飞将在，不教胡马度阴山"（王昌龄《出塞》）。武帝尚武又好文，进行了同样规模宏大的文化建设，他接受董仲舒"罢黜百家，独尊儒术"的建设，于是崇礼官，办学校，立乐府，试图创建一个强大的太平盛世。

　　对相如来说，武帝与景帝有一个不同之处，就是景帝"不好辞赋"，而武帝不仅"好文章"而且自己创作诗赋，提倡诗赋，写有《天马歌》《秋风辞》《李夫人赋》等，他对赋的爱好，为汉赋成为一代文学高峰起了重大的推进作用。特别是他"立乐府"，招募李延年为协律都尉，司马相如等创作诗赋，使文学真正在宫廷有了一席之地，相如也因此才可能成为宫廷言语侍从，在帝王身边展示自己的文学才华。

一、狗监杨得意的荐举

　　相如能够从成都到长安，再次进入皇宫，并成为皇帝宠幸的文人，还得亏一个人，这个人就是皇帝身边的狗监（养猎犬的官）杨得意。据《史记》本传记载：

　　　　居久之，蜀人杨得意为狗监，侍上。上读《子虚赋》而善之，曰："朕独不得与此人同时哉！"得意曰："臣邑人司马相如自言为此赋。"上惊，乃召问相如。

　　所载"居久之"，指相如离开梁国后返成都居住了较长的一段时间；杨得意与相如皆为蜀郡人，因同乡耳闻相如风流韵事必多，武帝读《子虚赋》极欣赏其文，杨得意说相如在蜀地自谓为此赋，已足见相如曾经有过自我宣扬，可见其对此赋写作的自负，以及赋文在世间的流传与影响。当然，关键是杨得意在武帝面前的一句话，改变了相如以后的命运。也正因此，后人每每怀才不遇的时候，总喜欢以得到狗监荐举的相如为艳羡对象，如王勃《滕王阁序》中喟叹"杨意不逢，抚凌云而自惜"，就是士不遇的一种抒写。相反，如遇上杨得意，那又是人生的幸运。如唐人杜淹《召拜御史大夫赠袁天纲》诗云"既逢杨得意，非复久闲居"；骆宾王《幽絷书情通简知己》诗云"昔岁逢杨意，观光贵楚材"；钱起《送万兵曹赴广陵》诗云"应须杨得意，更诵长卿辞"，俨然已将"杨得意"视为人生"得遇"的象征。

杨得意是武帝身边的亲近之人，所以他的荐举是有用的。而武帝为什么亲近"狗监"，这又与他好"声色犬马"的秉性相关。少年汉武帝不仅尚武好文，而且还好玩，好色，有时还玩命，比如自己经常与猛兽格斗寻刺激取乐。有一次他带着相如等去长杨打猎，"自击熊豕"，相如就上了一份《谏猎书》，一方面记录了打猎时的情景，一方面告诫皇帝不应轻举妄动，也不要整天耽于游猎之乐，而误了军国大事。正因为武帝好行猎，所以很宠幸养猎犬与骏马的人，杨得意"侍上"为一例，另一例是武帝晚年托孤的四位重臣，其中有两位曾任养马之职。一位是金日磾，他本是匈奴休屠王的太子，十四岁时由霍去病带到长安，成为宫中养马的奴隶，后来得到武帝的信任，迁侍中、附马都尉、光禄大夫，后因辅佐太子刘弗陵，封为秺县侯。另一位是上官桀，他早先是武帝身边的羽林郎，也曾担任养马等杂役，由于与武帝亲近，成为心腹，迁侍中、太仆，授左将军。

司马相如因狗监杨得意荐举，得以复入朝廷为官，也是很有缘分的事。相如小名叫"犬子"，类同狗儿之意，而偏偏决定他一生命运的机遇，恰是一个"狗监"给予的，也算是冥冥中的无巧不成书了。这狗监一推荐，皇帝一下诏，相如终于有了再度进京的机会，而且与第一次花钱买官（赀选）相比，这次是皇帝亲自下诏请去的，类似诏"征"为官，情况就大不相同了。所以武帝诏书一到成都，相如就星夜兼程赶赴京城长安。这个曾经意气风发的青年，经历了梁王菟园的一段经历，且度过了一段家徒四壁的贫穷日子，只因"琴挑"文君而复为"富人"，但意志消磨已显而易见。或许正在他人生事业的低谷期，又见到了少年时意气风发的汉武帝刘彻，君臣际遇，再次激发起他的初心与激情，从而书写了伴随其一生的文缘佳话。

二、献"赋"为郎

因杨得意的推荐，武帝得以召问相如，相如毕竟是有智慧的人，面对雄主的召问，没有显示出丝毫的自矜，而是采用老子"欲取之，必先予之"的谦退之法，既承认《子虚赋》为自己所作，却又对武帝讲，这篇赋是他在梁国时写的，描述的只是诸侯王的事情，没有什么气象，接着进而说他要献给皇帝的是"天子游猎赋"。对此，《史记》本传的记载虽然比较简略，但也描写得非常生动：

> （武帝）乃召问相如。相如曰："有是。然此乃诸侯之事，未足观也。请为天子游猎赋，赋成奏之。"上许，令尚书给笔札。相如以"子虚"，虚言也，为楚称；"乌有先生"者，乌有此事也，为齐难；"无是公"者，无是人也，明天子之义。故空借此三人为辞，以推天子诸侯之苑囿。其卒章归之于节俭，因以风谏。奏之天子，天子大说（悦）。

相如所述"子虚""乌有""无是公"，皆赋中假托人物，所谓"为楚称""为齐难"，也是汉大赋后来惯用的"问答"（答难）构篇的方法。至于武帝"令尚书给笔札"中提到的，汉代宫廷的"尚书"，也就是皇帝身边掌管文书的人，与后来"三省六部"制的"尚书"大不相同。而尚书为相如准备"笔札"，指的是毛笔与简牍，当时用笔在小木简上写字。据考古发现，西汉时应该已经有了纸张，但肯定很少，相如写赋不会用纸。当时除了在"札"也就是木简或竹简上书写，还有在绢、素类的丝织品上书写，所以秦汉古书常称"简帛"。

当相如将这篇赋作上"奏"武帝后，武帝大为高兴，其结果是"天子以为郎"，也就是赐相如做他身边的郎官。这篇赋究竟有多大的魔力，能这样刺激皇帝的感官和神经？这需要从辞赋文本与赋家身份两方面来看待。

相如赋受到重视，是与汉武帝本人喜欢辞赋有关。这里有必要先介绍一下"赋"这种文体，以及相如又是为什么因写赋被捧上"赋圣"的宝座。过去我们读中国最早的文学作品《诗经》，知道《诗经》有"六义"，就是"风""雅""颂""赋""比""兴"，"赋"是六义之一。《诗经》以后的战国时期，出现以屈原为代表的《楚辞》创作群体，《楚辞》又以《离骚》为代表，宋人朱熹《楚辞集注》就首列《离骚》为"经"，其他作品如《九歌》《天问》等都是附"经"之"传"。所以文学史称"诗、骚传统"，这是文学的源头。继承诗骚的文人创作，就是汉赋了，"赋"成为继承"诗""骚"而产生的一种新的文体。魏晋南北朝时的文学理论家刘勰在《文心雕龙·诠赋篇》中说："赋也者，受命于诗人，拓宇于楚辞也。"指的是汉代赋家创作继承了"诗言志"的传统，同时汲取了楚辞创作的铺陈描写的手法，而形成了一代文学的代表——赋。

汉赋又以汉代的散体大赋为正宗，它的形成与风格都与大汉帝国的文化风貌相吻合，标志了大一统帝国完成期的一种宏大气象。就赋体而言，赋，就是铺，堪称一种最能描写万事万物，体现物质繁盛的文体。从汉大赋的写作特征看，首先是打破诗歌的叶韵形式，是韵散相间的语言艺术；其次是采用先秦散文的主、客问答体的形式；再者特别重视修辞的作用，所谓铺采摛文，以强化赋描绘性的效果。从文学创作来看，以辞赋与诗歌作比较可见：诗重缘情，赋重体物；诗重才情，赋重才学；诗重奇趣，赋重气象；诗重意境美，赋重结构美。据说司马相如持节西南的时候，云南有位学者叫盛览，向他请教作赋的方法，他回答是：一经一纬，一宫一商，是"赋迹"；总揽人物，包括宇宙，是"赋心"。这很能概括汉大赋的创作特征。可以说，赋就是代表大汉帝国物质繁盛与精神雄强的宏大艺术形式。

相如上奏的"天子游猎"之赋，是赋体艺术形成时期的代表，更是由楚辞抒情到汉赋体物的创作典范。或者说，相如是赋体文学创作最主要的开创者，是将赋由"蕞尔小邦"推致"蔚然大国"的重要人物。鲁迅曾在《汉文学史纲要》中评价相如赋"不师故辙，自掳妙才"，指的是文学新体写作的开创性；同时他的赋创作又被后世模仿，形成了一个固定的创作模式，作品被视为拟效的经典，他才被奉为赋圣。回到相如献赋的当下，武帝因自己喜欢辞赋（与景帝"不好辞赋"恰恰相反），所以才会在欣赏之后，授官赐禄给相如。

为什么武帝读赋后授相如"为郎"？这又与汉代的郎官制度有关，而赋家多曾为郎职。据《汉书》与《后汉书》记载，自相如因奏赋与武帝被赐为郎官之后，汉代主要赋家都曾履职郎官。我们不妨择要罗列如下：

> 司马相如：奏赋与武帝，"天子以为郎"，为"中郎将"
>
> 枚皋：受宠于武帝，"拜为郎"，"上有所感，辄使赋之"
>
> 东方朔：待诏金马门，为"常侍郎"
>
> 吾丘寿王："迁侍中中郎"，免官后"复召为郎"
>
> 王褒：待诏金马门
>
> 刘向："以父德任为辇郎"
>
> 刘歆：成帝时"为黄门郎"
>
> 扬雄：成帝时"待诏承明之庭"，因"奏《羽猎赋》，除为郎，给事黄门"
>
> 桓谭：曾官郎中
>
> 杜笃：为车骑将军马防从事中郎
>
> 班固：官兰台令史，"迁为郎"
>
> 傅毅："肃宗博召文学之士，以毅为兰台令史，拜郎中"
>
> 马融：初"拜为校书郎中"，"后复拜议郎"
>
> 李尤：和帝时贾逵荐"有相如、扬雄之风"，召诣东观
>
> 张衡："征拜郎中"，任太史令、侍中
>
> 王逸："为校书郎"，后迁侍中
>
> 崔寔：桓帝时为郎

黄香："初除郎中"，累迁尚书令

苏顺：晚乃仕，"拜郎中"

皇甫规：先后任郎中、中郎将、议郎

张奂：举贤良，擢为议郎

刘梁：特召入拜尚书郎

蔡邕：灵帝时为郎，后为侍御史、尚书、左中郎将

　　近人瞿蜕园在《历代官制概述》中记述郎官时曾指出："汉代有一种无职务，无官署，无员额的官名……直接与皇帝亲近。郎是殿廷侍从的意思，其任务是护卫、陪从、随时建议、备顾问及差遣。"[1]"郎"，本来是古"廊"字，就是皇帝廊下的宿卫侍从，属中朝官（中官）。[2]中朝官在武帝时及以后的兴盛，为汉代制度的一大变革，其与赋家的关联，又同相如赋进入宫廷并成就一代文学之盛，是密不可分的。

---

[1]　瞿蜕园：《历代官制概述》，引自整理本黄本骥《历代职官表》卷首，上海古籍出版社1980年版。

[2]　《汉书·刘辅传》颜师古注引孟康曰："中朝，内朝也。大司马、左右前后将军、侍中、常侍、散骑诸吏为中朝，丞相以下至六百石为外朝。"

三、中朝官与乐府制

汉武帝从登基到亲政时，多次要改革朝堂制度，在其"建元"的六年间，皆受制于他的祖母窦太后，难有作为。窦太后死后，又因他的母亲王太后及宰相田蚡的掣肘，仍未能集权于手中。田蚡死后，武帝又接连用许昌、薛泽两个平庸宰相和一位世故圆滑的宰相公孙弘，相权的削弱和君权的强盛，已成为趋势。武帝为了掌控权力，建立了一套完整的中朝官（内官）制度，并通过内官与外官在朝堂上辩论的方式，把握一种权力的平衡，更重要的是内官主要对皇帝负责，其参与政事，有利于使君主意志凌驾于朝堂之上。据历史记载，武帝时的中朝侍从的来源有两个方面：一方面是收罗当时的纵横家为侍从，使汉初藩国瓦解后的宾客（如梁王宾客）流入中朝。例如《汉书·严助传》记载其事："武帝善（严）助对（问），由是独擢助为中大夫。后得朱买臣、吾丘寿王、司马相如、主父偃、徐乐、严安、东方朔、枚皋、胶仓、终军、严葱奇等，并在左右。……上令助等与大臣辩论，中外相应以义理之文，大臣数诎。"唐人颜师古注《汉书》对此有解说："中谓天子之宾客，若严助之辈也。外谓公卿大夫也。"这些纵横才智口辩之士被引入宫廷，参与廷议，自然成为武帝削弱相权、钳制公卿的重要政治工具。这就引出另一方面，就是与纵横家相关的言语侍从，与赋家及赋创作也有着密切的联系。这里可以引两段话作为印证。一段话是钱穆《秦汉史》对《汉书·严助传》的分析：

是诸人者（指《严助传》中说的司马相如等人），或诵诗书，通儒术。或习申商，近刑名。或法纵横，效苏张。虽学术有不同，要皆驳杂不醇，而尽长于辞赋。盖皆文学之士也。武帝兼好此数人者，亦在其文学辞赋。故武帝外廷所立博士，虽独尊经术，而内廷所用侍从，则尽贵辞赋。

这段话是解释《汉书》的，但却明确区分了外廷博士与经术、内廷侍从与辞赋的不同，内廷侍从"尽贵辞赋"，正是相如入宫廷为赋的重要依据。另一段话是清人章学诚《校雠通义·汉志诗赋第十五》所说的：

古之赋家者流，原本诗、骚，出入战国诸子。假设问对，《庄》《列》寓言之遗也；恢廓声势，苏、张纵横之体也；排比谐隐，韩非《储说》之属也；征材聚事，《吕览》类辑之义也。

其中讲到赋家与纵横家的关联，又正好与相如从梁王诸游说之士，再归复到宫廷的创作路径相符合。只是相如作为中朝职的"郎官"，在当时诸人中辞赋创作最为突出，这又需要进一步考查言语侍从与当时乐府制度的关联。

有关乐府制度与赋创作的关系，以及相如参与其中的意义，《汉书·礼乐志》有明确表述："至武帝定郊祀之礼……乃立乐府，采诗夜诵，有赵、代、秦、楚之讴，以李延年为协律都尉，多举司马相如等数十人造为诗赋，略论律吕，以合八音之调，作十九章之歌。"这说明了相如"造为诗赋"与武帝朝"立乐府"的关联。班固在《两都赋序》中有类似的说法："武、宣之世，乃崇礼官，考文章，内设金马、石渠之署，外兴乐府协律之事，以兴废继绝，润色鸿业。……若司马相如、虞丘寿王、东方朔、枚皋、王褒、刘向之属，朝夕论思，日月献纳。"这又由武帝朝扩大到宣帝的时期，其中对记述的"乐府协律"与相如等献赋，也有明确的说明。所以明朝末年的费经虞在《雅伦》卷四《赋》中直接说："孝武升平日久，国家隆盛，天子留心乐府，而赋兴焉。"更加明确了"乐府"与"赋兴"的关系。从这一视角看来，相如在景帝时因其"不好辞赋"而无所作为，到武帝时得以施展写作辞赋的才华，也不仅限于个人的爱好，实与当时的文化制度的建设有关。

汉代的建制，是传承秦政（秦朝的政治包括乐府制度）而振兴楚风，楚邦的风华又主要表现在辞赋创作上。在制度史上，秦汉时代"乐府"的建立，是一重要阶段。秦代乐制，已立"太乐"与"乐府"两个系统：前者掌于"奉常"，主管宗庙礼仪，属官有"太乐""太祝"等；后者掌于"少府"，属官有"乐府令""丞"等。①汉代乐制主要传承秦制：一是"太乐"系，由外廷太常执掌的宗庙典礼，可以说是官方音乐，属于前朝流传下来的雅颂古乐，可称为雅乐系统；一是"乐府"系，由内廷少府执掌以供帝王宫中活动之用，所以多楚声和新造之乐，主要在取悦帝王与贵族，可称为新乐系统。既然汉承秦制，为什么古人说汉武帝"立乐府"呢？这与汉武帝亲政后的改制相关。笔者曾对汉武帝"立乐府"的相关改制行为作过四点说明：一是乐府属于内廷少府，渊源于周朝"内府"，武帝强化"乐府"的功用与他削弱"相权"、重用"内朝"官员的行为相关，与中央集权政治的建立是统一的。二是以"乐府"定"郊祀之礼"，是汉代兴"天子礼"而显现大一统政治的表征，而侍奉其行礼的都是内廷少府系统与郎官系统的官员。三是班固《两都赋序》所说的"外兴乐府协律之事"，指的是武帝兴郊祀礼与太一祠于长安城外甘泉宫，《汉书·礼乐志》记载有"内有掖庭材人，外有上林乐府"，而甘泉宫苑正与上林苑囿连成一体，这既是武帝扩展乐府制度与职能的表现，也是内朝权力向外拓展的证明。四是武帝时立"采诗"制度，再次将乐教与诗教维系，是当时尊儒术与崇礼官的结果。通过这几方面的改制，可以看出献赋之风特别是宫廷大赋的创作，与这些都是密切相关的。②由此我们来看司马相如，他是郎官（中朝官）的身份，又参与乐府的活动，使他成为武、宣之世"献赋"之风兴盛的早期代表，也是与这一制度形成期共生共长的主要赋家。

落实到相如献"天子游猎赋"给武帝，其赋作的文本内涵以及对汉赋写作风格的奠基作用，也与当时"乐府"制度的建立存在着关联。从乐府功能看汉赋的写作，大约体现在三个方面：一是宗教功能，如对汉廷祭祀礼仪的描写，天子礼

---

① 相关官制及职守，详见《汉书·百官公卿表》。

② 参见拙撰《汉赋造作与乐制关系考论》，原载《文史》2005年第4辑。

仪的谨肃与雅正必然寄托于中。二是优乐的功能，所采之诗乐及表演均具宫廷的娱乐特征，所以才有当时赋作家"为赋乃俳，见视如倡"（《汉书·枚皋传》）的叹息。三是娱戏的功能，这与乐府内廷性质以及取悦帝王有关。也正因如此，相如所献"天子游猎赋"是既倡"汉德"，或谓"象德缀淫"，或谓"曲终奏雅"，又表现出"虚辞滥说"与"类似俳优"的描写。我们不妨看一段相如《上林赋》中对女乐郑声的渲染：

> 荆吴郑卫之声，韶濩武象之乐，阴淫案衍之音，鄢郢缤纷，激楚结风。俳优侏儒，狄鞮之倡，所以娱耳目而乐心意者，丽靡烂漫于前，靡曼美色于后。若夫青琴、宓妃之徒，绝殊离俗，姣冶娴都，靓庄刻饰，便嬛绰约，柔桡嬛嬛，妩媚姌嫋。曳独茧之褕袣，眇阎易以戌削，媥姺徶徥，与世殊服，芬芳沤郁，酷烈淑郁；皓齿粲烂，宜笑旳皪，长眉连娟，微睇绵藐，色授魂与，心愉于侧。

赋中叙写了各类古代音乐和各类地方音乐，写了各类演奏音乐的人及伴随众乐翩翩起舞的歌者、舞者，是以宫廷为主要场地的演出，表现的则是大一统的意义。但从作者的具体描写来看，虽然是取纵声乐以劝诚、观美色以警喻的立场，但其描写宣扬，无疑多是"郑声"而非"雅乐"。所以宋人王应麟《汉书艺文志考证》卷八引吕氏曰："太乐令丞所职，雅乐也；乐府所职，郑卫之乐也。"其中点破"乐府"与"郑声"的关系，是具有制度化特征的。这落实到相如上赋渲染天子狩猎，也存在着"气象"与"约束"，归于"雅正"又描写"纵乐"的内在矛盾。

当然，相如赋因关联于乐府制度的宣扬与讽谏，故一方面极度夸张地描绘"丽靡烂漫"，或"靡曼美色"，一方面又倡导雅乐，归之正则，却不能改变他所呈之大赋文本的阅读感受，那是"体国经野"的宏大气象。

四、相如赋的帝国气象

以司马相如为代表的汉赋创作，是中国文学史发展过程中一段辉煌的记忆，是文体史上赋体创作的巅峰之作。清人焦循在《易余籥录》中认为"一代有一代之胜"，举例说"汉之赋周秦所无，故司马相如、扬雄、班固、张衡为四百年作者。……魏晋以后之赋则汉赋之余气游魂也"。近代学者王国维也在《宋元戏曲史序》中认为："凡一代有一代之文学，楚之骚，汉之赋，六代之骈语，唐之诗，宋之词，元之曲，皆所谓一代之文学，而后世莫能继焉者也。"而作为"一代文学之胜"的汉赋，它又是中国文苑的一朵"奇葩"，由"楚辞"到"汉赋"的演进，从"蕞尔小邦"到"蔚然大国"，完成了中国历史上第一代署名"文士"的文学创作，并以独特的汉语语言表现，堪称"中国特色"的文类，是西方社会没有可与之相应的文体形式。汉赋文体有两大显著特征：一是"赋家之心，包括宇宙"，自然总揽人物，所以汉赋体式包罗万象，气象恢宏，意蕴深厚；二是"铺采摛文，体物写志"，由于赋家有很强的"物类"意识，比如陆机《文赋》说的"赋体物而浏亮"，因此汉赋能昭物取象，以夸饰描绘见长。我们阅读汉赋作品，其中描写游猎、藉田、朝会、祭祀等一系列的典礼，彰显的都是"天子礼仪"，可以说是当时的"国家形象"。我们首先应该探寻汉赋的发生机制或者渊源。

在最初的目录学著述中，《汉书·艺文志》设"诗赋略"，著录有"屈原赋""荀卿赋""陆贾赋"与"杂赋"。这里牵涉到两个问题：一个问题是赋体由"楚""秦"到"汉"的发展，创作面很广，"汉赋"是一种广义的创作概念。例如除了"杂赋"，刘师培《论文杂记》解释"三家赋"说："屈平以下二十家，均缘情托兴之作也，体兼比兴，情为里而物为表。陆贾以下二十一家，均骋辞之作也，聚事征材，旨诡而词肆。荀卿以下二十五家，均指物类情之作也，侔色揣声，品物毕图，舍文而从质。"是以"托兴""骋辞""类情"指代三家特征。马积高《赋史》据此也提出汉赋由楚歌演变而来的"骚体赋"、由诸子和游士说辞演变而来的"散体赋"与由《诗》三百篇演变而来的"诗体赋"，其中"骚"与"散"又称最常见的"汉赋二体"①。除此之外，还可以从结构来区分汉赋中的"体物、述事大赋"与"咏物、抒情小赋"，这就是刘勰《文心雕龙·诠赋》分别叙述的"京殿游猎，述行述志"的大篇与"言务纤密，象其物宜"的"小制"。而从文学的雅与俗两大传统来看，汉赋也有"雅"与"俗"的区分，其汉代文人所献的"京殿游猎"大赋为雅篇，20世纪出土的汉简《神乌赋》则是典型的俗赋。这是汉赋内涵丰富的一面。另一个问题是，在汉赋各类创作中，能被奉为"一代文学之胜"的仍是体物述志的"骋辞大赋"，这就是以司马相如《子虚赋》《上林赋》、扬雄《羽猎赋》《长杨赋》、班固《两都赋》、张衡《二京赋》为代表的宏篇构制。因此，我们探讨汉赋的渊源，当以骋辞大赋为中心进行追寻，才更有历史与学术的价值。

概括地说，汉代以骋辞大篇为主体的汉赋的渊源与定型，有着两条生成的路径：

一条生成路径是由"南"往"北"，就是由战国时代僻处南方的楚地变移到作为汉帝国政权中心的北方。这又因时代的变迁构成某种互为的关联：一方面从汉初到西汉盛世的赋家创作多受"楚赋"影响，例如《史记·屈原贾生列传》记述贾谊居长沙"为赋以吊屈原"，以及"为赋以自广"，《汉书·淮南王传》记载淮南王刘安入朝，汉武帝"使为《离骚传》"，都说明汉代赋作与楚人文辞有着不可分割的联系，所以后代比如宋人晁补之说"汉而下赋皆祖屈原"。而另一方面更为重要，就是辞赋在汉代的发展是由南人入北后才成就其新体。比如汉

---

① 详见马积高：《赋史》，上海古籍出版社1987年版。

初的赋家陆贾和朱建，陆贾是由北楚随刘邦入长安，而开辟新赋体，所以刘勰在《文心雕龙·才略》中称"汉室陆贾，首案奇采，赋孟春而选典诰，其辩之富矣"。陆赋虽亡佚，但其赋作在汉代的首造之功，则是有史事可考的。朱建也是北楚人，因受刘邦赐号"平原君"迁徙到长安，也算是汉初的著名赋家。而作为"赋圣"的司马相如，则是由蜀入秦到长安而成就他的辞赋创作伟业的。诚如《汉书·地理志》所说的"司马相如游宦京师诸侯，以文辞显于世，乡党慕循其迹。其后王褒、严遵、扬雄之徒，文章冠天下"。关于这一点，日本学者冈村繁在《周汉文学史考》中认为，楚赋"向汉赋演变过渡的出发点"在楚王族"东迁"以后，"是由附从于汉高祖的北楚出生的陆贾、朱建等，将一种与中原歌谣形式相混的变形了的北楚系辞赋带入长安宫廷"，汉赋新体于是蔚然成风。

另一条生成路径是由"区域"入"中央"，这既使赋家成为大汉帝国的宫廷言语侍从而崛起，也使宫廷的"献赋"成为中国第一代署名文士的专职，使其光耀当时，衣被后来。可以相如赋为个案，从两方面来看这个问题：

第一方面，相如写《子虚赋》是在诸侯国梁孝王菟园所写，而他之前也曾任职朝廷，担任"武骑常侍"，但因为汉景帝不好辞赋，所以他才辞去宫廷的职务到了梁国。而他现在又被召入宫廷，是因为汉武帝建立了一种宫廷制度，也就是建立起宫廷言语侍从队伍。或者说，汉大赋形成期的赋家都处在内宫，或称"中宫"，即天子宾客，以献赋食禄，这才是汉赋作者由区域进入中央的实际意义和制度保障。

第二方面，司马相如创作的"游猎赋"，首次虚构了三个人物，分别是"子虚""乌有先生"与"无是公"。这里仿效先秦诸子尤其是庄子寓言虚构人物的方法，所谓"子虚"指虚无，"乌有"指没有，"无是公"指无其人。后世只要说虚无的人与事，都习惯地称"子虚""乌有"。而在赋中，"子虚"代表楚国的使臣，夸耀的是楚国的云梦之泽；"乌有"代表齐国的使臣，夸耀的是齐国所处的东海之滨；两者皆是藩国（区域）的代表。而"无是公"却代表天子的使者，夸耀的是天子"上林苑"的气派，赋中写的上林之水是"左苍梧，右西极。丹水更其南，紫渊径其北"，其他写山石，写草木，写鸟兽，写人物，写宫室，写游猎，写歌舞，写宴会，写制度，可谓无所不包，这些却都是真实的存在。宋朝人程大昌在《演繁露》中说相如赋中的"上林"是"该四海而言之",说明赋中通过虚构人物展现的实际存在,是一个朝气蓬勃的君临四海的帝国气象。这也恰是相如赋由区域进入宫廷的标志。

汉赋展示国家形象,写大题材,所以"以大为美",但容易大而无当,易假,易空,易虚,所以到晋人反思汉大赋创作,批评意见接踵而至,比如挚虞《文章流别论》就批评汉赋"假象过大""逸辞过壮""辩言过理""丽靡过美"。笔者曾说读唐诗要"小中见大",读汉赋要"大中见小"。而汉大赋的"见小",又多藏于大题材中。如写游猎,赋事之细,莫过于司马相如写"楚王行猎"与"天子校猎"两段文字。以楚王行猎为例,赋先述"云梦"之地,写"其山""其土""其石""其南""其高""其埤""其西""其中""其北""其上""其下",先大后细,逐层见小。而赋文又由"其下则有白虎玄豹"引出楚王之猎,所谓"楚王乃驾驯驳之驷,乘雕玉之舆。靡鱼须之桡旃,曳明月之珠旗。建干将之雄戟,左乌号之雕弓,右夏服之劲箭。阳子骖乘,纤阿为御,案节未舒,即陵狡兽"。此写行猎前的仪仗,寥寥数语,却用事细密。而在行猎过程中,如《文选》李善注"驯驳","张揖曰:驯,扰也;驳,如马,白身黑尾。一角锯牙,食虎豹";注"鱼须","张揖曰:以鱼须为旃柄,驱驰逐兽也";注"明月之珠","张揖曰:以明月珠缀饰旗也。《孝经援神契》曰蛟珠旗,宋均曰:蛟鱼之珠有光耀,可以饰旗";注"干将","张揖曰:韩王剑师也";注"乌号","张揖曰:黄帝乘龙上天,小臣不得上,挽持龙须,须拔,堕黄帝弓,臣下抱弓而号,名乌号也";注"夏服","服虔曰:服,盛箭器也。夏后氏之良弓名繁弱,其矢亦良,即繁弱箭服,故曰夏服";注"阳子","张揖曰:伯乐字也";注"纤阿","郭璞曰:古之善御者。……《楚辞》曰:纤阿不御焉"。如此等等,赋事之密,已见赋物之细。而在行猎过程中,诸如"轥距虚""轶野马""掩翡翠""射鵔鸃""弋白鹄""连驾鹅"等,也是赋事情与物态,共同由其文辞铺陈营构而成章法。同样表现"天子礼"的汉代京都大赋,除了赋中大量有关都城与宫室的描写体察入微,引人入胜,其中诸如"元会礼""大傩仪"类礼节仪式的呈现,也是具体生动,精彩纷呈。

汉人游猎赋的描写,其细微之处还在分类意识,其中包括如"田猎",其方法又多采用"围猎"，《上林赋》中"于是乎背秋涉冬，天子校猎"一段最典型，其具体描写则有"流离轻禽，蹴履狡兽"的一节文字的绘声绘色的铺叙。又如"渔猎"，指在水中捕捉动物，其如《子虚赋》描绘楚王田猎之后，"怠而后发，游于清池""罔玳瑁，钩紫贝"的书写，既有娱戏性质，也是具体描写。在其他题材如都城赋中，这类描写也很多，如扬雄《蜀都赋》"若其游怠渔弋"、班固《西都赋》"于是后宫乘辇辂，登龙舟"，都是观摹渔猎的形象记述。再如"夜猎"，《子虚赋》写道："于是乃相与獠于蕙圃。"獠，夜猎。因是夜猎所以赋文才有"扰金鼓，吹鸣籁""击灵鼓，起烽燧"的场景与动态。至于赋中"猎人""走兽""飞禽"诸多形象，也是忌抽象而具体，变单调为错综。如赋写"猎人"，或谓之"专诸"（《子虚赋》），托名先秦吴国刺杀王僚的勇士；或谓之"詹公"（傅毅《七激》），托名古之善钓者詹何。而班固《西都赋》云"期门、佽飞""许少施巧，秦成力折"，许少、秦成，一为古之敏捷之士，一为古之勇猛之士，代指猎人，而期门、佽飞，汉武时官名，以主猎官员代指行猎之人。这也是赋家的粗中寓细、大中见小。

可以说，汉大赋的精彩，既在宏大的书写，也在细微的刻画，这在相如赋描写天子畋猎的过程中，有更为突出的昭示。

天子畋猎

司马相如人生情感的幸运，是遇上了卓文君，不仅演绎了"琴挑"的故事，还为后世留下"凤求凰"的传奇；他人生事业的幸运，又在于遇上了汉武帝，不仅以其赋作三次惊动对方，而且缔结了一段不可复制的君臣文缘。正因如此，陈子良才有"弹琴而感文君，诵赋而惊汉主"的赞叹。这样能遇上人生与事业两"知音"的幸运，在历史上也是罕见的。而相反的例证倒不少，比如前面我们说过的，南宋大诗人陆游，少年时幸遇唐婉，却因母亲的反对又被逼分手，留下了《钗头凤》那般的"错、错、错"的悔恨，以及晚年还作诗怀念对方的迷惘；他一生的报国之志，又因不遇明主，只留下"僵卧孤村不自哀，尚思为国戍轮台。夜阑卧听风吹雨，铁马冰河入梦来"（《十一月四日风雨大作》）的梦幻。相如得遇武帝且得到赏识，并非一时之幸，而是长时间的文缘。他的《子虚赋》写"楚王出猎"，《上林赋》写"天子狩猎"，皆为游猎题材，这或许与汉武帝的秉性相关，所以要认识相如上"游猎赋"的动机与意义，首先要了解赏识他的雄主——正处青年时期的汉武帝刘彻。

一、雄主汉武帝

汉武帝属于一个时代。他出生于公元前156年，小司马相如十多岁，初名刘彘，后改名"彻"（聪慧洞彻）。据《汉武帝内传》记述：武帝出生时，父亲汉景帝刘启梦见一头红色的猪从云中窜下，直奔皇宫内的崇芳阁。景帝醒来，果然看见有赤龙（猪龙）如红霞盘绕在梁栋之间。又一天，景帝梦见有神女捧着一轮太阳交给武帝的母亲王夫人，王夫人接过后把太阳吞下了肚，于是就怀孕了，生下后的孩子就是后来的武帝。这些神奇的故事，无非是衬托武帝发迹之路的不平凡。刘彻初为胶东王，景帝所立太子是栗姬之子刘荣，史称"栗太子"，后因刘彻母亲王娡与景帝姐姐刘嫖（窦太主）联手陷害栗姬，结果废刘荣为临江王，改立刘彻为太子。唐代杜甫曾以诗的语言歌咏刘彻的功绩——"昆明池水汉时功，武帝旌旗在眼中"（《秋兴八首》之七），诗人站在历史的废墟上，遥想当年飘扬的旌旗，仿佛看到了汉武帝的一代奇功与大汉强盛时的气象。后人以"武"字作为刘彻的谥号，取的就是"威强睿德曰武"（苏洵《谥法》卷一）的意思，因为他在那个时代，既擎起了武功的大旗，也树起了文治的大旗，以强大的军事、集权的政治，建设着一个空前的大一统的帝国。

公元前141年，刘彻即位，当时他还不满十六岁，第二年改元，立年号叫"建元"。可是在他登基后的前几年，因其祖母窦太后还健在，加上景帝王皇后同母弟田蚡为相，于是受制于窦氏、田氏两大外戚势力，他没能有效地行使权力，在行政的困惑中低沉了多年。直到建元六年窦太后逝后，他才逐渐开始了

"改制"的行政作为。这些改制举措除了董仲舒在对"天人三策"中提出的"合天人""明更化""兴太学""举贤良""尊儒术""制礼乐"并建立当朝新宗教等一系列政务，重头戏是着力建立"大一统"帝国的两大事务，就是"削藩国"与"抗匈奴"。

所谓"削藩"，指的是削减诸侯王的封国，关键在削弱掣肘中央集权的地方势力。在汉代建国之初，刘邦以平民登上帝位，为了笼络人心，他对同姓宗族及异姓功臣，大加分封，赐予土地，这就形成了具有割据势力的藩国政权与政治，也出现了诸侯王长期与中央政府争权夺利的情况。刘邦之后，王室经"吕氏之乱"，朝廷依据当年高祖的约言，实行"非刘姓不封"的政略①，但同姓诸侯势力的不断增长，同样威胁着王朝的安全，于是有了文、景两代施行的"削藩"举措。汉文帝惩处过淮南王刘长，结果诸侯王势力有增无减，到景帝时御史大夫晁错呈《削藩策》，他告诫皇帝，这些诸侯王在私自造钱，造兵器，随时都会反叛朝廷。诸侯王早晚必反，所以迟削藩不如早削藩。景帝接受了他的建议，相继下令削除楚国、赵国、胶西国与吴国的部分郡县，这下触动了诸侯王的利益，结果是吴王刘濞派人联络楚王刘戊、赵王刘遂、胶西王刘卬、胶东王刘雄渠、淄川王刘贤、济南王刘辟光，联合起来举兵造反，爆发了历史上著名的"吴楚七国之乱"。景帝采用了缓兵之计，接受诸侯们的条件，先违心地杀了晁错，向诸侯王赔罪，然后暗中调兵遣将，经过一番艰难的运筹，最终在周亚夫率领的中央军强力反攻下，取得平叛战役的胜利。平定七国藩王叛乱后，国家大伤元气，削藩政策半途而废，这一问题也就成为留给武帝的一个历史包袱。直到元朔二年（前127年），武帝采用主父偃之策，下达"推恩令"②，即以行仁义之举达到削弱诸侯藩国的目的。值得注意的是，藩国政治，源自周代的封邦建国制度，到春秋"五霸"、战国"七雄"，制度毁坏，社会处于诸侯纷争的分裂局面。秦朝统一后，废藩国而为郡县，汉代总结秦朝"二世而亡"的教训，有"仁义不施"（贾谊《过秦论》）一说，其中包括不施恩宗族的原因。于是汉朝在秦郡县制的基础

---

① 袁宏《后汉纪》卷十一记载："高祖约无军功，非刘氏不封。"
② "推恩"的说法，出自《孟子·梁惠王上》："推恩足以保四海，不推恩无以保妻子。"

上，实行诸侯分封，又产生了前述的中央与藩国的矛盾。武帝一方面要吸取秦亡教训，施恩宗族，一方面要接受景帝削藩教训，以恩威并施的方式解决问题。主父偃的建议是推恩及于诸侯子弟，人人为侯，明里施以恩惠，暗里瓜分藩国，藩国变小了，势力变弱了，自然也就便于控制。解决了藩国问题，武帝就能腾出手对付外来威胁了。而武帝削藩的政略和举措，正与相如"游猎赋"中黜"诸侯"（齐、楚）而尊"天子"的构思及描绘是一致的。

　　与北方少数民族政权匈奴的关系，是武帝亲政后要处理的又一重大问题。武帝始终记着刘邦被匈奴王围困于平城（史称"平城之围"）的羞辱。这是汉高帝七年（前200年）冬天，刘邦攻打韩王信，韩王败走，刘邦追击至平城时遭遇匈奴大军，汉军被围困七天，人饥马乏，刘邦几乎被捉，结果靠谋臣陈平叫画工绘汉美女图送匈奴王单于阏氏（王后），以使"离间计"（离间阏氏与单于王，意指单于攻汉为的是美女），才得以脱身。刘邦死后，匈奴王又写信给吕氏，极尽挑逗侮辱之词，这些既是汉朝王室的耻辱，也是汉代史家忌讳说的。尽管汉初朝廷也采取了"战"（征伐）与"和"（和亲）两种形式调协与匈奴王庭的关系，但匈奴的不断侵扰，仍是汉朝发展的一大障碍，这自然成为武帝登基后的一大心病。也因此，武帝在掌握朝政后的元光元年就开始积极备战。武帝在位期间与匈奴接战十余次，其中继"马邑之谋"失利后，又有五次规模较大的北伐匈奴战事，分别在元朔元年、元朔五年、元朔六年、元狩二年、元狩四年，五次战役，不仅造就了卫青、霍去病这样的抗匈名将，也极大地摧毁了匈奴的锐气。尤其第五场战事，被史家称为"漠北之战"，大将军卫青与骠骑将军霍去病出师漠北，直捣匈奴王庭，单于北逃，以致出现后人所描述的匈奴"不敢南下而牧马"的局面，也使汉匈关系发生了根本性的变化。汉朝之所以取得战争的主动权，且取得了汉匈战事的胜绩，与武帝的善武思想、冒险精神，以及雄才大略密不可分。而这种武功，在汉赋作家笔下不乏呈现。例如西汉末年扬雄在《长杨赋》中追忆武帝抗击匈奴的"功德"，有一段浓墨重彩的描绘：

　　　　其后熏鬻作虐，东夷横畔，羌戎睚眦，闽越相乱，遐氓为之不安，中国蒙被其难。于是圣武勃怒，爰整其旅，乃命票（骠）卫，汾沄沸渭，云合电发，焱腾波流，机骇蜂轶，疾如奔星，击如震霆，砰轒辒，破穹庐，脑沙幕，髇（髓）余吾。遂猎（躐）乎王庭。驱橐它，烧爇蠡，分梨（劙）单于，磔裂属国。夷坑谷，拔卤莽，刊山石，蹂尸舆厮，系累老弱，兊（兑、锐）铤，金镞淫夷者数十万人，皆稽颡树领，扶服蛾（蚁）伏，二十余年矣，尚不敢惕息。夫天兵四临，幽都先加，回戈邪指，南越相夷，靡节西征，羌僰东驰。是以遐方疏俗，殊邻绝党之域，自上仁所不化，茂德所不绥，莫不跂足抗首，请献厥珍，使海内澹然，永亡边城之灾，金革之患。①

　　其中"中国蒙被其难"的现实，"圣武勃怒，爰整其旅"的备战，"疾如奔星，击如震霆"的战况，以及"砰轒辒，破穹庐，脑沙幕，髇（髓）余吾。遂猎（躐）乎王庭"的结果，是以历史的回顾展现了波澜壮阔的汉匈战争。如果回到武帝筹划抗匈战事的当下，司马相如有关"天子游猎"的描写，乃为现实情形的展现，其中内涵了赞述"武功"的力量。

　　当然，武帝对相如的赏识，首先是赋作，是文缘。

---

① 引自扬雄著、张震泽校注：《扬雄集校注》，上海古籍出版社1993年版，第124页。

二、君臣文缘

汉武帝与文、景之世"无为而治"的做派不同，他以有为之心建奇功，立大业，既是尚武之王，又是"守文之君"[①]。他要求下属臣子也要无才不备，这也是《元光元年策贤良制》中所强调的"欲闻大道之要，至论之极"，宜"修先圣之术，明君臣之义，讲论洽闻，有声乎当世"。所以在武帝一朝，武功强劲，文治斐然。朝堂之上，既有文章滑稽之士，又有抗颜耿直之臣；既有为国操劳的循吏，也有严刑苛法的酷吏。这班朝堂之士，有圆滑世故的公孙弘，有严酷厉刑的张汤，有尊崇儒术的董仲舒，有以戆直闻名的汲黯，有以滑稽著称的东方朔等，更有"大汉文章两司马"的同朝演出，即前有司马相如的赋文，后有司马迁的史笔。

相如与武帝的结识，与一些治国之臣不同，开始于文缘，就是武帝对《子虚赋》的赏识。武帝欣赏相如的赋，并立即给他官做，恐怕也没有仔细探究赋中的丰富内涵与深刻义理，更没有后人从中总结出来的那么多高深的理论，尽管赋中黜藩国而尊天子的思想，与其政略相合，但他对赋的最初的直接感受究竟是怎样的呢？我想就是一个"美"字。闻一多认为"《上林赋》是司马相如所独创，它的境界极大。……凡大必美……后来的《两京》《三都》诸赋，无非仿自《上林》《子虚》"[②]，他以"大"字标举相如赋审美境界的独特地位。落实到相如

---

① 参见《汉书·公孙弘传》引刘彻《元光元年策贤良制》。
② 郑临川编：《闻一多论古典文学》，重庆出版社1984年版，第65页。

赋的美，又主要体现在修辞美、夸饰美与结构美，当然还有一个重要之处，就是赋中的描绘与情节很投合武帝的味口。在相如呈给皇帝的这篇赋中，相如假托的三位人物，一位是"子虚"，代表楚国的使臣，大夸楚国的云梦之泽；一位是"乌有先生"，代表齐国的使臣，大夸齐国的东海之滨；一位是"无是公"，代表天子使者，大夸天子"上林苑"的气派。结果是"楚则失矣，齐亦未为得"，描写了诸侯应该如何臣服天子，以及大一统帝国的气象。这与当时文化大一统的形势、汉武帝本人的政治心胸，都完全适应。虽然相如作为赋家，最终还是想"曲终奏雅"，讽谏君王要勤政恤民，但作为鉴赏者的汉武帝，却往往忽略最后的讽意，而是更多地沉醉在伟大帝国的盛况描写之中，扬扬得意。

相如受到武帝的赏识，正式成为了朝廷的御用文人。在往后的日子里，这君臣关系究竟怎样呢？从历史的记载来看，他们至少在文学的交往方面是比较融洽的。不过赋这种文体，诚如班固《两都赋序》中所说的，"或以抒下情而通讽喻，或以宣上德而尽忠孝"，相如以"赋"与武帝结缘，也应该从"讽"与"颂"两方面来看待，前者可看出相如赋品的独立性，后者更多体现其赋文的附庸性。相如赋常于颂赞中暗含讽喻，在讴歌大汉盛世的同时，也对汉武帝的行为进行了多方面的规劝，武帝有时也能接受意见，但更多的是陶醉在相如赋壮丽而华美的描绘之中，而忽略了赋中"讽"的意味。

在"天子游猎"赋作中，相如同样寄寓了讽喻的成分，而且针对武帝可谓有的放矢。司马光《资治通鉴》记载，少年的武帝特好玩，爱冒险，有一天夜里，他抛开随行人员，微服夜猎，骑着快马在庄稼地里狂奔，结果遭到很多农民的围攻谩骂，谴责他的马踩坏了农作物，直到他拿出身份的证明，才被放走。还有一次，也是微服夜游，到了一个叫柏谷的地方，他又困又饿，于是到一家旅店求宿，并向旅店主人讨点米酒喝，主人厉声回答"没有酒，有尿"，而且怀疑他是盗贼，于是喊来很多年轻人要揍他。试想，年轻人荒唐些还情有可原，身居帝位的武帝倘一味荒唐或冒险，既可能建奇功，也可能败其政。所以在游猎赋中，就暗含了对武帝好游过度的劝诫。在相如献赋之前，太常孔臧就上有《谏格虎赋》，其中假托"亡诸大夫"批评"下国之君"的话语，如"顺君之心乐矣，然非乐之至也。乐至者，与百姓同之之谓也。夫兕虎之生，与天地偕。山林泽数，又其宅也。被有德之君，则不为害。今君荒于游猎，莫恤国政，驱民入山林，格虎于其廷。妨害农业，残夭民命。国政其必乱，民命其必散"①，谏猎之志非常明显。针对武帝的荒嬉于"猎"，相如写了篇《谏猎疏》，那可是更直接的批评了。在这篇疏文中，相如陈言淫于"猎"的害处以及以帝王之尊轻举出猎的危险后，留下了一段喻教训的意味深长的话：

> 盖明者远见于未萌而智者避危于无形，祸固多藏于隐微而发于人之所忽者也。故鄙谚曰："家累千金，坐不垂堂。"此言虽小，可以喻大。臣愿陛下之留意幸察。

这篇疏文虽然时间要晚于相如所上的"天子游猎赋"，但也可对应赋作，说明相如文章之"讽"，既有关照帝王安危的意思，又有关乎国家兴亡的意思，更有以百姓之心为"心"的民本思想。他后来写过一篇《哀秦二世赋》，以秦朝"二世而亡"为题材，讽劝当世帝王要接受秦朝灭亡的教训，不要过度奢侈，要行仁政，要爱护百姓，要做好皇帝。这一"哀秦"观及其思想也成为汉代赋家赞述汉统、提倡汉德的书写模式。比如张衡《东京赋》中批判秦政是"利觜长距，终得擅场，思专其侈，以莫己若。乃构阿房，起甘泉，结云阁，冠南山。征税尽，人力殚。……百姓弗能忍，是用息肩于大汉"②，这也是相如以赋谴秦政的续写。对此，我们在分析《哀秦二世赋》中当有详细的说明。

相如与武帝的文缘更惊人的是后来写的《大人赋》，这是被称为"凌云"之笔的佳话，其将在我们记述相如以后的经历中见到。但是作为"讽"与"颂"的关联，以及以此显示其中文缘及相如献赋的功用，还是有必要先说明一下。据《西京杂记》记载，相如任孝文园令时想献赋，不知写什么好，忽然夜里梦见一位穿黄衣的老人说"可为《大人赋》"，于是写起来犹如神助，他也因此获得了四匹锦锻的赏赐。然正史所载，该赋的写作，主要是针对汉武帝好神仙，求长生不老，多次派遣方士去东海求仙，寻不死之药，方士巧舌骗财，武帝多次上当，

---

① 赋载《孔丛子》卷七。
② 张衡著、张震泽校注：《张衡诗文集校注》，上海古籍出版社1986年版，第94页。

虽然他气得杀了方士少翁、栾大，但求仙之心不死，结果把整个东海之滨搞得巫风流行，乌烟瘴气。相如在《大人赋》中却把神境写得空虚、寂寞、孤独、无聊，把天上的大仙姑"西王母"也写成一头白发的老太婆，意思是想告诉武帝仙境并不美好，而应该把精力放在国计民生方面。结果是汉武帝不仅不领会相如的良苦用心，反而对赋中的天际神游和华丽辞藻大加欣赏，情不自禁，感到"飘飘有凌云之气，似游天地之间意"。这是赋家的悲剧，扬雄自己身为赋家，却批评相如"靡丽之赋，劝百而讽一"，所以他自己后来发恨不作赋，并留下"雕虫篆刻，壮夫不为"的名言。

回到相如以赋文结缘武帝的情境，他献赋中的"讽"或许常被皇帝忽略，但其中的"颂"，确实也有把脉当时的精神所寄，"天子狩猎"是一个时代的影像，其中还折射出赋家的创作心志与文化内涵。

三、游猎赋的写作与意义

"国之大事，在祀与戎"（《左传·成公十三年》），如果说游猎赋属于"戎"（军事）的范畴，则郊祀赋显然是"祀"（祭祀），皆为大题材与大书写，这两方面恰是西汉赋的主要内容。畋猎，也就是田猎，也称游猎、校猎，古人或以四季区分，春天称"蒐"（春蒐），夏天称"苗"（夏苗），秋天称"狝"（秋狝），冬天称"狩"（冬狩），司马相如《上林赋》所述"于是乎背秋涉冬，天子校猎"，指的是冬狩。而对畋猎的通义，东汉人许慎《说文解字》解释道："畋"，平畋也；"猎"，放猎逐禽也。"畋猎"二字的本义，就是猎取飞禽走兽。汉赋中描写畋猎的场景很多，如枚乘《七发》中的"畋猎"一节，孔臧《谏格虎赋》的猎虎场景再现，以及京都赋（如班固《两都赋》、张衡《二京赋》）中的畋猎片段，但最集中的或专题化的写作，则开辟于相如的《子虚赋》《上林赋》二赋，继之摹拟者是扬雄的《校猎赋》《长杨赋》，所以萧统《文选》将这四赋与晋代潘岳的《射雉赋》共五篇归为"畋猎"类。汉代畋猎多半采用"围猎"的方式，比如《子虚赋》中写的"列卒满泽，罘网弥山"，就是采用网或木栅栏围猎的。在相如赋中，对畋猎的精彩描写分别是《子虚赋》中的楚王出猎与《上林赋》中的天子校猎。

我们先看写天子游猎的《上林赋》的写作结构，应该仍是传续《子虚赋》的作法，是与枚乘《七发》一脉相承的。大体是：（1）"天子之臣批判齐楚"："无是公听然而笑曰：……"（2）"范围"："……独不闻天子之上林乎？左苍梧，右西极，丹水更其南，紫渊径其北……"（3）"水势"："荡荡乎八川分流，相背而异态……东注太湖，衍溢陂池。"（4）"龙鱼"："于是乎蛟龙赤螭……万物众伙。"（5）"玉石"："明月珠子……丛积乎其中。"（6）"水鸟"："鸿鹔鹄鸨……群浮乎其上……咀嚼菱藕。"（7）"山势"："于是乎崇山矗矗……靡不被筑。"（8）"香草"："掩以绿蕙……吐芳扬烈……众香发越……"（9）"泛览"："于是乎周览泛观……"（10）"南北气候与野兽"："其南则隆冬生长……其兽则……其北则盛夏含冻裂地……其兽则……"（11）"宫苑"："于是乎离宫别馆……"（12）"美玉"："盘石振崖……"（13）"果木森林"："于是乎卢橘夏熟……"（14）"林间动物"："于是乎玄猿素雌……"（15）"校猎"："于是乎背秋涉冬，天子校猎。"（16）"装扮"："乘镂象……出乎四校之中。"（17）"行猎"："鼓严簿……应声而倒。"（18）"续猎"："于是乘舆弭节徘徊……填坑满谷，掩平弥泽。"（19）"酒乐"："于是乎游戏懈怠……丽靡烂漫于前，靡曼美色于后。"（20）"美色"："若夫青琴、宓妃之徒……色授魂与，心愉于侧。"（21）"醒悟"："于是酒中乐酣，天子芒然而思……"（22）"崇儒"："于是历吉日以斋戒……游于六艺之囿……"（23）"听政"："登明堂，坐清庙，次群臣，奏得失。"（24）"大治"："于斯之时，天下大说……德隆于三王，而功羡于五帝……"（25）"批判"："……夫以诸侯之细，而乐万乘之侈，仆恐百姓被其尤也。"最后赋文以齐、楚"臣服"收束，所谓"于是二子愀然改容，超若自失，逡巡避席，曰：'鄙人固陋，不知忌讳，乃今见教，谨受命矣。'"

这是《上林赋》所写内容的大概。虽然，赋体书写形成了模式，但各自写法或描绘，还是各臻其境。相如此赋既以"游猎"为名，所以文中描写，还是游猎最为出彩。

先看《子虚赋》，其中楚王出猎有两段描写。先看前一段：

楚王乃驾驯驳之驷，乘雕玉之舆。靡鱼须之桡旃，曳明月之珠旗。建干将之雄戟，左乌嗥之雕弓，右夏服之之劲箭。阳子骖乘，纤阿为御，案节未舒，即陵狡兽。

这段写楚王出猎时的仪仗，以及驭夫、猎手之雄姿，蓄力张势，为猎前准备工作。接着就写行猎之状：

> 辚邛邛，蹴距虚，轶野马，而辖騊駼，乘遗风，而射游骐。倏眒凄浰，雷动熛至，星流霆击。弓不虚发，中必决眦，洞胸达掖，绝乎心系。获若雨兽，掩草蔽地。

其纵游惨猎的实况，跃然纸上，其中"决眦""洞胸"，给人以触目惊心的感受，这既可视为当时行猎场景的重现，也可视为作者对游猎功用的提摄，是同类场景的再现，其中寄寓了作者的质疑与讽喻。

再看后一段描写：

> 于是乃相与獠于蕙圃，婴珊勃窣，上乎金堤。掩翡翠，射鵔鸃。微矰出，孅缴施。弋白鹄，连驾鹅。双鸧下，玄鹤加。

这几句描写虽简短，王思豪作出了三层次的分析：一是夜间射猎捕鸟。"獠"，李善《文选注》："猎也。"颜师古《汉书注》引文颖说："宵猎为獠。"《尔雅》谓："从犬，寮声，宵田为獠。"尽管仍有否定此为夜猎之说，但多数人从上引文献，确定相如描写的是夜间打猎。二是夜间所捕获的鸟种类繁多，有翡翠、五彩鵔鸃、白鹄、野鹅、鸧鸹、黑鹤等。根据1975年陕西省绥德县延家岔墓出土的组合画像，墓前室门框的卷草纹间补点乌鸦、山鸡、孔雀、鹤、天鹅等飞禽，下有猎人弋射，各色禽鸟或飞或走，情态丰富，正可与赋的描写文图互证。三是捕捉飞禽的方式是弋射，有人作考证，"弋射是一种比较特别的狩猎活动，其方法是用弓发射木弋，由木弋牵带很细的绳索在空中缠缚飞禽，目的是把那些体大、飞行较慢的候鸟水禽如天鹅、大雁、野鸭子等活捉"。[①]再对照

---

① 详见丛文俊：《古代弋射与士人修身》，载《中国典籍与文化》1995年第4期。

相如赋中弋射的鸟类有白鹄、野鹅、鸧鸹、黑鹤等，应该都是大飞禽。[1]这其中以"夜猎"写楚王，既是赋家展示行猎的另一视角，也不乏针对赋中角色纵游行猎的微言大义。

与之比较，相如《上林赋》有关"天子校猎"的场景更为宏大，气象更为开阔。

且看一段典型的冬季行狩"围猎"的精彩描写。赋中先写"校猎"时的仪仗与行阵：

> 于是乎背秋涉冬，天子校猎。乘镂象，六玉虬，拖蜺旌，靡云旗，前皮轩，后道游。孙叔奉辔，卫公参乘，扈从横行，出乎四校之中。鼓严簿，纵猎者，河江为阹，泰山为橹，车骑雷起，殷天动地，先后陆离，离散别追。淫淫裔裔，缘陵流泽，云布雨施。

试看，这肃杀的冬季，天子行校猎之礼，击鼓助威，以江河为栅栏，以大山为望楼，车骑声与士卒的呐喊声，震天动地，猎手们争先恐后，似密云广布，又似时雨淋漓，士卒网猎的全过程被详细地呈现在观众的眼前。按着写校猎时的气势与被猎者（群兽）狂奔并被格杀的情状，其以三言句为主，也是相如赋书写激烈场景的手法，以营造与再现其肃杀之气：

> 生貔豹，搏豺狼，手熊黑，足野羊，蒙鹖苏，绔白虎，被豳文，跨野马，凌三峻之危，下碛历之坻。径峻赴险，越壑厉水。推飞廉，弄獬豸，格虾蛤，铤猛氏，羂要袅，射封豕。箭不苟害，解脰陷脑，弓不虚发，应声而倒。

其校猎的威势、过程与结果，尽呈于具体的格兽场景与描写中。写至此，作者意犹未尽，继续对校猎的具体场景加以展示：

---

[1] 参见许结主编：《中国文学图像关系史·汉代卷》第五章《汉赋与图像》，江苏教育出版社2020年版。

流离轻禽，蹴履狡兽。辖白鹿，捷狡兔，轶赤电，遗光耀。追怪物，出宇宙。弯繁弱，满白羽，射游枭，栎蜚虡。择肉而后发，先中而命处，弦矢分，艺殪仆。然后扬节而上浮，陵惊风，历骇飚，乘虚无，与神俱。辚玄鹤，乱昆鸡，遒孔鸾，促鹓雏，拂翳鸟，捎凤皇，捷鸳雏，掩焦明。道尽涂殚，回车而还。

其中写的奇珍异兽，或许有夸张或想象的成分，但赋家以语象呈现当时天子校猎的图像，是十分活泼且令人震撼的。换言之，作者用赋笔再现天子出游的仪仗、威势及狩猎过程，实乃"武帝"形象的展示。如果说赋中的"生貔豹，搏豺狼"等写的是天子校猎的具体行为，则诸如"河江为阹，泰山为橹""凌三嵕之危，下碛历之坻"等描绘，显然属于夸张造势，其纵横捭阖、雄壮奇崛的描绘，是典型的以"文"采饰"武"功的彰显。

相如为何选择写"天子校猎"邀宠于汉武帝，这固与汉时游猎的真实情形有关，但更重要的是有关赋写"畋猎"的意义。如前引《左传·成公十三年》"国之大事，在祀与戎"，祭祀活动与军事活动，都和畋猎有关。畋猎是古代社会一项非常重要的生产、生活方式，最初目的是向大自然索取动物类生活资料。随着社会生活物质资源的丰富，这项活动的功能也随之丰富。孔子说："田猎有礼，故戎事闲也。"（《礼记·仲尼燕居》）可见此项活动已纳入礼制的范畴，习称"军礼"，也就是军礼中的"大田之礼"。利用农闲出猎，反映的是农业文明与游牧文明的交汇，而游牧民族的狩猎，在获得食物的同时，又有着一定的娱乐性。所以天子畋猎也就兼有实用性、军事性与娱乐性，这在汉代已很好地交融在一起。由于畋猎属于礼的范畴，古代又有"三驱之制"，也为汉赋描写游猎、美食题材提供了素材范围。所谓"三驱"，颜师古《汉书注》说"三驱之礼，一为乾豆，二为宾客，三为充君之庖"。这畋猎的三种功能，分别指祭祀、待宾客与日常食用，都是属于实用的范畴。如果在这范畴内则合礼制，超越了就是逾礼，所以后来扬雄《羽猎赋》就批评"武帝广开上林"，其行为"非尧、舜、成汤、文王三驱之意"。相如赋对天子校猎的描写，既蕴含了对武帝好大喜功的讽喻之义，同时又展示了擅武功而骋气势的场面，倒是具有真实性的。

正因如此，相如赋写畋猎不仅成为后世赋家模仿的"母题"，而且也成为画师构写宏大气象的题材。其代表作品有西晋卫协绘制的《上林苑图》、南宋赵伯驹绘制的《上林图》、明人仇英绘制的《上林图》（又称《子虚上林图》），有的作品附在文徵明楷书《上林赋》后[①]。清人胡敬《西清札记》称述仇英"《上林图》卷"有这样一段描写：

> 绢本，青绿画，洪波巨浸，层峦叠嶂，瑶林琪树，杰阁飞楼，其间士卒车旗，分写校猎上林始终次第。首写岩松硐屋中，坐子虚、乌有、无是公三人，为斯赋缘起。次写紫渊丹水，跳沫腾波，鳞族则蛟龙赤螭，羽族则驾鹅属玉之伦，游翔乎上下。次写离宫别馆，弥山跨谷，紫茎翠叶，缘陂丛生。次写蜺旌云旗，天子校猎，奉辔参乘，千官景从。次写七校纷陈，易舆而骑，骑射之士，撞钟伐鼓，角走射飞。次写张乐层台，青琴宓妃之徒，靓妆便嬛，更侍迭奏。次写解酒罢猎，返斾平皋，农郊耕牧，方兴原隰，龙鳞方田，如罥白云，回合红榴，碧榭缥缈，在溪山烟霭之间。

从这段话可以看出，《上林图》完全是根据《子虚赋》《上林赋》的人物（子虚、乌有先生、无是公）、情节（首写岩松硐屋，次写紫渊丹水，次写离宫别馆，次写蜺旌云旗、天子校猎，次写七校纷陈，次写张乐层台、青琴宓妃之徒，次写解酒罢猎）构篇成画，以七大景象和故事形成七幅组画，合成长卷，成为继相如赋描写上林的"语象"后又一图写"圣域"（上林）的壮丽"图像"。这种历史的艺术回望，也追证了相如赋的宏衍博丽。仇英书画《上林赋》，域中文士作序题跋歌咏者极多，应与此画追绘大汉畋猎盛况相关，也与相如赋的名望特殊相关。而域外人士关注，也有值得一提的。例如在朝鲜文人李敏求的《东州

① 目前所见较好的《上林图》版本有五种：台北故宫博物院藏第一本，绢本设色，53.5cm×1183.9cm，有文徵明隶书《上林赋》一篇；台北故宫博物院藏第二本，48.8cm×1208cm，有文徵明隶书《上林赋》一篇；虚斋名画录著录本，54cm×1266cm；中国嘉德国际拍卖有限公司收藏双宋楼珍藏名画本，45.8cm×1247.5cm；辽宁美术出版社藏《上林图》（国宝级名画珍藏六十年本），手卷，46.5cm×1400cm，后有文徵明楷书《上林赋》一篇。

先生文集》卷二中有仇英书绘《上林赋》的《后序》一篇，其中有内容批评“儒生守成之论”对武帝纵猎的批评，认为：“殊不知匈奴函凶悍之性，狃荐胜之强。不一大治以折其气，则桀心益肆。不一大劳以规永佚，则中国不尊。故深惟长虑，睹利害之源。宁招谤议于一时，而莫之顾恤……故帝之武功垂业于方来者如此。”由《上林图》回归《上林赋》，由《上林赋》回归到武帝行猎尚武的形象，以再现其“霆击匈奴”的雄强而壮丽的时代画卷，其赞颂之词是非常有意义的。

由相如写天子畋猎，来看汉大赋的创作特色，决定于它的题材的类型化，或者说在类型化的题材中呈现的形象化与仪式化，这是我们读汉赋作品时最直接的感受。从某种意义上讲，汉大赋是对京都制度的最初的文学书写，这不仅反映在京都赋，同样体现于游猎赋与祭祀赋的题材。这又可从两方面考虑：其一，汉赋展示京都制度以创造其文学形象。比如天子狩猎，司马相如《上林赋》写道：“蹶石阙，历封峦，过鳷鹊，望露寒，下棠梨，息宜春，西驰宣曲，濯鹢牛首，登龙台，掩细柳。”班固《西都赋》写道：“于是天子乃登属玉之馆，历长杨之榭，览山川之体势，观三军之杀获。”马融《广成颂》写道：“方涉冬节，农事间隙，宜幸广成，览原隰，观宿麦，劝收藏，因讲武校猎。”李尤《平乐观赋》写道：“习禁武以讲捷，厌不羁之遐邻。”说明汉代天子游猎的地点分别是“上林苑”“长杨榭”“广成苑”与“平乐观”，对应汉代制度，应该是切实可考的。其二，汉廷尊京都的制度催生了赋体创作的热点问题，包括郊祀、狩猎、都城、宫室、乐舞、百戏等，仅就狩猎一端，又有貙膢、大阅、校猎的区分。比如东汉都城赋的兴起，就是制度变迁引起的文学热点。于是有了杜笃《论都赋》、傅毅《反都赋》《洛都赋》、崔骃《反都赋》、班固《两都赋》、张衡《二京赋》等创作。班固《西都赋》描写的“隆上都而观万国”，张衡《东京赋》说的“惠风广被，泽洎幽荒”，典型地展示了赋家的雄心与意志，如果我们品味这其中的内涵，会发现这与以汉廷为中心的朝贡制度相关联。

品读汉代赋家最能展现的大一统帝国形象，在骋词大篇，其由物象、事象的描绘而勾画出的形象，凸显于祭祀宴飨、畋猎弋射、乐舞百戏、宫室建筑等方面，而其形象带有直观性的呈现，又源自赋家的语象所形成的语言图像。中国古代社会，虽历经夏、商、周三代而到秦汉时期，但社会礼制的建立，则迟至周朝始立。所谓的周公制礼作乐，其中最重要的国家大礼，就是"祀与戎"，指的是国家"吉礼"（祭祀）与"军礼"（军事）。古人说"大汉继周"，这体现在文学创作方面，也就是汉赋对祭祀与畋猎礼两方面的描绘。我们看张衡《东京赋》中有关天子郊祭祀天的情景再现，从"祀天郊，报地功"的向上天祈福落笔，再写"肃肃""穆穆"的仪仗与场景，继而再描写天子出场，祭祀典司及众皇族、大臣等"整法服，正冕带"的情形，以及"树翠羽之高盖""齐腾骧而沛艾"的气象，既肃穆庄严，又热闹非凡。赋中说的"祀天郊，报地功"，指的是祭祀天地。对此，李善《文选注》引："《白虎通》曰：'祭天必在郊者，天体至清，故祭必于郊，取其清洁也。'《周礼》曰：'以正月上辛，郊祀。告于上帝，祭天而郊，以报去年土地之功。'"赋中又写道"奉禋祀"，取意《周礼·春官·大宗伯》"以禋祀昊天上帝"，这既写周朝制度，又是汉代天子祭祀大典的实录，更重要的是作者通过文学的书写，展示了汉代天子礼的面貌。

在汉赋对天子礼仪的描写中，最能彰显帝国形象的是朝正礼，又称元会礼、朝贡礼。这种礼仪源于周朝的诸侯朝天子礼，后来与外国使臣"朝见"中国皇帝的礼节相叠合，成了场面宏大的外交礼仪。再以张衡《东京赋》的叙述为例，赋中所言"夏正三朝"指的就是朝正礼，所谓"藩国奉聘，要荒来质"，指的是外国使臣来朝，"九宾重，胪人列。崇牙张，镛鼓设"是接待仪式，"撞洪钟，伐灵鼓，旁震八鄙"是接待场景，而皇帝南面受朝拜，其仪态是"冠通天，佩玉玺"，仪仗是"要干将，负斧扆"。特别是接见外宾后还有"百戏"表演，如《西京赋》所述："乌获扛鼎"（举重表演）、"都卢寻橦"（爬竿）、"冲狭"（钻刀圈）、"燕濯"（翻筋斗）、"胸突铦锋"（硬气功）、"跳丸剑之挥霍"（手技）、"走索上而相逢"（双人走绳）、"总会仙倡，戏豹舞罴。白虎鼓瑟，苍龙吹篪。女娥坐而长歌，声清畅而蜲蛇。洪涯立而指麾，被毛羽之襳襹"（化装歌舞幻术）、"鱼龙曼延"（大型多幕歌舞、杂技等）、"奇幻倏忽，易貌分形。吞刀吐火，云雾杳冥。画地成川，流渭通泾"（魔术、幻术）、"东海黄公，赤刀粤祝"（驯兽）、"建戏车，树修旃。侲僮程材，上下翩翻。突倒投而跟挂，譬陨绝而复联。百马同辔，骋足并驰"（马戏），等等，这既是张衡赋的真实描写，也是朝会礼为"天下之壮观"的情景再现。但朝会礼的雄张气象也只是表面的书写，关键还在"礼德"思想的凝聚作用，这种内在的精神，正与相如赋写天子游猎完全吻合。

回看汉赋中有关"畋猎"景观的描写。考察汉代帝王狩猎，多耀武扬威之志，以显天子的气派，所以赋家如扬雄在《羽猎赋》中批评"武帝广开上林"的"天子游猎"行为，不是说"非尧、舜、成汤、文王三驱之意"，就是说超越了古制，丧失了勤政爱民的根本。也正因为畋猎内含国家的军事意义，所以班固《白虎通》解释"巡狩"是因为"简集士众"的需要。汉赋家书写畋猎时除了逞强与尚武，还需要通过场景的夸张描绘，以呈示其宏整的画面。譬如相如《上林赋》写"天子校猎"一节文字，先铺其状（乘镂象，六玉虬，拖蜺旌，靡云旗，前皮轩，后道游），再张其势（扈从横行，出乎四校之中），复列其方（河江为阹，泰山为橹……追怪物，出宇宙），叠陈其事（于是乘舆弭节徘徊……于是乎游戏懈怠……于是乎酒中乐酣），终喻教训（亡国家之政，贪雉兔之获），即由诸多物象的展示，梳理出事象的秩序，以呈现游猎者的完整形象，并归于赋家创作的德教心理。这在相如《上林赋》中的表达，或被称为"曲终奏雅"，具体到文本，就是赋文收束处的一段话："游乎《六艺》之囿，骛乎仁义之涂，览观《春秋》之林，射《狸首》，兼《驺虞》，弋玄鹤，舞干戚，载云罕，掩群《雅》，悲《伐檀》，乐'乐胥'，修容乎《礼》园，翱翔乎《书》圃，述《易》道，放怪兽，登明堂，坐清庙……"以"六艺"述"礼德"，以呈现仁德君主的形象。

四、相如赋进入宫廷

相如赋写"天子校猎"，最重要的意义是赋体由藩国（如梁王菟园）进入宫廷，成为汉代文学的主流（一代之胜）。在汉武帝"惊"讶相如的《子虚赋》写得好，而"召问"他之前，相如的人生发生过两次重要的变化：一是工作由"武"向"文"的变化，一是处境由藩国向宫廷的变化。这第一个变化就是《史记》本传记载的，约公元前152年，相如"以赀为郎，事孝景帝，为武骑常侍，非其好也"。也就是说，相如两朝（景、武）为郎，而第一份工作则是陪同皇帝狩猎或观看人与猛兽格斗时的"武装保镖"。如前所述，相如初授"武职"，这又与他的家世即司马氏在赵一支"以传剑论显"（《太史公自序》）有关。对此，服虔的解释是"代善剑也"，即历代以擅长剑术闻名，《史记·刺客列传》中的蒯聩，就是赵地司马氏的后人。还与他"慕蔺相如之为人"，有武侠情怀有关。可是，相如"学击剑"，又"好读书"，以致为"武骑常侍""非其好也"，这正是他由"武"转"文"的内因，而促成这样的转变，更在外因，这最重要的当然是由"景帝不好辞赋"到武帝偏爱辞赋的因素，武帝不仅爱辞赋，还亲自写辞赋，如《秋风辞》与《李夫人赋》。然而大汉"尚文"风习的形成，却有着社会的、制度的多重原因，这才为相如赋惊汉主提供了历史的机缘。只是这一机缘还建立在另一重历史的转变之上，即前面说的，由藩国文学向宫廷文学的转变。

这也是相如人生的第二个变化。在景帝朝，相如因为好文而擅长作赋，于是放弃了朝廷的武职，来到藩国梁地做游士文人。汉初梁王菟园文人集团的形成，实承战国纵横遗风，只是经过文、景之世的"削藩"政策以及由此引发的"七国之乱"，导致如吴国、淮南国游士集团的相继瓦解，而梁王刘武以其为景帝胞弟的身份及"平叛"的功劳，成为藩国文学的孑遗，而相如也在此度过了他几年快乐的文士生涯。正于此间，相如创制了描绘宏肆、辞章博丽的《子虚赋》，产生了"惊"汉主的文学效应，所以在"梁孝王卒，相如归，而家贫，无以自业"后，相如得以再次回到大汉朝廷，成为一位受宠幸的宫廷文学侍从。

与相如同入宫廷的赋家不少，其中枚皋就是另一位典型。这又牵涉到相如与"二枚"（枚乘、枚皋父子）的关联。在赋史上，素有"枚马"之称，将枚乘与司马相如并列，如陈绎曾《文筌·赋谱》论"汉赋体"时以"宋玉、景差、司马相如、枚乘、扬雄、班固之作，为汉赋祖"。后世又有"梁苑赏雪"的故事，典出南朝谢惠连的《雪赋》："岁将暮，时既昏。寒风积，愁云繁。梁王不悦，游于菟园。乃置旨酒，命宾友。召邹生，延枚叟。相如末至，居客之右。俄而微霰零，密雪下。"这说的是枚、马在客游梁国时的"梁苑"经历，典故"梁园雪""梁园霰""菟园雪""菟园赏"等皆出于此。而以"梁苑"为视点，枚、马游梁而境遇及评价之异同，颇值玩味：其一，谢赋谓相如"居客之右"，而《汉书》则谓"梁客皆善属辞赋，乘尤高"，高低轩轾，因时而异。其二，枚、马入梁途径，前者由吴入梁，后者由蜀往京师再入梁，相距甚远。其三，枚乘于景帝朝因不乐郡吏而"以病"辞弘农都尉，复入梁，《史记·司马相如列传》记述相如于景帝时为武骑常侍，"会景帝不好辞赋，是时梁孝王来朝"，于是追慕"齐人邹阳""淮阴枚乘"等，而"因病免，客游梁"，其辞职方式与因爱辞赋入梁是一致的。其四，汉武帝因"闻乘名"，以"安车蒲轮征乘"，而武帝读《子虚赋》而倾心，但不知相如其人，后由狗监杨得意荐举始得入朝，轻重霄壤，待遇悬殊。其五，枚乘因"道死"而未能以文事彰显朝廷，相如却以《子虚赋》《上林赋》《大人赋》"三惊"汉主，世荣之差别，又不能同日而语。唐人徐夤《龙蛰二首》之二谓"休说雄才间代生，到头难与运相争。时通有诏征枚乘，世乱无人荐祢衡"，以歆慕之心言枚乘，而比较枚、马，枚之命运，亦可兴不遇之叹。从枚乘与相如的结局看，枚乘道死，人及赋均未能进入宫廷，而相如名轻于枚乘，却因进入宫廷为赋，才成就了一生的文名，乃至得"赋圣"殊荣。

"枚马"又是枚皋与相如的并称，二人同在武帝朝的宫廷作赋。据《汉书·贾邹枚路传》记载，因枚乘死于去往京城的途中，武帝很惋惜，就下诏书寻查枚皋，即"诏问乘子，无能为文者，后乃得其孽子皋"。有关枚皋的记述，史传言之甚详：

> 皋字少孺。乘在梁时，取皋母为小妻。乘之东归也，皋母不肯随乘，乘怒，分皋数千钱，留与母居。……上书北阙，自陈枚乘之子。上得之大喜，召入见待诏，皋因赋殿中。诏使赋平乐馆，善之。拜为郎，使匈奴。皋不通经术，诙笑类俳倡，为赋颂，好嫚戏，以故得媟黩贵幸。……上有所感，辄使赋之。为文疾，受诏、辄成，故所赋者多。司马相如善为文而迟，故所作少而善于皋。皋赋辞中自言为赋不如相如，又言为赋乃俳，见视如倡，自悔类倡也。……凡可读者百二十篇，其尤嫚戏不可读者尚数十篇。

据此记载，武帝得枚皋入朝也是"大喜"，不仅侍从作赋，而且"拜为郎，使匈奴"，同样受到重用。所不同于相如的是"司马相如善为文而迟，故所作少而善于皋"，这又出现了一个典故或成语"枚速马迟"。《汉书》称枚皋"为文疾……故所赋者多"，后人承续其说，如葛洪《西京杂记》卷三："枚皋文章敏疾，长卿制作淹迟，皆尽一时之誉。而长卿首尾温丽，枚皋时有累句，故知疾行无善迹。"刘勰《文心雕龙·神思》："人之禀才，迟速异分；文之制体，大小殊功。相如含笔而腐毫……枚皋应诏而成赋。"所论文实指赋，又有禀才之分与优劣之评。二人虽皆属武帝朝的语言侍从，但其作赋情状还是有区别的。概括地说，相如上赋皆主动而为，如"请为天子游猎之赋……上许，命尚书给笔札……赋奏，天子以为郎""相如见上好仙道……乃遂就《大人赋》"；而枚皋则不同，他受武帝宠幸，"召入见待诏，皋因赋殿中""诏使赋平乐馆，善之""上有所感，辄使赋之"，多为受命而赋，宫廷赋坛地位在当时应远远高于相如。由此看来，二人同入宫廷为作赋，枚皋随笔书写，相如经心营构，一个作品多却湮没无闻，一个作品少却是传世经典，这也决定了相如作为以赋进入宫廷的代表人物而传世流芳。

应该说，"赋"的文体功能在"铺"，就是描绘性特征，所以作为"一代文学之胜"的"汉之赋"，其兴盛于武、宣之世，实与当时帝国的宏图与雄张的气象相关，相如赋反映的正是这样一个时代。古人概述赋的特征，有三句话最为准确：第一句是班固的"多识博物，有可观采"（《汉书·叙传》评相如赋语），说的是赋最擅长描写自然物态；第二句是刘勰的"体国经野，义尚光大"（《文心雕龙·诠赋》），说的是赋最擅长表现政治文化气象；第三句是魏收的"会须能作赋，始成大才士"（《北史·魏收传》），说的是赋家最具有才学，所以每一篇大赋，就是一个宏大的文化工程。合此三点，正切合于大汉帝国的文化风貌与宏大气象，这也是相如所上"天子游猎之赋"的主要特征。而相如赋处于汉武帝改制的草创时期，其宫廷赋的历史价值又与后继者有所区别。因为制度形成以后，创作往往受制于制度。比如扬雄在汉成帝时为郎官，随侍皇帝祀甘泉而上《甘泉赋》，随侍祭后土而上《河东赋》，随从狩猎而献《校猎赋》，随从至射熊馆而上《长杨赋》等（《汉书·扬雄传》引雄自序），皆类"命题作文"，很难令人震惊。相如赋不同，其作为汉宫廷赋的草创，既符契武帝朝文化发展的大背景，又引领了当时文化制度的构建，所以他的赋使武帝"大惊""大悦"，正显示了这种心理的对接，这也是后来制度下宫廷赋的摹拟创作难以企及的地方。

那么，相如以游士和门客的身份在梁国作赋与他后来献赋于朝廷有什么不同？就文学创作本身而言，是一脉相承，并无差异的，可是从相如的文学人生之经历来看，却与中国政治制度在汉武帝朝的大变革有关。其中两点影响着相如由藩国游士向宫廷文人的转变，这就是前面所说的：第一点是武帝采用主父偃的建议，用"推恩"法使"藩国自析"（《汉书·主父偃传》）。汉廷的政治大一统带来了文化大一统，相如文学身份转移，是在此大背景下运作的。第二点是汉武帝为制约外臣势力，进行官制改革，分设外朝与内朝官职，即每遇朝廷大事，就让如同身边侍从秘书的内官与外官朝臣"廷辩"，形成权力制衡。而内官的人员来源，就包括好为文学辞赋的人士。很显然，赋家汇聚于朝廷，与武帝实行的内官制度相关，所以自相如"天子以为郎"，赋家多为内官侍郎之职，从而形成了汉廷的言语文学侍从队伍。由此又可见武帝"惊"叹相如作于藩国的《子虚赋》，包含了"求才"与"尚文"的双重心态。

相如以文士的身份返回京城，不仅使相如赋进入了宫廷，而且以其闳衍博丽的创作，引领了赋体文学由蕞尔小邦发展到蔚然大国的新时代。

第八章

建功西南

　　司马相如献赋汉廷，开启了他一生辉煌的文学事业，可是他和汉武帝的交往，也并不是古代常传为美谈的良相明君的关系，而只是皇帝对文学弄臣的喜爱而已。从相如的为人秉性以及进入仕途来看，他还是自恃极高的，绝不甘心仅为一个文学弄臣，供人娱戏玩弄而已。这也算是个惯例，因恩幸得遇皇帝的文人，很多都不甘心仅做个耍笔杆的，而自恃有经天纬地之才，要有匡时济国之用。比如唐代的李白，他以文才入朝后，始终有匡扶天下之志，结果得罪很多人，落得个唐玄宗"赐金放还"；又如杜甫，他整天想"致君尧舜上，再使风俗淳"（《奉赠韦左丞丈二十二韵》），所以敢向皇帝提意见，因疏救房琯，险些被皇帝杀掉，结果免不了被逐出长安的命运。相如也是这样，他早年入长安就有"不乘高车驷马"就不回家的誓言，如果仅是献赋取乐皇帝，他也是心有不甘。但相如与后代的李白、杜甫不同，他终于等到了一次建功立业的际遇，真正参与了朝廷的政治活动，并且还卓有功绩，荣耀一时。这就是武帝派遣他两次出使西南地区的事件，也为他提供了除献赋外的立功的机会。

一、武帝朝的西南夷

在汉武帝一朝，朝廷的政策是征东越，伐匈奴，服南粤，对大西南诸国，也加强管理，设置郡县，但所奉行的多半是怀柔政策。这期间司马相如曾两度出使西南，就与武帝的相关政略紧密联系。

有关西南诸国，《史记》《汉书》均有西南夷传，武帝朝及以前的有关记述几乎雷同，所以根据司马迁的记载，可观其大概。何谓"西南夷"，据张守节《史记·正义》说，"在蜀之南"，也就是相如家乡的更南端的广大地区。对这一片区域，《史记·西南夷列传》开篇就作了简要的介绍："西南夷君长以什数，夜郎最大；其西靡莫之属以什数，滇最大；自滇以北君长以什数，邛都最大：此皆魋（《汉书》作"椎"）结，耕田，有邑聚。"这是接近蜀地的西南诸少数民族地方邦国，多有城池，其中以夜郎、滇、邛都规制较大。相传古滇国王曾问人："汉有我们大吗？"夜郎国王也自以为夜郎国不比汉朝小，所以后来有了"夜郎自大"的成语。夜郎古国在今天贵州西北、云南东北、四川南部一带。《史记》该传接着记述："其外西自同师以东，北至楪榆，名为嶲、昆明，皆编发，随畜迁徙，毋常处，毋君长，地方可数千里。"其中所说的"椎结""编发"，皆民族发饰，所谓"随畜迁徙"，即游牧，而在古代西南地区也有"游耕"的生活方式。由于流动性强，没有"君长"（政权机构），确实也存在管理的困难。接着传文又记述更为广远的区域："自嶲以东北，君长以什数，徙、筰都最大；自筰以东北，君长以什数，冉駹最大。……在蜀之西。自冉駹以东北，君长以什数，白马最大，皆氐类也。"其中提到的"筰""笮都"与"冄駹"，在当时都是较大的邦国，合前面叙述的各区域，被当时的史家统称为"巴蜀西南外蛮夷"。

这广袤的大西南区域，正是汉天子远略之地，尤其是与巴蜀郡县邻近的地区，更是宜加管辖与治理，以防范边陲之患。而在汉武帝时期，也连续出现了几次有关西南稳定的事件。例如武帝因西南地区多次反叛朝廷，曾派遣公孙弘前往视察，欲平其情而通其道，公孙弘审时度势，劝武帝先专致精力以攻伐匈奴，暂缓西南之事，结果武帝暂且放下西南夷事，仅置南夷夜郎两县一都尉而已。又如元狩元年博望侯张骞出使到西域大夏，见市场有蜀布、邛杖，得知"从东南身毒国，可数千里，得蜀贾人市"（《史记·西南夷列传》），于是武帝命令王然于、柏始昌、吕越人等出使西夷西，欲往身毒国，使者到了滇地后，却被滇王滞留，也没有能够开通前往的道路。后来南越反叛，武帝征发南夷兵助战，又因为且兰君不愿劳师伐远，并聚众反叛，杀了天子使者与犍为太守。于是等待征伐南越的战争胜利后，武帝遂平南夷为牂柯郡，夜郎也随之入朝，朝廷任命其首领为夜郎王。接着相继又置越嶲郡、沈犁郡、汶山郡、武都郡等。武帝再次派使者王然于以兵威劝喻滇王入朝，直至元封二年滇王始举国降服，西南广大区域得以平定。

在征服西南的前期，建元六年大行王恢击东越时，唐蒙获知蜀地及西南物产丰富，就向武帝提出在西南置郡县的主张，武帝大为高兴，因为这一建议正合乎他的边境政略。大约在元光年间，武帝命唐蒙为中郎将，从巴蜀筰关进入，会见了夜郎侯多同。对此次唐蒙入西南的经历，《史记·西南夷列传》是这样介绍的：

> 蒙厚赐（夜郎侯多同），喻以威德，约为置吏，使其子为令。夜郎旁小邑皆贪汉缯帛，以为汉道险，终不能有也，乃且听蒙约。还报，乃以为犍为郡。发巴蜀卒治道，自僰道指牂柯江。蜀人司马相如亦言西夷邛、筰可置郡。使相如以郎中将往喻，皆如南夷，为置一都尉，十余县，属蜀。

这段记载叙述到有关相如的情况，其中颇有值得关注的史事：唐蒙因提出在西南置郡县，又被武帝派遣前往喻"威德"，为"置吏"，而被后世称为"西南丝绸之路"的开拓者；而相如也是在西南置郡县的倡导者，只是后于唐蒙以"郎官"职出使，故无此"开拓"之名，但两人出使西南的共同性，是显而易见的。唐蒙在当时最大的工作是"发巴蜀卒治道"（修通往西南的道路），这是唐蒙的功绩，也是他的过错，而相如出使西南的任务，正是代表武帝去平服唐蒙因修道路而造成的巴蜀官民的恐慌及由此潜伏的乱兆，安抚巴蜀区域民众的。这一"反"（启祸端）一"正"（平事端），是两人相继出使西南的有机联系，所以从某种意义上看，对后来大西南完成郡县式管理的历史功绩，相如绝不亚于唐蒙。

也正是这一历史的机遇，提供给相如一次建功立业的机会，他开始了两度代天子诏喻地方的西南之行。

二、初使西南

相如初使西南，也是他因赋征诏入朝廷后有文字记载的再次回到蜀中家乡。前一次他因梁王死后失业，无奈回乡，乃至家徒四壁，无以为生计。相比之下，这次是奉朝廷命令执事而回乡，其境况就大有差异了。有关这次行事，史传记述很简单：

> 相如为郎数岁，会唐蒙使略通夜郎西僰中，发巴蜀吏卒千人，郡又多为发转漕万余人，用兴法诛其渠帅，巴蜀民大惊恐。上闻之，乃使相如责唐蒙，因喻告巴蜀民以非上意。

这段话中有几个字词值得注意：一是"使略"，指唐蒙是作为使者往巴蜀之地行朝廷政略的。二是"责"，这是武帝再派相如出使巴蜀的任务，就是责备或斥责唐蒙的行为过失。三是"非上意"，指在相如喻示巴蜀父老的"檄文"中的说法，明确地将唐蒙的作为与武帝分割开来，将全部"使略"造成负面影响的主要责任或后果全推卸给唐蒙个人。

对相如来讲，这次出使是他人生轨迹上的一段重要的历程。他在汉武帝建元三年，就是公元前138年，奏赋而为文学侍郎，七八年后，即汉武帝元光五年①（公元前130年）时，自己的老家蜀郡发生了震惊朝野的事件：汉武帝为强化中央集权，开拓边疆，委任当时的鄱阳令唐蒙为中郎将，设法谋取夜郎等地，以平定广大的西南区域。结果这个唐蒙为迎合武帝的野心，急功近利，在巴蜀地区一下征调了一千多名吏卒和两万多名民工，日夜修造由今四川宜宾经云南昭通、贵州咸宁，再到昆明的"石门道"，当地的一些少数民族的首领不听调遣，唐蒙就用"军兴法"，就是战时的军事法令，诛杀了多名首领，这下引起了巴蜀地区民众的恐慌，乃至谣言四起，情况紧急，随时有"民变"的危险。

汉武帝遣派相如往巴蜀安抚百姓，是经过深思熟虑的，其用意至少有三点：其一，相如为蜀郡人，根系深，人脉广，便于权宜行事；其二，相如是他身边的近臣，以"郎官"出使，他的行为仅为皇帝负责，其回护其短而彰扬其长，为职责所在；其三，相如确实也有行使政略的才能，这也与他早年的抱负相吻合。特别是这第三点，在相如以檄文告喻巴蜀父老的文字中，得到淋漓尽致的展示。这篇被后世编相如文集者命名为《喻巴蜀檄》（或称《喻巴蜀父老檄》）的文字，共分三段，也是相如告喻巴蜀父老的三层意思。

相如在文章中首先告喻蜀地最高长官太守，以高屋建瓴之势彰明"蛮夷"之乱必治，以及武帝即位后平四方、一统中国的胆识、策略与作为，接着才批评唐蒙办事的误差。其中最精彩的是称赞武帝开边统一各民族的决心，文笔婉转，却气势雄健。我们看这段书写：

> 陛下即位，存抚天下，辑安中国，然后兴师出兵，北伐匈奴。单于怖骇，交臂受事，诎膝请和。康居西域，重译请朝，稽首来享。移师东指，闽越相诛；右吊番禺，太子入朝。南夷之君，西僰之长，常效贡职，不敢急堕，延颈举踵，喁喁然皆争归义，欲为臣妾，道里辽远，山川阻深，不能自致。

---

① 据《汉书·武帝纪》记载元光五年（前130年）："夏，发巴蜀治南夷道。"对应相如《喻巴蜀父老檄》文中所言"方今田时，重烦百姓"，可推知相如往巴蜀并作喻父老文当在元光五年秋季。

这是对"圣作"的赞美，铺写了伐匈奴、平西域、征闽越、吊番禺等，既有历史的事实，也有为文而张势的夸饰的地方。比如匈奴单于请和亲是建元六年的事，而兴师北伐宜指《史记·匈奴传》《汉书·武帝纪》及《资治通鉴》卷十八所记载：元光二年（前133年）武帝从大行王恢议，以韩安国、李广、王恢等率车骑材官三十余万人匿雁门的马邑谷中，阴使人引诱匈奴骑兵进入埋伏圈。匈奴果然有十数万骑入雁门郡，离马邑尚有百余里，觉察有情况引兵退走，汉兵大队人马追击，结果无功而返。至于卫青等挫败匈奴是元光六年以后的事，相如此文作于元光五年，所谓匈奴"怖骇""诎膝请和"，是具有想象成分的。①但相如作为武帝"一统中国"并绥远四方的坚定支持者，这种开边思想早在他以夸饰为主的"天子游猎"赋中就有了具体的呈现，而在这篇檄文中，相如张大汉势，前提是告喻巴蜀太守的话，"蛮夷自擅，不讨之日久矣，时侵犯边境，劳士大夫"，这就确立了他告喻的基调，朝廷"使略"西南地区的方针是正确的；于是再由对汉略四方的夸张之词，引出这段文字的最后一层意思：朝廷派遣中郎将唐蒙以及"发巴、蜀之士"兴修道路都没有错误，错就错在唐蒙"发军兴制，惊惧子弟，忧患长老"，也就是失于"时"而谬于"法"。结论是这些做法"非陛下之意"，并指出"非人臣之节"，这既指出唐蒙的错误，同样也暗指巴蜀父老的一些"民变"行为，更是极度错误的。

由此相如进入他檄文的第二层意思，紧接前述"非人臣之节"，大谈"人臣之道"就在于"急国家之难"。于是相如先树立起为国奋不顾身的榜样：

夫边郡之士，闻烽举燧燔，皆摄弓而驰，荷兵而走，流汗相属，唯恐居后；触白刃，冒流矢，义不反顾，计不旋踵；人怀怒心，如报私仇。

很显然，开发与平定"西南夷"是国策，这与抗击匈奴、用兵闽越是一样的，别人都树立了义无反顾的标杆，又怎么可能"与巴蜀异主哉"？换言之，人家能如此奋不顾身，你巴蜀人同样在朝廷统率的一片天空，难道就不行吗？这是

---

① 参见司马相如著、金国永校注：《司马相如集校注》有关《喻巴蜀父老檄》的注释，上海古籍出版社1993年版，第149页。

"乐尽人臣之道"吗？你看，文势一转，相如已由责备唐蒙而变为责备巴蜀父老了。这样把错误推给了巴蜀父老，就有了下面行之文字的"恩""威"兼施的政略。先看"恩"，相如用铺陈之法历叙"剖符之封，析圭而爵，位为通侯，居列东第"，甚至"遗显号于后世，传土地于子孙""名声施于无穷，功烈著而不灭"，如此富贵显赫，在于他们是"贤人君子"，能牺牲自己，做到"肝脑涂中原，膏液润野草"，至上的国家意志与至高的道德绑架，真使受"喻"者无地自容。这又逗引出"威"字，与前述从反面对应的是"即自贼杀，或亡逃抵诛，身死无名""耻及父母，为天下笑"，而且这些可耻行为绝非"独行者之罪"，而与"父兄之教不先，子弟之率不谨"相关，致使"寡廉鲜耻，而俗不长厚"，如此一来，所谓"其被刑戮，不亦宜乎"！这又把过错由个别行为转嫁给整个巴蜀的父老，使唐蒙"诛其渠帅"行为也变得堂而皇之，理所当然了。这种极尽利诱威逼之能事，行之于相如之文字，已将朝廷"使略"造成的难堪，解脱得干干净净，"喻"词完全转变成了"训"词。

言发至此，意犹未尽，相如在"喻"文的第三段继首段所说的"非陛下之意"，再次强调什么是"陛下之意"。一则是将唐蒙"方今田时，重烦百姓"之过错昭示地方，以彰显皇帝的恩德；一则是派"信使"（相如自谓）以晓喻百姓（巴蜀父老），解决"发卒之事"（就是"发巴蜀吏卒千人，郡又多为发转漕万余人"），既是责斥唐蒙，更在于教喻巴蜀父老，即"让三老孝弟（悌）以不教诲之过"。

回应文章的题目，相如巴蜀之行，解决"发卒之事"是实，而喻示教训为虚，然观其檄文，则斥责唐蒙是虚，告喻巴蜀之民为实。这其中显示出相如不辱使命且善于文辞的高超技艺。也就是说，他先阐明唐蒙之行（发军兴制）与造成的结果（惊惧子弟），是"擅为""非人臣之节"；继谓"急国家之难，而乐尽人臣之道"的礼义又兼论前番使者之失；复彰天子之恩德，微讽"溪谷山泽之民不遍闻"，即德音之失，词曲而意达。对此，宋人楼昉《崇古文诀·评文》评读此文时说："一篇之文全是为武帝文过饰非，最害人主心术。然文字委曲回护，出脱得不觉又不怯，全然道使者、有司不是，也要教百姓当一半不是。最善为辞，深得告谕之体。"①所言文法得"体"是一方面，而"文字委曲"与"善为辞"则是另一方面，其中因"术"而彰"用"，也是相如常用的手法。当然，我们还应该关注相如出使西南的双重身份，一是天子使臣，一是巴蜀乡亲，二者的结合使他的话语显得更有分量和作用。

正是因为相如一心维护朝廷，为汉武帝操之过急的行为文过饰非，使武帝非常满意，加上他在巴蜀之地的人脉和擅长言辞的本领，不仅平息了由发军兴制可能带来的"民变"，而且进一步推行了武帝的西南政略，于是就有了他第二次的出使西南之行。

与第一次出使西南的情形相比，这次再使西南相如更是风光无限，在他一生中也算是当年不乘"高车驷马"不返乡誓言的一次成功的实践。

---

① 有关论述可参见拙文《汉代"文术"论》，载《文学遗产》2020年第6期。

三、再使西南

　　相如初赴西南前的形势是，云南、贵州未定，巴蜀先造成了混乱，中郎将唐蒙也束手无策，这下才震惊了朝廷，武帝紧急召集大臣商议对策，决定派相如作为他的使臣去斥责唐蒙的行为，告诉当地百姓，造成今天的局面，决不是他刘彻的意思。试想，这么重要的任务，武帝为什么不派朝中大臣去，反而叫身边的一个文学随从去"代驾"行事？这就是我们前面说到的"中朝官制度"，相如官职虽小，但属中官，是皇帝身边的人，这类人办事只为皇帝负责，比较可靠。再加上相如是蜀郡人，对当地情况了解，尤其是与巨商富户如卓王孙的特殊关系，办起事来要方便得多。武帝这个决策看来是对的。相如一到巴蜀之地，立即撰就了一篇"檄文"，告喻巴蜀太守，斥责唐蒙，借以抚慰当地民心。相如深知武帝的心理，斥唐蒙是虚晃一枪，目的在开通西南道路，所以柔中有刚，软硬兼施，很快就平息了民愤，理顺了民情。相如回朝以后，向皇帝汇报工作：一方面批评了唐蒙劳民伤财的行为，而且这种行为造成朝中大臣对武帝开辟西部的政策产生了疑问；一方面又说西南的道路现在已基本打通了，所以朝廷应该有施政西南的新决策了。

　　有了初使西南的成功，武帝对相如的作为很满意，对他"复通"道路，开辟"西夷"的建议，也完全接受。根据史书记载，汉武帝知道西南问题的解决有困难，一直举棋未定，相如正值其时提出了具有历史意义的两大建议：首先是反对用武力征服西南，建议采取和平通商的方法进行互市融通。相如告诉武帝，据他这次到巴蜀对其情况的了解，西南地区的少数民族君长知道汉代钱货充足，与汉人打交道能得到好处，所以都愿意臣服汉天子，而且还愿意朝廷派汉人官吏去参加少数民族地区的政权管理。第二是相如建议在靠近蜀郡的一些西南少数民族人群聚集区域设立郡县，将这些地区直接收归朝廷管辖。这两条建议很合乎武帝的心意，所以他听从相如的建议，不仅于第二年即元光五年设置夜郎郡，而且特别再次委派相如为中郎将前往巴蜀及西南地区行使朝廷威权，再次起到抚慰当地民众的作用。相如欣然听命，也因此开始了第二次出使西南的征程。

对相如再次出使西南的身份、做派以及蜀地人欢迎的程度，《史记·司马相如列传》中有着较为详细的记述。先看出使的情况：

> 天子以为然，乃拜相如为中郎将，建节往使。副使王然于、壶充国、吕越人驰四乘之传，因巴蜀吏币物以赂西夷。

第一次相如是以一般郎官身份往巴蜀，这次升职为"中郎将"，与前番唐蒙的地位是一样的。古代使臣受命，必执持符节以为凭信，相如此次为主使，故有"建节"之举。也因为是主使，所以皇帝又派三位副使同行，相如乘着四匹马拉的车，果然实现了当年所期盼的"高车驷马"的理想。相如出使的任务也很明确，就是利用巴蜀之地丰饶的货物和钱财，以朝廷名义赏赐给西夷之地的君长，使其归心汉朝，渐次派汉员前往任职，建立郡县。再看相如到达家乡蜀地时的情形，《史记》的描绘是：

> 至蜀，蜀太守以下郊迎，县令负弩矢先驱，蜀人以为宠。于是卓王孙、临邛诸公皆因门下献牛酒以交欢。卓王孙喟然而叹，自以得使女尚司马长卿晚，而厚分与其女财，与男等同。

蜀郡最高长官太守亲自率领众官员到郊外迎接，县令亲自"负弩矢"在前面开道，这是何等地壮观，这派头在相如一生的仕途来说，也是达到巅峰了。而"蜀人以为宠"，这一"宠"字，真是相如富贵归故乡的形象写照。所谓"负弩矢"，司马贞索隐的按语是："亭吏二人，弩矢合是亭长负之，今县令自负矢，则亭长当负弩也。负弩亦守宰无定，或随轻重耳。"据《汉书》记述，霍去病出击匈奴，功绩卓著，所以有河东太守郊迎负弩的场景。按照汉代的礼节，凡遇到高官贵人来地方视事，应该由亭长背弩矢前行，如果来者级别高，县令亲自背箭，而亭长则背弩。相如到了巴蜀，县令亲自负弩矢，可见接待规格之高，其在当地人心中的轻重也可见一斑。后世也有人因为这件事，责怪相如是小人得志，故意摆谱，这或许也埋下了后来有人告发他受贿而获罪的伏笔。

这次相如以中郎将身份出使巴蜀，最具有戏剧性的还是卓王孙。他听说女婿受皇上之命建节往使巴蜀，就与临邛的官员及富户纷纷赶到朝廷特使相如下榻的地方，"献牛酒以交欢"。在汉代，"牛酒"与"民爵"都是朝廷赏赐的。如《汉书·文帝纪》记载，文帝即位后"制诏丞相、太尉、御史大夫……朕初即位，其赦天下，赐民爵一级，女子百户牛酒，酺五日"。颜师古注："率百户共得牛若干头，酒若干石，无定数也。"而据《史记·封禅书》记述，有"百户牛一头，酒十石"的定数。清人王先谦又结合汉昭帝始元元年、汉元帝初元元年、汉章帝元和二年的三次"赐牛酒"举动，指出所谓"赐牛酒"，具有社会福利性的特征。[1]汉廷"赐牛酒"，多在发生喜庆之事、出现祥瑞之兆或出现灾难之时。而根据古代礼制，牛酒也是馈赠、宴享和祭祀用的食品，表达尊敬之意。蜀中富户以"牛酒"赠相如，就是赠送牛与酒以巴结他，使之高兴。后来"牛酒交欢"也就成了表示以物质馈赠来结交对方的成语。不仅如此，卓王孙对相如当年"琴挑"文君的态度也有了彻底的改变，他懊悔嫁女给相如太晚，而且像对待儿子一样将财产分给了卓文君，这又使相如获得了一笔可观的财产。

当然，司马相如也没有沉醉在别人的恭维与逢迎中，而是认真为皇帝办事。《史记·司马相如列传》接着记述相如用策略平定西部的情况：

> 司马长卿便略定西夷，邛、筰、冄、駹、斯榆之君皆请为内臣。除边关，关益斥，西至沫、若水，南至牂牁为徼，通零关道，桥孙水以通邛都。

---

[1]　详见朱雪源、李恒全：《"赐民爵""赐牛酒"与汉代普惠性社会福利研究》，载《社会科学》2021年第1期。

他不仅采取怀柔政策使邛、筰等地的少数民族政权纷纷内附，而且西至沫水、若水，南至牂柯边塞，修零关道路，架孙水桥，直达邛都。据《华阳国志》记载，相如"开僰道通南夷"，完全是一副"能吏"的做派，为我们呈现出不同于屈膝卑颜以献赋作文的相如，他的作为对巴蜀地区与西南少数民族的交往与贸易，都具有开创性的功劳。当这些利好消息传到武帝的耳中，就像史书所记载的，"还报天子，天子大说（悦）"，武帝对相如的功劳，以及西南部"请为内臣"即纷纷内附的结果，一定是兴奋不已。

在司马相如一生中，有三次使武帝惊喜的都是因为献赋，而这一次例外，武帝大为高兴的是他出使西南取得的政绩，这也昭示了相如"能吏"形象的一个方面。

四、难蜀父老

相如出使成效显著，武帝为之大悦，论功行赏，理应大加奖励他了。可是事情并不是一帆风顺的，就在相如使蜀期间，仍有蜀中长老固守己见，反对修筑通往西南的夷道，认为通西南夷没什么好处，甚至得不偿失，朝中有些大臣也随声附和，使武帝也非常为难。这时相如身在西南，心系朝廷，一时感到压力极大。他怕武帝对通西南夷的事再次出现犹豫不决的心态，于是写了一篇类似赋体的文章，叫《难蜀父老》，文中以驳斥蜀中长老的观点坚定武帝开边拓疆的决心。

对这篇文章，《史记·司马相如列传》记载"蜀长老多言通西南夷不为用，唯大臣亦以为然"，相如想反驳他们，本已建言在前，便不敢再进言，所以才作此文字，"以风天子"。这个"风"（讽）不同于他献赋"讽"皇帝太奢侈，而是为了坚定武帝开发西南的决心，与他前一则《喻巴蜀檄》可视为姊妹篇。在这篇文章中，相如采取"欲擒故纵"法，假托蜀中的"耆老大夫"和"缙绅先生"的二十七位弟子之口，以诘问使者开头。继以"使者"的长篇大论，宣示汉廷政略，既标举"贤君"即有为之君的理应如何，又突出地彰显"汉德"的意义所在。最后又以诸老弟子（诸大夫）折服其言，唯诺其事而告终。

该文开篇首冠一段描述文字："汉兴七十有八载，德茂存乎六世，威武纷纭，湛恩汪濊，群生澍濡，洋溢乎方外。于是乃命使西征，随流而攘，风之所被，罔不披靡。"阐明的是自高祖到武帝"六世"之功"德"，特别是汉兴七十八年后武帝的一系列政治举措，相如大加赞赏，这才引出"命使西征"的行径与"罔不披靡"的成绩。由此再引出蜀中诸大夫对使臣的质疑，形成一种不谐的论调。比如其中所谓"天子之于夷狄也，其义羁縻勿绝而已"①，意思是汉族与少数民族的关系只需保持正常的朝贡关系即可，不必要设郡县以加强统治。又比如指责使者：你要通夜郎，三年啦，有什么成效，现在又要开通西南夷道，士卒疲倦，百姓力屈，恐怕最终还是要失败的。作为使者的代言人，相如对这些论点一一作出反驳，比如他说，如果照你们这样安于现实，不求进取的逻辑，那么当年巴蜀之地又怎么能够像今天这样过上文明的生活呢！作为一位有作为的贤君，绝不应因循守旧，委琐龌龊，而是应有强烈的责任感与进取心，不管是"夷狄殊俗之国"，还是"辽绝异党之域"，哪怕是"六合之内，八方之外"，只要缺少文明教化，都是我们的耻辱，更何况西南人民对汉天子如"枯旱之望雨"，皇上怎么可能无动于衷呢！所以从长远眼光来看，眼前巴蜀之地的百姓辛苦一点，又算得了什么呢！相如不仅畅谈当下的形势，还列举历代贤君如夏禹治水等功绩，加以证明，为武帝"讨强胡""诮劲越"的功勋张日。这篇文章洋洋洒洒的一番议论，既可见其为辞的精彩，更能看到相如思想中有着极为强烈而广大的政治抱负。

在这篇文章中，有两个视点最值得关注：一个是相如为了使反对派心悦诚服，提出了"汉德"这一命题。如他在叙写中反复强调汉朝皇帝之"德洋而恩普""至尊之休德"，并在诸大夫臣服的话语中赞叹"允哉汉德"。考"汉德"一词，最初应该就是司马相如论汉代功业的这段话，继后《汉书·夏侯胜传》记载汉宣帝即位初，为褒扬武帝，对丞相御史说："孝武皇帝躬仁谊，厉威武，北征匈奴，单于远遁，南平氏羌、昆明、瓯骆两越，东定薉、貉、朝鲜，廓地斥境，立郡县，百蛮率服，款塞自至，珍贡陈于宗庙；协音律，造乐歌，荐上帝，封太山，立明堂，改正朔，易服色；明开圣绪，尊贤显功，兴灭继绝，褒周之后；备天地之礼，广道术之路。……功德茂盛。"这是回顾前朝，将武帝的功业与功德结合起来。到西汉末年，扬雄《法言·孝至》再次提出"汉德其可谓允怀矣。黄支之南，大夏之西，东鞮、北女，来贡其珍"。再看他在《长杨赋》中继

---

① 这里说的"羁縻"，意联络、维系，指三代以来华夏与夷狄的关系。司马贞《史记索隐》："羁，马络头也。縻，牛缰也。……言制四夷如牛马之受羁縻也。"可见这一词是具有贬义的。

歌颂高祖之"天德"与文帝之"俭德"后，对武帝"功德"的歌颂更是浓墨重彩，所谓"熏鬻作虐，东夷横畔，羌戎睚眦，闽越相乱，遐萌为之不安，中国蒙被其难。于是圣武勃怒，爰整其旅……使海内澹然，永亡边城之灾，金革之患"。这些评价，都是传承相如的说法，也可见相如此文开风气之先的意义。

另一个视点是从这篇文章中，我们不仅看到相如有用事的才能，而且还有相当敏锐的政治眼光。他在论"贤君"与"汉德"之前，写下了这样一段传诵千古的名言，就是：

> 盖世必有非常之人，然后有非常之事；有非常之事，然后有非常之功。

接着又说大汉皇帝应该"创业垂统，为万世规。故驰骛乎兼容并包，而勤思乎参天贰地"。从历史的结果来看，前一句很像汉武大帝这个人，后一句很像汉武大帝所做的事。在《汉书·武帝纪》中，记载了元封五年武帝下的诏书，其中特别用了"有非常之功，必待非常之人"这句话，可见相如这篇文章对武帝有很大影响，甚至可以说在心里引起共鸣和震撼。值得一提的是，从相如《难蜀父老》这篇文章的开头说"汉兴七十有八载"，可以算出其作于武帝元光六年，即公元前129年，这年相如43岁，距离"元封五年"，即公元前106年，足足23年，汉武帝在他的诏书中是引用了相如23年前的话，可见其影响还是很久远的，将相如称为武帝身边的"文胆"，确实并不为过。

在这篇文章中，相如还谈到天子急务，是"奉至尊之休德""继周氏之绝业"，既强调国家一统的重要性，又倡导了继承周朝礼治社会的建国方针，再结合他前面上的"天子游猎赋"，其中强调"游乎六艺之圃，骛乎仁义之涂"，可见相如思想中已有了明显的以儒家思想来治理国家的想法。如果我们再对照当时朝廷有关文化建设的大事——比如武帝建元五年，置"五经博士"，开始了汉代的经学时代；元光元年，董仲舒对策汉廷，提出"罢黜百家，独尊儒术"的口号，可见上述相如对儒家思想的推尊，正是武帝立五经博士期间，还略早于董仲舒对策的时间，可惜历代学者只把相如视为御用文人，所以没有人更多地去关注他的这些创见和作为。

五、答盛览问作赋

相如在西南这段时间，除了出使所带的政治任务，应该也有一定的文化使命，那就是教化当地的民众。这除了《汉书·地理志》所说当时的蜀地"文翁倡其教，相如为之师"，以及秦宓建议立相如祠堂而对其文化教育事业的赞美，还有一件影响到整个中国赋学史发展的公案，这就是《西京杂记》所载牂牁名士盛览问作赋于司马相如的故事。这件事作为一则公案，曾引起学界的争论，其焦点则在文献的真实性问题上。质疑的人立论于双重辨伪：一是时代的问题，如认为文献中相如所论"赋迹""赋心"绝非西汉时代的话语；一是史实的问题，被学界考实为晋人葛洪所编之《西京杂记》是杂载西汉逸事传闻的笔记小说，其中故事多非信史。① 至于《汉书·文翁传》"乃选郡县小吏开敏有材者张叔等十余人亲自饬厉，遣诣京师，受业博士，或学律令"的记述，相如答盛览问赋之说，经后世的演绎到明人如谢肇淛《滇略》卷五载"司马相如元封二年……至若水，僰人张叔、盛览等皆往受学，文献于是乎始"，其中的误传与争议，前贤辨析甚多。而作为相如在西南行事的一个亦真亦幻的插曲，又有必要回到文本，对"盛览问作赋"这则文献的产生所包含的文学史意义，作些回顾与探讨。即使这件事是后人附会到相如身上，但从《西京杂记》成书的时间来看，这也是中国古代历史上首次纯文学的问对。

---

① 相关论述详见周勋初《司马相如赋论质疑》，载《文史哲》1990年第5期；余嘉锡：《四库提要辨证》卷十七《子部八·小说家类一》。

盛览问赋的事迹，初见《西京杂记》卷二《百日成赋》条：

> 司马相如为《上林》《子虚》赋，意思萧散，不复与外事相关，控引天地，错综古今，忽然如睡，焕然而兴，几百日而后成。其友人盛览，字长通，牂牁名士，尝问以作赋。相如曰："合綦组以成文，列锦绣而为质，一经一纬，一宫一商，此赋之迹也。赋家之心，苞括宇宙，总览人物，斯乃得之于内，不可得而传。"览乃作《合组歌》《列锦赋》而退，终身不复敢言作赋之心矣。

文中答盛览问的"相如曰"，无论其是否是相如本人所言，或是汉代的传说，其最后时间下限不会迟于晋人葛洪。而对这则文献，古人有反复的转述与引申，时间主要在宋、明以后。宋代的李昉等编《太平御览》卷一、王应麟编《玉海》卷五十九、朱胜非《绀珠集》卷二"合组歌、列锦赋"条、元代陶宗仪《说郛》卷六十六下"子虚赋"条，均有引述，文字或有繁简，皆出自《西京杂记》。到明代，这则文献得到更为广泛的引用，其中多有发挥。区别而论，有三类撰述引录其说：

第一类是地方史志与博物类书，如万历《云南通志》、谢肇淛《滇略》、冯甦《滇考》、曹学佺《蜀中广记》、陈耀文《天中记》、董斯张《广博物志》等，皆引述《西京杂记》"盛览问作赋"语，而且增添两种内容：一是如前面所引述的谢肇淛《滇略》卷五载张叔、盛览共同受学相如的事情；二是盛览有《赋心》的撰述。如《云南通志》卷一五《艺文志第十之二》："汉《赋心》四卷。"注云："盛览著。"又，同书卷一一《人物志第七》"盛览"条下注：

> 字长通，楪榆人。学于司马相如，所著《赋心》四卷。有司马相如答书云："词赋者，合綦组以成文，列锦绣而为质，一经一纬，一宫一商，此赋之迹也。赋家之心，苞括宇宙，总览人物，斯乃得之于内，不可得而传。"

这里已将盛览撰《赋心》放到首要位置，"相如曰"成了回答问题的书信。

第二类是文学总集，如贺复徵纂集的《文章辨体汇选》，在卷二百五十九中收录司马相如《答牂舸盛览》一文，张溥编《汉魏六朝百三家集·司马文园集》，又较前人所辑增加了两篇文字，分别是《答盛览问》《报卓文君书》，而且还在"题辞"中特别提及："他人之赋，赋才也；长卿之赋，赋心也。得之于内，不可以传，彼曾与盛长通言之，歌合组，赋列锦，均未喻耳。"这种把《西京杂记》中记述的"相如曰"加以编辑而独立成文，无疑强化了作者的归依，这与明人突出相如在赋史上之崇高地位有关。除文集直接收录外，还有另外一种情况，以往的文学总集经明人注释而补上这则文献，如任昉《文章缘起》"赋"类云"楚大夫宋玉所作"，明人陈懋仁注第一则即引《西京杂记》"相如曰"的赋迹、赋心之论，次则刘勰《诠赋》，很显然，明人已视此为赋论之首。

第三类是文人散论，或见于文集，或见于诗话等。其中如詹景凤《詹氏性理小辨》卷三十七《人道辨适自篇二·摘藻中》、王世贞《艺苑卮言》卷一皆引录"相如曰"，或辨天、人之才，或论作赋之法，俨然成一时风气。而清人传承其说，亦以此类为多。因为这类文人的引述，更多发挥，所以尤具彰显文学史发展变化的意义。

回到盛览与相如的问对文本，其时代无论属汉或晋，均堪称我国历史上的第一次纯粹文学的问对。有关自先秦到汉晋普遍存在的"问对"形式，后人多以文体的形态加以解读。例如明人徐师曾《文体明辨》就有"问对"一类，其《序说》说：

> 问对者，文人假设之词也。其名既殊，其实复异，故名实皆问者，屈平《天问》、江淹《邃古篇》之类是也；名问而实对者，柳宗元《晋问》之类是也。其他曰难，曰谕，曰答，曰应，又有不同，皆问对之类也。古者君臣朋友口相问对，其词详见于《左传》《史》《汉》诸书。后人仿之，乃设词以见志，于是有问对之文。

张溥《司马文园集》增列相如《答盛览问》作为"答体"，设名立目，也是"古者君臣朋友口相问对"之遗，这与《孟》《庄》诸子书和《史》《汉》诸史书所记相类似。而在诸多或用真人真名（如孟子对梁惠王问），或用寓言假托人物（如《庄子》中"瞿鹊子问乎长梧子"等）的问对中，最具历史影响力的有两则问答：一则是司马迁《史记·老子韩非列传》所记孔子问礼于老子的故事：

> 孔子适周，将问礼于老子。老子曰："子所言者，其人与骨皆已朽矣，独其言在耳。且君子得其时则驾，不得其时则蓬累而行。……吾所以告子，若是而已。"孔子去，谓弟子曰："……吾今日见老子，其犹龙邪！"

这则记述虽然很可能是汉初黄老学派的假托之词，为的是宣扬老子的学术，但就文本而言，则堪称史家以记述的笔法载录中国学术史上第一次重要的问对。与之相对应的便是第二则，即《西京杂记》的"盛览问作赋"，其当事人物的历史影响力虽不能与孔、老相比，但作为文学史上的第一次问对，同样是重要且值得关注的。

如何确定这是历史上的第一次文学问对，这涉及三个问题，须加以说明：

第一，文人与文学问题。在中国历史上，《诗》三百篇虽然被后世奉为文学作品，且赋也附粘于"古诗之流"，但《诗》终非"个人化"的文人创作，而有名姓且有撰述权的文人，就是楚汉辞赋家。司马相如作为首先以辞赋创作进入大汉宫廷的作家，更具有典范的历史意义。也因如此，萧统《文选》选录楚、汉、晋文人作品，以"赋"冠首（或谓"装头"），开后世文人集子"首赋"编排之先河。正因为辞赋是最初的文人创作的样式，盛览问作赋才有了开创文学史问对之先河的意义。

第二，文学的广义与狭义问题。就广义来看，在先秦时代的孔子与弟子论"诗"，以及《韩非子·外储说左上》田鸠对荆王"言多不辩"问，已具有文学性问对的性质，但都不是文人化的纯文学问对。而在汉代，广义的文学观包括礼仪制度，当然也包含草拟诏奏策议的文章之才，所以有"贤良文学"的荐举之科，其中也不乏问对。综观汉代诸多宫廷问对，如董仲舒的对策"天人"，《盐铁论》中"贤良文学"与"御史大夫"的问对，其中都含有广义的文学意味。然则狭义的文学观，在汉代则属"文章"之学，直接的指涉就是"辞赋之徒"，也就是

《汉书·艺文志》所说的"汉兴，枚乘、司马相如，下及扬子云，竟为侈丽闳衍之词"，班固《两都赋序》所谓"言语侍从之臣，若司马相如、虞丘寿王、东方朔、枚皋、王褒、刘向之属，朝夕论思，日月献纳"。换言之，正因为汉代自武、宣之世建立"言语侍从"制度，也就有了专职的宫廷文士，赋体在制度的视域得以独立，盛览问作赋无论是史实，还是假托之词，其赋史的意义均不可等闲视之。

第三，从汉晋赋论观之，有由赋用向赋体的转变，而汉人论赋基本上是赋用论，可是真正的文学观的独立，关键在"体"，所以盛览问作赋中"相如曰"重在赋的体法，更具有文学的独立意识。在汉代有关"赋"的问对，尚见于扬雄《法言》，其中《吾子》篇中有关辞赋创作的三问三对最为典型：

> 或问："吾子少而好赋。"曰："然。童子雕虫篆刻。"俄而曰："壮夫不为也。"
>
> 或曰："赋可以讽乎？"曰："讽乎！讽则已，不已，吾恐不免于劝也。"
>
> 或曰："雾縠之组丽。"曰："女工之蠹矣。"

对此，李轨分别加以注释："悔作之也""相如作《大人赋》，武帝览之，乃飘飘然有凌云之志""雾縠虽丽，蠹害女工；辞赋虽巧，惑乱圣典"[①]。对照李注看扬雄所论，已包含了他的"悔赋"观、"讽劝"说以及他所倡导的"丽则"论，这些都属于辞赋功用论的范畴。相比之下，《西京杂记》所记录的"相如曰"，其言语中如"綦组以成文""锦绣而为质"的"赋迹"与"苞括宇宙，总览人物"的"赋心"，都是直接针对赋"体"艺术的创作体验，完全是一种纯文学的昭示。

"答盛览问作赋"这则材料，也只能算相如在西南传播文化的一点旁证，但是它为构建相如的"赋圣"的历史地位，所起的作用却非同小可，所以值得重视。

---

① 引自汪荣宝著、陈仲夫点校：《法言义疏》，中华书局1987年版，第45页。

六、受"金"免职

    相如两次出使巴蜀，不辱使命，回朝后是不是受到褒奖而升官发财呢？结果不是，没有升官，反而被免除了职务，连区区郎官的职务也弄丢了。这又是怎么回事呢？《史记·司马相如列传》提了一句："其后人有上书言相如使时受金，失官。"原因是相如出使西南期间的受"金"事件，也就是今天说的接受贿赂，属经济问题，是官员的贪腐行为。

    这件事是否可靠？史书仅记了这么一句话，但"失官"即被免了官职，则是史实。对相如受"金"之事，后代也有不少人为其鸣不平而伸冤的。比如明朝人孙梅锡写的剧本《琴心记》中，为这件事作者特别设计了这样几幕戏：唐蒙设陷、文君信诳、相如受缧、青囊阻嫁、狱中哀泣、廷尉伸冤。故事情节是：因相如代武帝责备唐蒙，唐蒙报复相如，以受贿罪诬陷他，结果相如遭受了牢狱之灾，而且唐蒙还使人传假消息说相如受了腐刑，卓王孙得知此消息，欲将文君改嫁，后亏得身边侍女青囊深明大义，阻嫁成功，文君逃入山中的尼庵躲避。三年后，当年的临邛县令王吉升任御史，洗雪了相如的冤屈。结果唐蒙被斩首，相如复得高官，与文君夫妻团圆，和好如初。

    这虽然是戏剧情节，不能当真，不过也代表了一些人对这件事的看法。司马相如两度出使，在西南蛮荒之地为武帝打拼，极尽威逼利诱之能事，结果什么好处也没落到，到头来因一封检举信就把职给免了，确实有些冤枉。不过从多桩史实加以推测，相如受"金"事件应该是有可能的。首先，相如是皇帝身边的亲信，而且立了大功，如果仅因一封检举信而不作任何调查，就给这样的免职处理，是说不过去的。第二，相如第二次出使时在巴蜀的派头，已有轻傲之举，以及富人纷纷送牛酒交欢，又有了受贿的征兆。第三，相如不仅安抚西南，而且修路造桥，据《史记·平准书》记述："唐蒙、司马相如开路西南夷，凿山通道千余里，以广巴、蜀，巴、蜀之民罢（疲）焉。"这段文字虽然忽略了相如初次出使西南正是为纠正唐蒙作为的事实，但唐蒙与相如相继在西南凿山通道，其行为与思想都完全一致。因修路必然要使用大量的人力、物力，包括资金，相如欲从中受贿，捞些好处，这也是极有可能的。第四，相如有贪财的本性，这在他与卓氏联姻的过程中可作推测，如由"家徒四壁"到"买田宅，为富人"，再到卓王孙"厚分与其女财，与男等同"，从来没有受之有愧或有些许婉拒之意，其好货聚财，似乎也能由此看出点端倪。

当然，相如在西南的工作没能善始善终，看来有他的人生缺憾。但从相如"失官"来看，汉代法律还是比较严明的，就是说不管你立了多大功劳，只要触犯刑律，照样处理。只是相如有些"政略"，又很有"文才"，况且他毕竟不是什么朝廷的重臣要员，只是一个皇室侍从罢了，武帝顾念旧情，所以一年多以后又把他召回宫廷，恢复了郎官职务。

回顾这段历史，相如两次出使西南，建立了卓越的功勋，扬眉吐气，风光一时，本来期望有更辉煌的前程，结果因为受"金"事件，人生又一下跌到了低谷。好在皇帝还爱着他的文才，闲居一段时间，相如又被起用，虽然是郎官旧职，但毕竟身在朝廷，侍奉皇帝左右，在旁人眼中，身份还是很显赫的。只是这时的相如已人到中年，如何度过这段人生的低谷，前面还有什么辉煌事情等待他去做呢？

第九章

复职郎署

　　司马相如第二次出使西南返回京城长安，因受"金"而"失官"，应算是戴罪之身，这是他人生与仕途的低谷期。根据史书所载他的人生经历，有两次失业，一次是梁孝王死后，他与梁园众宾客可谓"树倒猢狲散"，另一次是这次受贿被免职，而闲居在家。相比之下，前次失业使他的境遇坠入"家徒四壁"而穷愁潦倒，这次则因他曾经辉煌的人生经历，家财积累甚厚，可谓是生活无忧。

一、郎职与闲居

《史记》本传在相如失官后的记述是碎片化的，如"居岁余，复召为郎""相如口吃而善著书""常有消渴疾""与卓氏婚，饶于财""其进仕宦，未尝肯与公卿国家之事，称病闲居，不慕官爵"等。一则是说相如失官岁余（一年多时间），再次起复为郎官；一则是说"口吃"而"好著书"；一则是说与卓氏联姻而"饶有财"：似乎没有什么连贯性，并不能呈现相如失官后的行迹。唯有最后一句，写相如或仕宦，或闲居，都不怎么参与国家大事，因为他素来"不慕官爵"。正是这句话，为相如的人生树立一种品格的高标，所以大家在谈论他为皇帝文学随从时，却为他的独立人格保留了空间。

作为御用文人，相如与很多居朝而为文艺之职的人相类似。比如与唐代的阎立本相较，二人秉性或异，然境遇却有相似处。相如被后世奉为"赋圣"，以赋作"三惊"汉主（汉武帝）而跻身宫廷言语侍从之列，首倡"继周氏之绝业"之"允哉汉德"（《难蜀父老》），并以赋的语言加以申述：如批评楚王"盛推云梦以为高，奢言淫乐而显侈靡，窃为足下不取也"（《子虚赋》）；赞美汉帝"德隆于三皇，功羡于五帝"（《上林赋》）。然相如生存境遇及赋作功效，又有"倡优蓄之"以及"扬雄以为丽靡之赋，劝百而风一，犹骋郑卫之声"的批评。再看唐人对相如的评价，一则如陈子良《祭相如文》赞叹其"诵赋而惊汉主"，一则如郑少微《悯相如赋》叹息其"不遇"之悲。与之相比，阎立本较相如职至"中郎将"和"文园令"的地位要高得多，在唐高宗朝，他因"思协多能，艺兼众美"被册立为"工部尚书"（唐高宗《册阎立本工部尚书文》），而秦府《十八学士图》、贞观中《凌烟阁功臣图》及太宗诏绘《王会图》等，皆出自阎立本之手，所以元人黄公望《大痴题跋·跋阎立本秋岭归云图》称其"已极人臣之位，佐治出令，犹恐不暇，而更留心于绘事，何邪？盖阎氏世工此艺，自有得于朝夕观览，渐染熏陶，不求能而能，不求工而工矣"。就其绘事成就，唐人李嗣真《续画品》赞"二阎"（与其兄阎立德）之作"万国来庭，奉涂山之玉帛；百蛮朝贡，接应门之位序；折旋矩度，端簪奉笏之仪；魁诡谲怪，鼻饮头飞之俗。尽该毫末，备得神情。与兄立德同在上品"。尽管阎立本精丹青之术而入阁为相，然其对绘事的态度，亦类汉人对赋颂不乏轻贱之意。据《旧唐书·阎立本传》载：

> 太宗尝与侍臣学士泛舟于春苑，池中有异鸟随波容与，太宗击赏，数诏座者为咏，召立本令写焉。时阁外传呼云："画师阎立本。"时已为主爵郎中，奔走流汗，俯伏池侧，手挥丹粉，瞻望座宾，不胜愧赧。退诫其子曰："吾少好读书，幸免面墙，缘情染翰，颇及侪流。唯以丹青见知，躬厮役之务，辱莫大焉！汝宜深诫，勿习此末伎。"

这又与汉代扬雄"悔赋"相近，是史书记录的阎立本"悔绘"之说。只是后成为朝廷重臣的阎立本，因其"奔走流汗，俯伏池侧"的奴才相，被人不耻，而相如也是应诏作文，但正因为有史传所说的"不慕官爵"，而受到人们的普遍称赞。嵇康《高士传赞》中美誉相如"不慕官爵"的品格是："长卿慢世，越礼自放。犊鼻居市，不耻其状。托疾避官，蔑此卿相。乃赋《大人》，超然莫尚。"鲍照《蜀四贤咏·司马相如》亦赞其仕隐之智："相如达生旨，能屯复能跃。"就连域外如朝鲜人张维撰《司马相如有保身之智》文中，也夸奖他"虽为词客"，而其"保身之智，实有过人者"，因为朝堂诸人，如"严助、朱买臣、吾丘寿王、主父偃之属"，皆因武帝"天性严酷，果于诛杀"，而"坐法诛死"，就连司马迁也"不免蚕室之僇"，相反，相如"以词赋进，既而奉使建节，立功徼外……晚节乃能称疾谢事，不与公卿之议，卒以天年终"①。由此可见，人们认为相如"称病"是策略，"不慕官爵"是其品格，这是他人生的大智慧。

相如毕竟是武帝身边的红人，冷落一段时间，武帝又会想起他。所以他闲居一年多后，武帝又"复召为郎"，无论他是乐意，还是无可奈何，他又有了官复郎署的境遇。

郎署是汉唐时代宿卫侍从官的公署，或代称皇帝的宿卫、侍从官。《汉书·袁盎传》载："上幸上林，皇后、慎夫人从。其在禁中，常同坐。及坐，郎署长布席，盎引却慎夫人坐。"颜师古注引苏林曰："郎署，上林中直卫之署也。"又引如淳曰："盎时为中郎将，天子幸署，豫设供帐待之。"这些话都说明郎署官皆为皇帝身边的近侍。而汉代文士多为郎署之职，唐人杨炯《浑天赋》有这样的说法，"冯唐入于郎署也，两君而未识；扬雄在于天禄也，三代而不迁"，这也印证了枚皋视赋家为"俳优"的话，履此职者很少能有显达的。相如由中郎将再复职郎官，对此他并没有什么欣喜可言，相反，于仕途应已心灰意懒，所以在闲居与复职这段时间内，一是"养病"，一是"谏言"，已大不同于他上"游猎赋"时的雄心壮志。其实他复职郎署也是闲职，包括后来又任孝文园令，换句话说，无论他在职，还是去职，在广义上来讲，都是"闲居"了。

在他人生这段低落时期，也就是继其复职郎署后，《史记》本传记述了他留下的两篇文章，是追述，还是现场实录，已很难考实，但其所写的内容，还是值得关注的。

---

① 张维：《黖谷集》卷之二《漫笔·司马相如有保身之智》。

二、谏猎疏文

从大西南回来，相如赋闲年余又成了郎官，还是武帝身边的言语侍从。既然扈从皇帝，自然要献纳文字，相如的《谏猎疏》（或称《谏猎文》）或许是这一时段随侍武帝狩猎所上的文字。据《史记》本传记载："从上至长杨猎，是时天子方好自击熊彘，驰逐野兽，相如上疏谏之。"①

这篇疏文核心在一"谏"字。班固《白虎通》释"谏"为"革更其行"，并列有"五谏"，分别是"讽谏""顺谏""规谏""指谏"与"陷谏"，虽谏法不同，但臣子谏君，在欲更改其行为，则是一致的。汉武帝耽于游猎，好冒险，是他的秉性，相如上此疏文，正是规谏其行为的文字。该文共分三节：

第一节进言有勇猛之人，亦有勇猛之兽，以"猛"而易"危"劝诫武帝不可以身试险。文中所列勇猛之人，则有"力称乌获"（秦武王时的力士）、"捷言庆忌"（吴王僚之子）、"勇期贲、育"（孟贲、夏育，皆古之猛士），然作者笔锋一转，"为人诚有之，兽亦宜然"，那猛兽（轶材之兽）能够"犯属车之清尘，舆不及还辕，人不暇施巧"，即使有"乌获、逢蒙之伎，力不得用"，这是警诫"陛下好陵阻险，射猛兽"的原因。当然，这只是第一层意思，就是劝武帝不可轻身涉险境。另一层意思是"胡越起于毂下，而羌夷接轸"，说的是边境忧患多多，国家事务多多，你皇帝还逞个人之私欲，这才是"非天子所宜"的要害

---

① 后世编纂《司马相如集》者多题名为《谏猎书》，据《史记》所载，宜为"疏"文。

之处。疏文高屋建瓴，先声夺人，于此第二层意思可见。

第二节再回到谏"猎"，以"危"与"祸"、"安"与"乐"为连带关系，关锁文势，言简而意赅。其谏武帝的行径是"涉乎蓬蒿，驰乎丘坟，前有利兽之乐而内无存变之意"，以"万有一危之途"之"娱"，会带来或有存变的"祸"患。所以进谓"轻万乘之重不以为安而乐"，其因一己一时之"乐"而危一身一国之"安"，正有着逸豫亡身的人生危险，隐蕴的是其为国之忧，这才是相如再次强调的"为陛下不取"之意。

第三节以"明者"的"远见"发论，强调眼光要发现于"未萌"，才能避免伤害于"无形"，因为危险是藏于"隐微"而被人忽略的。试想，作者短短几句话，连续用了"未萌""无形""隐微"三个词语，喻示的正是"千里之堤，溃于蚁穴"之防微杜渐的惕思与心理。由"事"虽"微"到"言"虽"小"，所谓"此言虽小，可以喻大"，喻"大"方为相如谏喻的根本。而作者意犹未尽，又复出一语："愿陛下之留意幸察。"

这一篇不长的疏文，三节分别以"非天子之所宜进""为陛下不取""愿陛下之留意幸察"收束，可谓一篇三致意，其"谏"毫无隐晦，堪称西汉时抗言直谏的范文。在《史记》本传中，记述相如上此疏文后，"上善之"，就是武帝很夸奖他。但根据历史事实，武帝当时好游猎，好求仙，这样的直谏之文不太可能称其意旨，所以这句话应是史家美化武帝之辞，而非实情。这也可从武帝渐渐疏远相如的现实中得到证明。

同是写"猎"，为何相如前面的"天子游猎"之赋与此"谏猎"之疏大相径庭，实际上可从两方面来考虑：一方面是"赋"与"疏"文体的不同，究其根本是功用的不同。赋以铺陈见长，是修辞的艺术，所以即使有"讽谏"之意，也是隐含在大量的形容与描绘之中，形成某种"曲终奏雅"式的谲谏，即委婉的谏言。疏是臣子上奏天子的文字，要明易晓畅，言语直白，使之一目了然。明人吴讷《文章辨体序说》论"奏疏"体，引前人语"君臣相遇，虽一语而有余；上下未孚，虽千万言而奚补。为臣子者，惟当罄其忠爱之诚而已"。一个"诚"字，说明了疏文直"谏"的道理。

另一方面更为重要，那就是相如献"游猎赋"与上"谏猎疏"时的境遇发生了较大的变化，由境遇的变化也带来了心境的变化。当年献赋时，相如是满怀抱负，积极求进，是以赋文进入宫廷的初期，所以充满了热情与想象，才有了那般汪洋宏肆的赋作。现在上疏时，正是以为使政略于西南应得回报，却换得了"失官"，即使复职郎署，也只是供其娱戏的御用文人而已，作者带着身心之忧患，预测家国之忧患，上疏直谏，反而表现出某种大无畏的心态。所以从相如"失官"之后为其人生的转折，他与武帝的君臣关系也由百般逢迎、千般回护，转向了书写隐忧而抗言直谏。这篇疏文，或许正是这一转折的标志。如果进一步，从武帝后来迷于行猎，惑于方术，荒疏政务，经历了巫蛊之祸等乱政败局，乃至临终时下罪己诏文，反观相如当初谏猎疏中"为陛下不取"的警示，其防微杜渐的思想，是不乏其政治的敏感性和对时局的前瞻性的。

三、过秦与哀秦

汉承秦制，却又以秦亡为教训，这到身处武帝朝盛世的司马相如，其观点也是如此。他恢复郎职后，有一天随武帝出行，回宫时路过秦朝宫室"宜春宫"的旧址①，因感于秦朝"二世"而亡，在于"行失"（行为有过失），于是写下了一篇《哀二世赋》（或作《哀秦二世赋》），以寓秦亡教训。据史书记述，秦二世胡亥秉性愚而为政虐。他听从赵高的阴谋杀其兄扶苏，夺其王位，又诛戮诸公子及李斯、冯去疾等重臣，其父郦山的工程未完成，又续建阿房宫，征敛无度，戍徭无已，刑戮于道，民不聊生。结果宗室震荡，吏民惊恐，陈涉、吴广揭竿而起于大泽乡中，天下为之响应。秦二世胡亥享国三年，项羽即破秦军，虏王离，降章邯，纵横于山东之地，刘邦则率兵屠武关，直逼京师。胡亥责怪赵高，于是赵高遣其婿阎乐逼胡亥自杀，死后即葬在杜南宜春苑中。胡亥之后，子婴继立仅四十六日就投降了刘邦，又过月余，为项羽所杀，秦王朝正式灭亡。相如侍从武帝过宜春苑而作赋，一则哀秦政之失，至于灭国，一则以为殷鉴，警示当朝君王行政之举。朱熹《楚辞后语》认为这篇赋与《美人赋》在相如作品中，是"有讽谏之意"的，这很能说明相如思想与文风的转向；又觉得这篇赋"低徊局促而不敢尽其词"，这也恰恰说明了作为宫廷言语侍从的尴尬境遇与曲折心理。

---

① 张守节《史记正义》引《括地志》："秦宜春宫在雍州万年县西南三十里。宜春苑在宫之东，杜之南。《始皇本纪》云葬二世杜南宜春苑中。"又按云："今宜春宫见二世陵，故作赋以哀之也。"

秦政的错误，是汉初立国所借鉴的直接教训，尤其是文人学士以此规谏帝王，成为一时风气。其中的代表言论有贾谊的《过秦论》与贾山《至言》中的过秦之说。贾谊《过秦论》历数秦之所以兴、所以衰以至所以亡的教训，如谓"秦以区区之地，致万乘之势，序八州而朝同列，百有余年矣；然后以六合为家，崤函为宫；一夫作难而七庙隳，身死人手，为天下笑者，何也？仁义不施而攻守之势异也"等言说，兴亡之鉴，人们耳熟能详。而在《过秦论》中，贾谊又认为，"向使二世有庸主之行而任忠贤，臣主一心而忧海内之患……天下息矣……则不轨之臣无以饰其智，而暴乱之奸弭矣"。同时，他还在《治安策》中以同情的口吻说"使赵高傅胡亥而教之狱，所习者非斩劓人，则夷人之三族也。……岂惟胡亥之性恶哉？彼其所以道之者非其理故也"，他认为胡亥的昏庸、残忍是教育不得当导致的结果，这里已有了"哀"的情感成分。

班固《汉书·贾邹枚路传》引贾山《至言》中的话语，批评秦二世建造阿房宫等奢侈纵欲行为，则更为具体形象：

> （秦）贵为天子，富有天下，赋敛重数，百姓任罢（疲），赭衣半道，群盗满山，使天下之人戴目而视，倾耳而听。一夫大呼，天下响应者，陈胜是也。秦非徒如此也，起咸阳而西至雍，离宫三百，钟鼓帷帐，不移而具。又为阿房之殿，殿高数十仞，东西五里，南北千步，从车罗骑，四马骛驰，旌旗不桡。为宫室之丽至于此，使其后世曾不得聚庐而托处焉。

贾山与贾谊同样是在汉文帝朝进言"俭德"，以亡秦为教训的。贾山着重写阿房宫之壮丽，以及建驰道之壮观，所谓"为驰道于天下，东穷燕齐，南极吴楚，江湖之上，濒海之观毕至。道广五十步，三丈而树，厚筑其外，隐以金椎，树以青松。为驰道之丽至于此，使其后世曾不得邪径而托足焉"，再写秦始皇死葬骊山之豪奢，感叹"使其后世曾不得蓬颗蔽冢而托葬焉"，最后束以"秦以熊罴之力，虎狼之心，蚕食诸侯，并吞海内，而不笃礼义，故天殃已加矣"的议论。在"过秦"之中（如穷奢极欲，不笃仁义）又不乏"哀秦"之义，也就是文中所说的秦之后世"不得邪径而托足""不得蓬颗蔽冢而托葬"，强盛之时，怙恶不悛，及至极衰之日，又是何等地悲哀？

正是承续文帝朝诸臣子进言"俭德"以鉴"秦亡"，相如又在武帝朝可谓功德极盛时，以"哀秦"为赋，开创这一题材的文学书写，是极有历史意义与思想价值的。而这一"哀"的情绪，《文心雕龙·哀吊》则认为："自贾谊浮湘，发愤吊屈……盖首出之作也。及相如之吊二世，全为赋体；桓谭以为其言恻怆，读者叹息。"所以从文体分类看，这篇文章既属辞赋，又属"哀吊"类，而从文学发展史的角度来看，《哀二世赋》的确是对贾谊《吊屈原赋》的继承。那么，相如为何要"哀"秦二世胡亥？据近年来出土文献中有关"二世"的记载，如湖南文物考古研究所于2013年在湖南益阳兔子山9号井发掘出了一篇秦二世登基文告，其中有这样的话："天下失始皇帝，皆遽恐悲哀甚，朕奉遗诏。今宗庙吏（事）及箸（书）以明至治大功德者具矣，律令当除定者毕矣。以元年与黔首更始，尽为解除流罪，令皆已下矣。"又据"北大简"中《赵正书》的记载，赵正流涕而谓斯曰："……其议所立。"丞相斯、御史臣去疾昧死顿首言："今道远而诏期群臣，恐大臣之有谋，请立子胡亥为代后。"王曰："可。""赵正"又作"赵政"，就是秦始皇。这里记述的是秦始皇临终之际令李斯等人商议继承人的问题，他们以路途遥远为理由，认为胡亥就近在身边，由他即位不会引起内乱。这与《史记》的记载不同，但却能反映出在汉代可能还存在另外一种声音，那就是秦二世的即位是有其合法性的。这也可与贾谊所说的"岂惟胡亥之性恶哉"形成联想，就是"哀"二世，重点还是在其"失政"罢了。

我们读相如的《哀二世赋》，今存于史传的赋不长，大体内容是：先描写作者侍从武帝往长杨宫观猎，回程时路过宜春苑，观览其景观与气象。作者眼前是道路之漫长，宫室之嵯峨，曲江之回绕，南山之参差，深岩通谷，平皋广衍，众树葱茏，竹林环护，极为壮观。待赋家写到"东驰土山兮，北揭石濑"而"弭节容与"时，隐含地点（宜春苑），却说破献赋主旨"历吊二世"。然后分两层书写：一层写秦二世亡国之因是"持身不谨兮，亡国失执。信谗不寤兮，宗庙灭绝"，并续以"呜呼哀哉"一语以为感叹；二层写眼前墓室荒芜之凄凉景象，所谓"坟墓芜秽而不修""魂无归而不食"等，复结以"呜呼哀哉"四字，可见其"哀"字，为其一篇赋的主旨。相如见衰景而叹"哀"，是怀古之幽思；而作者处盛世而寄"哀"，则显然具有借"古"以讽"今"之义。

在赋中拓开境界的是"临曲江之隑州兮，望南山之参差"，今人注释于"曲江"较为详细，多从《史记》索隐引张揖说："苑中有曲江之象，中有长州，又有宫阁路，谓之曲江，在杜陵西北五里。"而对"南山"的解读，极为简单，或认为泛指"南面之山，非专名"，或认为就是秦岭山脉的"终南山"①。蒋晓光通过细读该赋文本，提出"望南山"的多重内涵：

首先，在政治上提倡"美政"，是"南山"的重要意象。"南山"作为方位词在各地均有出现，以《诗经》为例，《齐风》中"南山崔崔"（《南山》）、《曹风》中"南山朝隮"（《候人》）等，都是指当地的"南山"。但在关中地区，大多则与终南山有关。《秦风·终南》："终南何有？有条有梅。君子至止，锦衣狐裘。颜如渥丹，其君也哉！终南何有？有纪有堂。君子至止，黻衣绣裳。佩玉将将，寿考不亡！"这是歌颂君主的诗，并祝福其长寿。《小雅》中涉及"南山"较多，如：《天保》中"如月之恒，如日之升。如南山之寿，不骞不崩"，《诗序》云"下报上也。君能下下以成其政，臣能归美以报其上焉"；《南山有台》中"南山有台……万寿无期"，《诗序》云"乐得贤也。得贤则能为邦家立太平之基矣"；《斯干》中"秩秩斯干，幽幽南山。如竹苞矣，如松茂矣。兄及弟矣，式相好矣，无相犹矣"，《诗序》云"宣王考室也"；《节南山》中"节彼南山，维石岩岩。赫赫师尹，民具尔瞻"，《诗序》云"家父刺幽王也"；《蓼莪》中"南山烈烈，飘风发发"，《诗序》云"刺幽王也。民人劳苦，孝子不得终养尔"；《信南山》中"信彼南山，维禹甸之。畇畇原隰，曾孙田之"，《诗序》云"刺幽王也。不能修成王之业，疆理天下，以奉禹功，故君子思古焉"。《天保》《南山有台》借"南山"表达长寿的愿望，又反映出君臣、上下协和的关系；《斯干》描绘山水之间有深竹、茂林，歌咏家庭关系的和谐；《节南山》仿佛是说，高耸峻拔的南山，应该成为师尹之类重臣的人格榜样；《蓼莪》两次提到"南山"，实则将之当作了呼救、倾诉的对象；《信南山》追溯历史，将南山之田与大禹联系起来。借"南山"领起美好的政治意象，

---

① 参见金国永校注：《司马相如集校注》，上海古籍出版社1993年版；张连科笺注：《司马相如编年笺注》，辽海出版社2003年版。

无疑指向政治清明的"美政"。顾祖禹《读史方舆纪要》认为"《诗》谓之终南，亦谓之南山"，小注："《秦风》'终南何有'、《小雅》'南山有台'及'节彼南山'之类，皆指终南也。"古人对秦岭、终南山的认识有广义、狭义之分，随着历史的变迁，也有相应的变化，但在秦汉时期，处于长安南面、今秦岭一线可泛称"南山"，是长安以南的重要屏障，具有丰富的政治、文化内涵。

其次，"南山"在精神上的意涵，有追求雄壮崇高之义。相如赋对"望南山"所见之景描绘得极为细致："岩岩深山之窿窿兮，通谷豁兮谽谺"，"窿窿"是深通的样子，"谽"是大开的样子，从以"谷"字旁居多的联边字的使用来看，南山的山谷给作者留下了极深的印象。南山自古以山谷多而著名，清代毛凤枝撰《南山谷口考》称"南山谷口北向者，起潼关，抵宝鸡，凡得一百五十所"，南山北向即朝着长安城那一面，东起潼关，西至宝鸡，有150多个谷口。位于长安正南方者称子午谷，直通汉中的重要通道从这里通过子午道。当代考古研究表明，汉代长安城曾有一条南北向建筑基线，赋作对山谷的关注，是有的放矢。"岩岩"是高峻的样子，"窿窿"是空而深的样子，"通谷豁兮谽谺"表明山谷空旷而无阻挡，给人以雄壮的境界；后文"汩减"是水急流的样子，终南山是长安诸多水系的源头，水自山谷中流出，注入关中平原，因此"汩减噏习以永逝兮，注平皋之广衍"也符合实际的情况，给人以开阔的意象。作者的视角是由远及近，此时逐渐收回视线："观众树之蓊薆兮，览竹林之榛榛。"周遭繁盛的树木与竹林透出勃勃生意，也激发了作者的游兴。自"望南山"之后的六句，都是静态的观望，蕴含着昂扬之气。之后才有"东驰土山兮，北揭石濑"，从静态转入动态，这里的"东"与"北"可能也是泛指，显现出纵横驰骋、出左入右的恣肆意态。但"弭节容与兮，历吊二世"可谓戛然而止，并正色以对。全文是一个从雄壮而进入崇高的过程，在高山、大川的映衬下，人的壮美、崇高之情油然而生，产生肃穆之情，然后在历史的旧迹上发怀古之幽思，复增一层厚重。

再者，在文学史上，围绕"南山"的描写，使这篇赋成为写实性纪行的开端。汉以前以《离骚》为代表的骚体作品，特别擅长写路途、行程，以抒发心情。在汉代，骚体作品的"行旅"多数是以主人公具备"神格"为前提的，如司马相如的《大人赋》、冯衍的《显志赋》、张衡的《思玄赋》等都是如此。即使如扬雄创作《甘泉赋》《河东赋》涉及现实中帝王祭祀天地的行程，也不注重实际的路线，基本按照楚辞模式描写，是给人间帝王赋予了神性。两汉之际刘歆的《遂初赋》、班彪的《北征赋》较为特别。《遂初赋》是作者由河内贬往五原时所写，贯穿整个山西，因此颇多晋国史事，一般将之作为第一篇纪实性的作品。但相较于《北征赋》，《遂初赋》的行程虽然真实、连贯，却仍有"神游"的影子，如开头部分"跖三台而上征兮，入北辰之紫宫。备列宿于钩陈兮，拥太常之枢极"，没有完全摆脱楚辞的影响。稍后出现的《北征赋》则一改前人旧辙，叙写从长安出逃凉州的过程，不仅路线真实、有序，而且在修辞上也平实无华，摈弃了"神游"模式，追溯其源头，相如的《哀二世赋》自起首直至整个行程结束，作为骚体赋创作，开启了实写行旅的先河。①

由相如的《哀二世赋》开辟了以赋文"哀秦"的题材，后继者纷纷。可以说，汉代赋家的"建德"观，以及"大汉继周"的德教传统，多与秦亡教训相关。略举两则赋例：

> 越安定以容与兮，遵长城之漫漫。剧蒙公之疲民兮，为强秦乎筑怨。舍高亥之切忧兮，事蛮狄之辽患。不耀德以绥远，顾厚固而缮藩。身首分而不寤兮，犹数功而辞諐。
>
> （班彪《北征赋》）

> 秦政利觜长距，终得擅场，思专其侈，以莫己若。乃构阿房，起甘泉，结云阁，冠南山。征税尽，人力殚。……驱以就役，唯力是视。百姓弗能忍，是以息肩于大汉而欣戴高祖。
>
> （张衡《东京赋》）

一是征行赋，行路有感而发；一是京都赋，构建帝国所思：二者皆是以"过秦"之暴，"哀秦"之亡，来赞述汉统、汉势与汉德的。

---

① 详见蒋晓光：《汉赋中的秦世书写——读司马相如〈哀二世赋〉》，载《中国文学研究》第三十二辑（2019年11月）。

继汉人之后，这类哀秦赋作绵延未绝，其中描写最出色的是唐人杜牧的《阿房宫赋》。杜赋开篇之"六王毕，四海一，蜀山兀，阿房出"的形容，赋中对"秦爱纷奢，人亦念其家。奈何取之尽锱铢，用之如泥沙"的惩戒，与汉赋之戟指"强秦"并以"阿房"为例，是一脉相承，所不同者是汉赋借以倡汉德以讽颂，杜赋戒唐侈以尊俭德。我们再读杜赋中的描写，如"使负栋之柱，多于南亩之农夫；架梁之椽，多于机上之工女；钉头磷磷，多于在庾之粟粒；瓦缝参差，多于周身之帛缕；直栏横槛，多于九土之城郭；管弦呕哑，多于市人之言语。使天下之人，不敢言而敢怒。独夫之心，日益骄固。戍卒叫，函谷举，楚人一炬，可怜焦土"一段，虽然内容、立意、句式及风格，皆毕肖贾山《至言》中的写法①，但是，这种以"赋"写"秦"事，且以"哀"字表其抒写之情感，显然是与相如赋一脉相承。

　　相如"失官"后复职为郎，所见事迹不多，仅有此一疏（《谏猎疏》）一赋（《哀二世赋》）可能作于这一时段，由中观觇他的人生与思想的转向，是值得关注的。他除了改变此前以宏衍博丽之文铺写帝国壮丽，而为讽世谏行的短章，还有就是他的"称病闲居，不慕官爵"的行为与心态，都与他出使西南时的抱负与做派大相径庭。

　　他的另一篇《美人赋》的写作，又从另一个侧面透露了其人生轨迹和情境。

---

①　详见拙文《〈阿房宫赋〉的立意与拟效》，载《古典文学知识》2020年第4期。

第十章

美人情境

在司马相如今存的赋作中，有篇《美人赋》是很有争议的，这其中又牵涉到卓文君以及司马相如的"病"等问题，并引出后世文人津津乐道的话题。《美人赋》不见于史传，不载于《文选》，初出于唐人欧阳询、徐坚所编类书《艺文类聚》与《初学记》，又见载于相传是唐人旧藏本而完成于宋代的诗文总集《古文苑》。由于《古文苑》载文有些不可靠，所以对《美人赋》的真伪不乏怀疑，有谓齐、梁时伪作。对此，学界也多有考实之论，例如简宗梧《〈美人赋〉辨证》（收录于《汉赋史论》）一文，就从音韵学即用韵方法方面入手考述其为西汉文法，认为并非齐、梁时的伪托之作。这篇赋作所构成的美人情境，以及围绕这一主旨的相关评说，又与相如的经历缠绕在一起，成为后世"相如形象"不可或缺的内容。

一、《美人赋》创作主旨

关于《美人赋》的创作，葛洪《西京杂记》有这么一段文字记载："文君姣好，眉色如望远山，脸际常若芙蓉，肌肤柔滑如脂。十七而寡，为人放诞风流，故悦长卿之才而越礼焉。长卿素有消渴疾，及还成都，悦文君之色，遂以发痼疾。乃作《美人赋》，欲以自刺，而终不能改，卒以此疾致死。文君为诔，传于世。"这段话内涵非常丰富，包括"文君姣好""放诞风流""越礼""患消渴疾""悦文君之色""发痼疾""作赋自刺""以疾致死"以及相如死后"文君为诔"等，始终贯穿着相如与文君故事这一主线，这确实梳理出相如一道重要的人生轨迹。只是就《美人赋》创作主旨而言，说相如因"悦文君之色"而发病，且作《美人赋》以"自刺"，恐为小说家言。但"自刺"也就成为该赋创作的一种说法。

反对"自刺"说的自喻说，则是传统的香草美人说法，相如自喻"美人"，这又与《史记·司马相如列传》中的"未尝肯与公卿国家之事，称病闲居，不慕官爵"的说法契合，即"美人情境"就是"君子情怀"。如此推述，似乎这篇作品成于相如"称病闲居"这个时期。这也就出现了对该赋主旨的各种推论。一种推论是赋文假托相如对"梁孝王"问，以辨明自己"心正于怀"和"秉志不回"的心志，自许超过孔、墨之徒，是坐怀不乱的君子。一种推论是相如"琴挑"文君之后，遭世讥诟，所以写了这篇赋以辩白自己并非沉湎女色而不能自拔的人。又一种推论是相如因被告发受贿而"失官"后，为此游戏之笔，来婉转地讽喻武帝轻信"谗言"，以表可悲可叹之情。或者以上隐喻兼而有之，由于史料无法征信，也就没有确实的结论。

除了"自刺"与"自喻"（或讽喻）说，由于这篇赋在内容、结构方面与《文选》中收录的宋玉《登徒子好色赋》以及《古文苑》中收录的宋玉《讽赋》均有类似之处，所以又有"仿制"说，就是模仿前人赋作的一种书写。这样同类的创作，其实还包括宋玉的《高唐》《神女》二赋，以及在相如之后张衡的《定情赋》、蔡邕的《检逸赋》、陶渊明的《闲情赋》等，构成一种情境传统，蕴含着某种"情"与"礼"的人格呈现。

暂且撇开这篇赋的创作主旨，我们观其文本，也堪称文笔细腻，意趣轻逸，词句妍秀，确实是同类赋作中的佳品。从赋史的意义来看，在抒情赋的发展过程中，这篇赋也是值得一读且具有相当的影响力的。该赋共分两段：

首段假设之词，有些类似"赋序"。开篇一句是"司马相如，美丽闲都，游于梁王，梁王说（悦）之"。《史记》《汉书》相如传中都有"相如……雍容娴雅甚都"的描述，"都"，优美的样子，《诗经·郑风·有女同车》"彼美孟姜，洵美且都"，宋玉《登徒子好色赋》"体貌闲丽"，可见此赋先写相如美貌，是来自史书和前人作品中一般性的称法，只是相如自称，所以被后人认为赋非他自己创作，至少可以说这句开篇语非出于其手笔。继而此赋作采取惯用的对问手法，假托反面人物邹阳潛于梁王："相如美则美矣，然服色容冶，妖丽不忠，将欲媚辞取悦，游王后宫，王不察之乎？"以好"色"而寡"德"立论，潛毁别人，这就引来了王的问词（子好色乎）与相如的回答（臣不好色也），并由王的"子不好色，何若孔墨乎"一语，提起第二段的内容。

第二段假托"相如曰"的内容，是全篇的主构，其书写又分成两个层次：

第一个层次是泛言"好色"与否。例如"古之避色，孔墨之徒，闻齐馈女而遐逝，望朝歌而回车"，这里包括两个典故：一是《史记·孔子世家》记载，鲁定公十四年，孔子在鲁国以大司寇职行相事，齐人闻此恐惧，于是选美女八十人，皆穿文衣（华美的服装）而舞《康乐》，又有文马（毛色有文彩的马）三十驷，鲁国执政者季桓子高兴地接受了，结果三天不听政，孔子非常担忧，所以就离开了鲁国，前往卫国。另一个是《史记·邹阳列传》记录邹阳在狱中上书语：

"故县名胜母而曾子不入，邑号朝歌而墨子回车。"朝歌，殷国旧都，纣王因耽"乐"好"色"而亡国，所以《淮南子·说山训》有"曾子立孝，不过胜母之闾；墨子非乐，不入朝歌之邑"的说法。引这两则典故，重点在相如答问中为自己构设了不好色的形象，并根源于前贤不好色的榜样。此赋接着写诱惑，例如"臣之东邻，有一女子，云发丰艳，蛾眉皓齿，颜盛色茂，景曜光起。恒翘翘而西顾，欲留臣而共止"，更何况自己还是"鳏居独处"之人？这完全是宋玉《登徒子好色赋》中"东家之子……眉如翠羽，肌如白雪；腰如束素，齿如含贝……然此女登墙窥臣三年"的翻版。又如赋中"途出郑、卫，道由桑中，朝发溱、洧，暮宿上宫"，也类似宋玉赋中托语章华大夫的"从容郑、卫、溱、洧之间"，与《诗经》郑、卫风诗传统有关，其中包含了悠久的文化传统。

第二个层次是假设的戏剧性场景的出现，构成"色诱"与"拒色"的交锋，突出了止情于"欲"的道德思想。在这节文字的描写中，赋家所设的"现场"是郑、卫之地的"上宫闲馆"，闲馆的装饰是"芳香芬烈，黼帐高张"，出场的角色是"有女独处，婉然在床。奇葩逸丽，淑质艳光"。接着以这位"女子""设旨酒，进鸣琴"，并由此奏曲导向情节的高潮。一边是男主角（臣）抚琴"为《幽兰》《白雪》之曲"，表示出高雅的情操，一边是女主角歌唱"独处室兮廊无依……敢托身兮长自私"，充斥着露骨的挑逗。结果是两种不谐的情形糅合在一起：一方是"女乃弛其上服，表其亵衣，皓体呈露，弱骨丰肌。时来亲臣，柔滑如脂"，一方是"臣乃脉定于内，心正于怀，信誓旦旦，秉志不回。翻然高举，与彼长辞"。如此不合情理的描写，可见其赋作的不真实性，但是作为一种"模式化"的书写或摹写，以造成"情"与"礼"或"理"与"欲"的冲突，却是非常耐人寻味的。

既然这篇赋缺少"现场"的真实性，那么有关其主旨的推测也均不可靠，但也皆有价值，特别是对相如的人生而言，其"自刺"说却关涉到他所真实面对或真实存在的诸多问题，其中包括"文君"之"美"与"相如"之"病"。

二、文君之“美”

《西京杂记》记述“文君姣好”，说其“眉色如望远山”，说其“脸际常若芙蓉”，又说其“肌肤柔滑如脂”，于是“远山眉”成为文君之美的标志，又成为美女眉色的代称，于是“文君”也成为“美人”的代名词。如宋代诗人周南《卓文君》诗云“芙蓉为脸玉为容，淡拂眉尖远山色”，清代诗人吴省钦《文君井》诗云“回睇远山横，眉痕学妍靓”，皆歌咏其美。其他如明人王世贞谓“卓文君眉色如远山，人效之为远山眉”，亦可见文君面容之姣美以及其影响之久远。

在历代诗人的笔下，无论是以文君比人，还是以文君比花，无不彰显其“美”。有的赞美当时美丽的女子，用文君加以比较，如唐人白居易的《卢侍御小妓乞诗，座上留赠》诗写道“郁金香汗裹歌巾，山石榴花染舞裙。好似文君还对酒，胜于神女不云归。梦中那及觉时见，宋玉荆王应羡君”，用文君比美，还联想到神女与美人诸赋作中的故事。又有用鲜花衬托美人，用美人比喻鲜花，皆引及文君故事。如罗隐的《桃花诗》说“暖触衣襟漠漠香，问梅遮柳不胜芳。数枝艳拂文君酒，半里红欹宋玉墙”，也是以“当垆沽酒”的文君以及宋玉赋中的丽人来比喻艳丽的桃花。相类似的是元稹的《紫踯躅》：“紫踯躅，灭紫拢裙倚山腹。文君新寡乍归来……何处知我颜如玉。”其中所说的“紫踯躅”，指的就是紫杜鹃，将文君与之并美，是诗人的惯例。也有罗列历史上的众美人不遗漏文君的，如罗虬的长诗《比红儿诗》借用历史上的美人，如杨贵妃、王昭君、张丽华、西施、李夫人等来衬托一位名叫“红儿”的美女，其中文君也醒目在列，如云"置向汉宫图画里，入胡应不数昭君……料得相如偷见面，不应琴里挑文君"，虽反语衬托，但也可见相如与文君的人美与事美。也因为相如"琴挑"文君本事足以说明文君之美，所以才有"相如死渴"的传说。

文君之"美"并不限于表面，她还呈现出内在的美，前人将其"美"与"慧"联结起来，使文君的才华与智慧并臻而更令人赞叹、信服。文君的"慧"美，与现存归入卓文君名下的作品有关，分别是诗两首《白头吟》《怨郎诗》，尺牍一篇《诀别书》（又名《与司马相如书》），诔一篇《司马长卿诔》。这四篇作品难以确证来龙去脉，所以都处于传说状态。《白头吟》诗题的出现可追溯到《西京杂记》，内容初见于徐陵编的《玉台新咏》；《诀别书》与《司马长卿诔》今存于晚清的《名媛尺牍》中；而《怨郎诗》更是民间的口传文本。尽管这些作品归于卓文君并没有多高的可信度，但至少在唐代诗人的笔下，已经确认文君是充满智慧的才女。唐人元稹的《寄赠薛涛》云：

> 锦江滑腻蛾眉秀，幻出文君与薛涛。言语巧偷鹦鹉舌，文章分得凤凰毛。纷纷辞客多停笔，个个公卿欲梦刀。别后相思隔烟水，菖蒲花发五云高。

诗中并美蜀地才女卓文君与薛涛，夸赞其才华无与伦比。类似这样的描写，唐人笔下极多，略摘数则诗句如次：

> 不是相如怜赋客，争教容易见文君。
>
> （李群玉《同郑相并歌妓小饮戏赠》）

> 虽然不似王孙女，解爱临邛卖赋郎。
>
> （崔珏《有赠》）

> 稚子只思陶令至，文君不厌马卿贫。
>
> （钱起《郑褚大落第东归》）

文君手里曙霞生，美号仍闻借蜀城。

（郑谷《锦二首》）

芳树文君机上锦，远山孙寿镜中眉。

（罗隐《题袁溪张逸人所居》）

锦江烟水，卓女烧春浓美。

（牛峤《女冠子》）

以上所举诗词句子的意思，或借相如与文君恭维主人的文才，称赞歌妓的识才与爱才；或借以说明识才的眼光源于怜才的爱心；或赞美才华的同时，更钦佩其过人胆识；或以"文君锦"代指美锦，隐喻美人；或以"远山眉"代指闲雅美好的事物；或以"卓女烧春"，借文君指代美酒，喻示美好的生活或愉悦的心境。唐代张何撰《蜀江春日文君濯锦赋》，颂扬文君织锦之巧慧。如赋中描写道：

> 卓氏名姝，相如丽室；织回文之重锦，艳倾国之妖质。鸣梭静夜，促杼春日，布叶宜疏，安花巧密。写庭葵而不欠，拟山鸟而能悉。绩缕嫌迟，颦蛾慕疾。乍离披而成段，或焕烂而成匹。言濯春流，鸣环乃出。……其始入也，疑芳树影落涧中；少将安焉，若晴霞色照潭底。夺五云长风未散，泛百花微雨新洗。

其中文君织锦之形态、工艺、情采及风韵，跃然纸上，而蕴含的则是其锦心巧慧与相如赋心纵横的媲美。

文君之"美"，必有赏美之人，这才有其存在的价值，所以后世赞颂时透露出的又是文君之"幸"，就是幸遇怜美之人，于是对文君的誉词也就成了对相如人生价值观的评说。尽管传说文君后来也遭受几乎被抛弃的命运，因作《白头吟》而遭人同情，但她毕竟与一代赋圣有此情缘，又使这一才子佳人式的婚配，得到更多人的赞述和向往。"鸳鸯"与"凤凰"都是美好婚配的象征,如吉师老的《鸳鸯》诗写道:"江岛蒙蒙烟霭微,绿芜深处刷毛衣。渡头惊起一双去,飞上文君旧锦机。"诗的前三句写实景,末句以"飞上"二句拓开,束以文君锦机,妙想神笔,蕴含天造美意的历史追思。再看史凤的《闭门羹》诗,其中有句"入门独慕相如侣,欲拨瑶琴弹凤凰",以"相如侣"喻示佳偶,其中的"独慕"二字时空感极强,而"凤凰"比拟婚配,更用一"弹"字点透了琴瑟和谐的知音。所以唐代诗人许浑有《赠萧炼师》谓"壶中知日永,掌上畏年侵。莫比班家扇,宁同卓氏琴",因为"卓氏琴"里蕴含了青春的年华,以及相知相亲的美好。

正因文君之"美",才有了传说中的相如耽于她的美色以致得病,为了自警与改正,他写了《美人赋》以"自刺"。这故事本身的可靠性并不高,但相如之病,乃至后因担任"孝文园令"一职,而被后世称之为"文园病",其"病"倒是真实的。可以说,相如之"病"贯通其一生,尤其到他因收"金"而"失官",与后任孝文园令之间"称病闲居"阶段,最为凸显,于是又有《美人赋》的介入,使其"病"具有了丰富的内涵。《美人赋》的书写,或许正居于他人生的得意与失意之间;《美人赋》似乎又暗寓着相如的人生的病、思想的病,乃至社会的病症的象征意义。

三、相如之"病"

将"美人"落实为卓文君，再把《美人赋》的主旨臆测为"自刺"，其缘由在相如患有"消渴疾"（糖尿病）。有关相如"病"，《史记·司马相如列传》有五处记述，其一，"梁孝王来朝，从游说之士齐人邹阳、淮阴枚乘、吴庄忌夫子之徒，相如见而说之，因病免，客游梁"；其二，"临邛令缪为恭敬，日往朝相如。相如初尚见之，后称病，使从者谢吉，吉愈益谨肃"；其三，"长卿谢病不能往，临邛令不敢尝食，自往迎相如"；其四，"其进仕宦，未尝肯与公卿国家之事，称病闲居，不慕官爵"；其五，"相如既病免，家居茂陵。天子曰：'司马相如病甚，可往从悉取其书；若不然，后失之矣。'使所忠往，而相如已死，家无书"。可见"称病""病免"乃至"病死"，"病"成了书写相如人生的常用词，而最后一则"家居茂陵"，指相如"拜为孝文园令"后的经历，因此相如病在后世也就习称"文园病"。如"我惭衰病似文园"（陈镒《次歆友人见寄》）、"我抱文园渴"（边贡《答罗兖州》）、"一自文园移疾后，遂令玄草出人间"（徐中行《哭梁公实》）、"仆抱文园之疾"（张居正《与吴川楼给谏》）等，皆以"文园病"自拟与自嘲。最有意思的是徐珂《清稗类钞》所载洪钧贪恋美色而死的趣事，几乎是《西京杂记》所述的翻版：

> 有傅彩云者，久著艳名，一曰曹梦兰，苏州名妓也。年十三，依姊居沪。吴县洪文卿侍郎钧初得大魁，衔恤归，一见悦之，以重金置为室，待年

于外。祥琴始调，金屋斯启，携至都下，宠以专房。文卿持节使英，万里鲸天，鸳鸯并载……俄而文园消渴，竟天天年。

相如贪"文君"之色而"死"，洪钧贪"彩云"（或"梦兰"）之色而"亡"，况且"祥琴始调"，也是摹写相如"琴挑文君"故事。所不同者在于相如留下了文案，就是《美人赋》。

由于"相如病"事件兼具真实性和传奇性，才使得接受者有了更多诠释和发挥的空间。从文学史上看，它被历代文人引用的次数之多与范围之广相当可观，并且在这个接受过程中，逐渐成为一个耳熟能详又多义生动的典故。据刘泽对相关材料的搜集、整理与分析[①]，"相如病"典故被征引之盛，可以与同样备受关注的相如文君故事相媲美，而其所涉及的体裁种类之多、参与的题材描述之富，远远胜于后者。"相如病"的触角已延伸到不同主题的作品中：

其一，在描述自己身体状态、卧病度日的时候，人们乐于借用相如的"病"。用作典故最接近于《史记》中"常有消渴疾"典源的意义，或确指消渴疾，或代指任意一种消磨人意志的疾病。如邓士亮《心月轩稿》卷十四写生病体会："文园对卷，病魔时侵，睡卧多于行坐，苦矣。大要善病之人，亟宜修心。盖病有风寒雨暑之不调而致者，此外感者；也有作孽暴恶多端而受报者，此自心造者。"又如陈镒在《次韵友人见寄》中说"我惭衰病似文园"，借用相如病的典故表示自己病态。

其二，表达怀才不遇或者退隐志向时，相如病成为借用对象。如边贡的《答罗兖州》说："我抱文园渴，君淹曲阜城。中年俱抱屈，异地各悬情。永夜孤蟾色，新秋旅雁声。况闻吴楚变，汉帝且南征。"落拓而又郁闷的心境，油然而生。又如刘炳在《丁卯立春日简蔡宗文昆季》中流露的是"文园多病归田早，鬓影东风看野梅"的闲适隐退心情。

其三，在酬酢赠答和吊挽碑铭一类作品中，品评名士、褒扬文才、惋惜孱弱甚至早夭陨殁，"文园病"也是一种表达手法。如宋犖《寄张仲容》说："风流

---

① 详参刘泽硕士论文《司马相如本事研究》，南京大学2013年铅印本。

多病汉文园，玉树森森瘦可怜。梦里若逢徐福问，仙家何药得长年。"根据作者自注"仲容素苦吟清癯，别时又病作"，可知是述说他对朋友的身体健康的关切之情。再如徐中行的《哭梁公实》的"潇潇风色暗燕关，易水东流不复还。一自文园移疾后，遂令玄草出人间"，则是用在哀悼的场合。

其四，"相如病"常被引用到作品中表达对男女情爱的痴迷。如程正萃的《饮石林寓石林有琴挑之兴不成故谑之》"金银花老雨中孤，云暗城空听鹧鸪。病渴谁人怜狗盐，骕骦徒赁酒家胡"，就属于这一主题。

其五，在赞誉饮食的创作中，"相如病"是讨巧的利途：司马相如吃了某种蔬果、酒、茶、泉等甘润的吃食后，足以解渴甚至医愈顽疾。这在陈景沂《全芳备祖》中有大量的出现，如龙眼、石榴、葡萄、芜菁、茶。[①]

其六，常言"秀色可餐"，部分描绘山水花草的作品利用"文园之渴"来表达对青翠欲滴、沁人心脾景色的称扬。如许有壬赞美塘上春草和青山，都会请长卿助阵："绕树笑文园，何由更言渴"（《记塘上草木二十四首》），"胜游三日约，陈迹五年余。不待秋风起，文园病已苏"（《游青山十首》）。再如赵蕃在《对梅有作》中引用典故咏梅："酒恶思茶更炷香，不如梅蕊嚼冰霜。文园病渴知如此，未遽骑鲸返帝乡。"

其七，消暑的器物描写也善于借司马相如这位消渴疾患者制造声势，比如棕扇、翠屏之类。最为人们熟知的是竹夫人，林璧创作《咏竹夫人》便以文园之病突出它的功效："湘水为神玉作肌，文园病客镇相随。"

从以上几个方面来看，"相如病"蕴含的意义已远远超出《史记·司马相如列传》中的本义。"相如病"有时是文人学士卧病的雅称，有时是怀才不遇甚至是遁世隐逸的暗示，有时是对才富命薄的叹惋，有时又被用作痴迷情爱的隐喻。同时，相如之"病"在后世的传播过程中，又形成了极大的张力，例如：相如原型的魅力，造就了趣味与名气；相如与文君故事的典型特性，有着某种含蓄中的造势。此外，士人的信仰，蕴含了宗汉（帝国）与崇圣（赋圣）的审美观，人们的偷窥心理带来的对隐私探寻的好奇，以及文人气质惯有的风流与忧郁，都是

---

① 详见陈景沂：《全芳备祖前集》，见《文渊阁四库全书》本第936册，（台北）商务印书馆1985年版。

"相如病"为人耳熟能详且津津乐道的原因。

值得注意的是，文人的忧郁又分为两种，一是处庙堂之高、江湖之远都不会忘怀的忧国忧时，一是"不才明主弃，多病故人疏"（孟浩然《岁暮归南山》）的忧身自怜，这二者往往同时出现。比如司马相如是有心为君王排忧解难的臣子，出使西南夷，且创作了《难蜀父老》《喻巴蜀檄》《封禅书》等作品，均可见其忧时忧民的忠心。可是汉武帝从未委以"公卿国家之事"，相如一番苦心得不到认可，其称病中显然潜藏着才能不得伸展的忧虑和自怜。与之相类似，明代宰相张居正在《与吴川楼给谏》中叙述自己和朋友经历时说："仆忝在桑梓，与门下投分不浅。后仆抱文园之疾，公亦被曾参之疑，羽翼既乖，遂成疏逖。去春都门一会，会便成别离合，一移感慨随之矣。"他曾以《论时政疏》奉上了他对当朝的政治改革主张，却未能引起明世宗和严嵩的重视，于是在嘉靖二十九年（1550年）请辞离开京师回到故乡。他在宣泄怀才不遇的忧郁与愤懑时，"相如病"便自然成为既典雅有趣又隐晦便捷的表达心情与境遇的选择。

回到《美人赋》与相如"病"，从其赋的开头"司马相如，美丽闲都"到"臣弃而不许"，主要是相如对梁王辩解自己"不好色"，并以东邻之女"望臣三年""臣弃而不许"事情加以说明；后面一段从"命驾东来，途出郑、卫"到赋末，是通过主人公在"上宫闲馆"经历"美人"挑逗而坚拒的叙述，得出"不好色"的结论。仅此，就有两点与《西京杂记》所述其患"消渴疾"及作赋"自刺"不符：一是该赋书写"客游梁"之事，故有答"梁王问"，而相如"琴挑文君"史事在"梁孝王卒，相如归，而家贫，无以自业"之后。二是全赋写"不好色"，与好色"自刺"内涵不符。当然，赋家可以假托为词，交错时空，以致有戴仲纶之惊呼"长卿长卿，据尔所言，鲁男子不酋也。其在卓氏前邪，后邪？由前则行不掩言，由后则言不顾行"（邓伯羔《艺彀》卷上），如果我们勘进于赋旨，则当有另一番解读。

四、神女、美人：摹写赋系探寻

中国文学的早期特征主要有两点：抒情与修辞。诗主抒情而及辞，赋重修辞而兼情，其体现于公元前的文学，就是由诗歌到辞赋的创作历史。同样，体现早期文学的功能也有两点：教化与娱乐。这既是诗赋文学创作精神的主要构成，也是二者在相互冲突交融中发展的思想命题。如果从抒情与教化、修辞与娱乐的关系来考察诗赋文学的起源，又与殷、周巫史文化渊系很深，其中包括原始宗教祭祝的遗存，构成某种制约与呈现。①我们追溯司马相如《美人赋》的思想传统，其中正蕴含着由原始祭祝到情礼教化的变迁，即从《诗经》的郑、卫风诗到神女、美人赋作的衍展。

为了说明相如赋的传承与寄托，还是引录《美人赋》中最重要的一段描写：

> 途出郑、卫，道由桑中，朝发溱、洧，暮宿上宫。……臣排其户而造其室，芳香芬烈，黼帐高张。有女独处，婉然在床，奇葩逸丽，淑质艳光。睹臣迁延，微笑而言曰……玉钗挂臣冠，罗袖拂臣衣……于是寝具既设……女乃弛其上服，表其亵衣，皓体呈露，弱骨丰肌。时来亲臣，柔滑如脂。臣乃脉定于内，心正于怀。信誓旦旦，秉志不回；翻然高举，与彼长辞。

---

① 对此，可参见拙文《祭歌与乐教——公元前诗赋文学之批评与"礼"的关系考论》，载《古代文学理论研究》第二十五辑，华东师范大学出版社2008年1月版。

这是假托赋者对"梁王问"的话语，所叙自投"艳网"，又"高举""长辞"，这种既非人性，又不合逻辑的自述之词，实则是对前人诗赋创作的摹写与夸饰而已。

如果追溯此赋渊承，前人多谓取法宋玉《讽赋》与《登徒子好色赋》，论其"好色"旨意，其创作更近于后者。如前所示，宋玉赋中自谓"体貌闲丽"及叙写"东家之子""登墙窥臣三年"的模式完全为《美人赋》取法，特别是《美人赋》中的重点描写，其书写思想及方式也完全等同《登徒子好色赋》中"章华大夫"的言说：

> 臣少曾远游……从容郑、卫、溱、洧之间。是时向春之末，迎夏之阳，仓庚喈喈，群女出桑，此郊之妹。华色含光，体美容冶，不待饰装。臣观其丽者……于是处子恍若有望而不来，忽若有来而不见。意密体疏，俯仰异观；含喜微笑，窃视流眄。复称诗曰……目欲其颜，心顾其义，扬《诗》守礼，终不过差，故足称也。

比较而言，《美人赋》面临色诱写得更暴露些，然其所述男女遇合的发生地"桑中"与"上宫"源自《诗经·桑中》"期我乎桑中，要我乎上宫"，与《登徒子好色赋》的"郑卫溱洧"属同一区域。而"桑中""溱洧"诗的含义，《毛诗序》一谓"刺奔"，一谓"刺乱"，皆与以"郑风"为代表的情诗相关。值得说明的是，《诗》三百篇中，风诗言情，最为突出，而在风诗之中，抒写男女情爱最突出，并且受到道德家礼教思想最严厉干预的就是"郑、卫之声"。比如《郑风·溱洧》与《卫风·氓》，虽然汉代儒生对这些诗进行史学化的分析和礼教化的认知，但诗中记述了一对青年男女的戏谑情形和私定终身的行为，是非常明显的，所以被朱熹《诗集传》视为"淫诗"，并且作比较认为，其中"女悦男"（女子追求男子）的《郑风》尤其明显。我们看两则诗例：

> 彼狡童兮，不与我言兮。维子之故，使我不能餐兮。
>
> （《狡童》）

子惠思我，褰裳涉溱。子不我思，岂无他人？狂童之狂也且！

（《褰裳》）

一则埋怨男子使自己寝食不安，一则胁诱男子小心后悔，这类诗作的描写，无不是女子发出求爱的信息或对情爱的祈祝，反映了那种"奔者不禁"的原始宗教遗存，也显示了某种原始、泼辣与大胆。所谓原始宗教遗存，就是《周礼·地官·媒氏》所载"仲春之月，令会男女，于是时也，奔者不禁"，以及《礼记·月令》记述的"仲春之月……玄鸟至。至之日，以太牢祠于高禖。天子亲往，后妃帅九嫔御。乃礼天子所御，带以弓韣，授以弓矢，于高禖之前"。因祭祀禖神，故"奔者不禁"，郑风反映了这一古老的风俗。我们再看《郑风·风雨》三章：

风雨凄凄，鸡鸣喈喈。既见君子，云胡不夷？
风雨潇潇，鸡鸣胶胶。既见君子，云胡不瘳？
风雨如晦，鸡鸣不已。既见君子，云胡不喜？

《毛诗序》解释是"乱世则思君子，不改其度"，历代气节之士处"风雨如晦"境地，多以"鸡鸣不已"自勉，取的是这种解意。对此诗，朱熹《诗集传》注："淫奔之女，言当此之时，见其所期之人而心悦也。"这种以"淫诗"为"情诗"，有一定道理，但却忽略了诗中蕴含的原始宗教的祈祝性质。解读这首诗，要关注"风雨"二字的原始意义。古文"朋""凤""风"为同一字，《尚书·益稷》说丹朱"朋淫于家"，就是风淫于家。而"雨"字，也是男女情爱的象征词，如风雨、云雨等等。如果追溯"风雨"（即写云雨之事的情诗）的原始宗教求雨内涵，将古代传说的商汤祝祷于"桑林"以"求雨"和被视为"桑间濮上之音"的郑、卫风诗以及楚赋中高唐神女之"云梦"及"云雨"情事串连起来，就可知晓相如《美人赋》书写的渊源了。这就需要还原现场，在这类诗赋中无不指向"溱洧"，更具体的是《诗经·桑中》所谓"期我乎桑中，要我乎上宫"（相如赋"暮宿上宫"），这也被后世学者称为"桑园"文学（即发生在桑树林间的故事，或采桑女的故事）。

有关"桑园"文学传统，有三篇考述的文字值得注意：一是清人惠士奇《惠氏春秋说》卷八引述《墨子》说阐释云："盖燕祖齐社，国之男女皆聚族而往观，与楚、宋之云梦、桑林同为一时之盛，犹郑之三月上巳，士与女合，会于溱洧之濒观社者，志不在社也，志在女而已。""志在女"说，意味深远。二是近人陈梦家《高禖郊社祖庙通考》依据《周礼·地官·媒氏》"仲春之月，令会男女，于是时也，奔者不禁"、《礼记·月令》"仲春之月""祠于高禖"的记述，论证祭祀禖神以及与"祈雨"求嗣的关系。三是法国汉学家桀溺在《牧女与蚕娘》一文中梳理了从郑、卫"桑间"之词到汉乐府古辞《艳歌罗敷行》以及晋、唐以来的众多拟作，得出桑园文学主题有"两种形式，即自发产生于春祭活动中的情歌和道德裁判家的谴责，可以说是这一主题发展的两个极端"的结论[1]。由此我们再看从《诗》之"郑风"到宋玉《高唐》与《神女》两赋"云梦"情事及人神遇合的描写，就像《墨子·明鬼》所讲的"燕之有祖，当齐之有社稷，宋之有桑林，楚之有云梦也"。近代学者闻一多专门写了篇《高唐神女传统之分析》的文章，考证出"云梦"就是楚国的祭祀生育女神的圣地。我们看《高唐赋》的叙说：

> 昔者先王尝游高唐，怠而昼寝，梦见一妇人曰："妾，巫山之女也。为高唐之客。闻君游高唐，愿荐枕席。"王因幸之。

再看《神女赋》的描写：

> 时容与以微动兮，志未可乎得原。意似近而既远兮，若将来而复旋。褰余幬而请御兮，愿尽心之惓惓。怀贞亮之洁清兮，卒与我兮相难。陈嘉辞而云对兮，吐芬芳其若兰。精交接以来往兮，心凯康以乐欢。

---

① 钱林森编：《牧女与蚕娘》，上海古籍出版社1990年版，第187页。

可见这些赋章传承的是"郑卫"中"志在女"之幽情，所显示的是"奔者不禁"的原欲，而这些原欲在以孔子为代表之道德家批评"郑声淫"、倡导"思无邪"的礼教精神之后，便将直露的描写转化为"人神交欢"，或精思相接。到《登徒子好色赋》中"章华大夫"一段言说，其中交织的"情"与"礼"的冲突，构成了后世仿效"春祭"遗俗之作品的内在矛盾，形成某种欲说还休，或戛然而止的写作特征。相如《美人赋》的"女"之情态与"臣"之高举，既荒悖，又滑稽，但却合理地表现了"两个极端"的有机统一。所以在该赋之前，有"高唐""好色"诸赋，之后诚如王楙《野客丛书》卷十六所列"蔡邕又拟之为《协和赋》、曹植为《静思赋》、陈琳为《止欲赋》、王粲为《闲邪赋》、应场为《正情赋》、张华为《永怀赋》、江淹为《丽色赋》、沈约为《丽人赋》，转转规仿"，加之张衡《定情赋》、蔡邕《检逸赋》与陶潜《闲情赋》之同类作品，写作宗旨无非是"荡以思虑，而终归闲正"（《闲情赋序》）。

　　试想那遥远的情爱，如何发展成对原欲的抗拒，《美人赋》作为桑园文学传统中的一篇（或一发展阶段），乃模拟之文，非新创之篇，固然与耽色"自刺"说不伦类，然其中是否确有"病"症？《西京杂记》记述该赋是相如"自刺"，还说相如"刺"而未休，耽于"艳色"以致于死，这只是身"病"。于是又有"文君为诔"的说法。署名卓文君的《司马相如诔》，初见于明人梅鼎祚编的《西汉文纪》，作者难为信谳，诔文中写的"忆昔初好兮，雍容孔都；怜才仰德兮，琴心自娱；永托为妃兮，不耻当炉；生平浅促兮，命也难扶"，文字又杂取于《史记》本传及《玉台新咏》中的《琴歌》，然其中"雍容孔都"与"怜才仰德"两句，或可折射出《美人赋》中的"文园病"另一端，就是"心病"。考察前引《史记》本传所述相如五次"病"例，关乎人生行为和情感者主要有两次，一次是"因病免，客游梁"，导源其因，在相如不满意当时的工作，即传记中所说的"事孝景帝，为武骑常侍，非其好也。会景帝不好辞赋"，这是相如一生的心病，或谓"士不遇"情怀，也是古代文人的通病。如果说体现于《美人赋》中，则如其间"女乃歌曰"所唱的歌词："独处室兮廓无依，思佳人兮情伤悲。有美人兮来何迟？日既暮兮华色衰，敢托身兮长自私。"这种怀才不遇的心病，在相如"失官"，以及后被委派做"孝文园令"，尤为明显，他的《大人赋》与

《长门赋》中，也无不包含了这种心态的书写与隐喻。另一次是"称病闲居，不慕官爵"，其"病"在有良知的文士不能与俗浮沉的幽兰白雪的情怀，以及与世道龃龉的悲凉，这是汉赋家对屈原辞赋中"宁昂昂若千里之驹""宁与骐骥亢轭""宁与黄鹄比翼"而不"与鸡鹜争食"（《卜居》）之精神的传递，在《美人赋》中则体现于对相如"美丽闲都"的形容，与赋者"鳏处独居""莫与为娱"的自怜或自诩，所谓"韩囚而马轻"（《文心雕龙·知音》），堪称其"自洁"与"不遇"的一体化的写照。

从《美人赋》说美人情境，倘若着相于"好色"，则如吴子良所说"宋玉《讽赋》……大略与《登徒子好色赋》相类，然二赋盖设辞以讽楚王耳。司马相如拟《讽赋》而作《美人赋》，亦谓臣不好色，则人知其为诬也"（《荆溪林下偶谈》卷三），若不限于"好色"与否，又如诸论家将此赋归于宋玉《讽赋》旨趣，而另有深意在。近人金秬香认为："是赋首言臣非好色之徒，及慕义东来之故；中乃用宋玉《讽赋》之意，抚《幽兰》《白雪》之曲，摹玉床横陈之词，其词丽以淫；末言'臣乃气服于内……'，谐戏中又说得极庄雅。……太史公《相如传赞》曰：'相如虽多虚词滥说，然其要归引之节俭，此与《诗》之风谏何异！'旨哉斯言。"[1]如此评说，也是一种合理的解读。只是赋中寄"讽"，为何要以男女为喻，或许人云"万恶淫为首"（《增广贤文》），抑或孔子所言"吾未闻好德如好色"（《论语·子罕》）吧。当然，"桑园"文学的摹写所形成的传统力量并导致的赋文模式化，也算是赋坛一"病"，不过这类赋在情色与乐教之间所渗透的作者怀抱，却能溢射出相如人生的真义。

---

[1] 详见金秬香：《汉代词赋之发达》，山西人民出版社2014年版，第九章《汉代词赋之种类·抒情类》。

相如自从两度出使西南回京后，命运多舛，人生颇有起伏，先是"失官"，病中闲居，后复召为郎，上《谏猎疏》，进《哀二世赋》，似乎并没起到什么影响。而在"病"与"仕"之间，他度过了一段郁郁寡欢的日子，人生终于等来了又一次短暂的辉煌。据《史记》本传的记述，是"相如拜为孝文园令"。"拜"字表示敬意，汉代任命官员称拜或除（拜除），拜含敬意，一般属初任，相如拜为孝文园令，既是初任，也表示有擢升的意义。所谓"园令"，是"陵园令"的简称，而"文园令"就是掌守护汉文帝陵园的官，负责案行扫除。据《后汉书·百官志二》记载："先帝陵，每陵园令各一人，六百石。"汉文帝刘恒死后安葬的地方称作霸陵（今西安灞桥区毛窑院村旁边的山上），也作"灞陵"，因靠近灞河而得名。陵园所在地的周边因山势水流有凤凰展翅的形势，霸陵正好在凤凰嘴边位置，因此也称凤凰嘴。霸陵在历史上开创了皇帝陵墓依山而建不起陵穴的先例，对后代皇帝寝墓影响深远。在霸陵附近，还有两座皇家坟墓，一是文帝母亲薄太后墓，一是他的妻子窦皇后墓。相如为文园令，秩禄六百石，与他第二次出使西南时领衔"中郎将"相等，但与其长期伴随皇帝身边做一个无职无位的"郎"官相较，毕竟算是一位独当一职的朝廷命官了。可是寂寞的陵园令工作确实无聊，这也成为相如一生中最后一任官职，后世尝以此职冠名相如的文集，即《司马文园集》。而在这段乏善可陈的日子里，相如仅有一件事使他再次震"惊"武帝，轰动朝野，那就是他所上的被后世称誉为"凌云之笔"的《大人赋》。

第十一章

凌云之笔

一、三"惊"汉主的《大人赋》

在西汉赋史上，相如和扬雄并称"扬马"，相如赋以"凌云"而闻名，扬雄赋以"吐凤"踵武。据《西京杂记》，有"雄著《太玄经》，梦吐凤凰，集《玄》之上"，到萧绎的《金楼子》则谓"扬雄作《甘泉赋》，梦吐白凤"，于是扬雄《甘泉赋》的"吐凤"与相如的《大人赋》的"凌云"，有了合璧之美。考察可知，司马相如《大人赋》被称为"凌云"赋，是由汉武帝对这篇赋的接受而得来的。相如拜文园令后，因武帝对其过去献赋的美事的追忆，而引出相如的新赋创作。因为无论武帝如何重视相如，包括他出使西南的功绩，最突出的还是对他文笔的爱慕。有关《大人赋》的创作，《西京杂记》卷三的记述是："相如将献赋，未知何为。梦一黄衣翁谓之曰：'可为《大人赋》。'遂作《大人赋》，言神仙之事以献之。赐锦四匹。"这则记述颇具神话色彩。而据《史记》本传的记述是：

> 天子既美子虚之事，相如见上好仙道，因曰："上林之事未足美也，尚有靡者。臣尝为《大人赋》，未就，请具而奏之。"相如以为列仙之传居山泽间，形容甚癯，此非帝王之仙意也，乃遂就《大人赋》。

这简短的几句记录，内涵却十分丰富：首先是天子"美子虚之事"，是君臣文缘的最初记忆，而相如的回答是"上林之事未足美也"，而以"尚有靡者"

自称其将献《大人赋》，这就将《子虚赋》《上林赋》与《大人赋》串连起来，而这三篇作品，便成就了相如三惊汉主的壮举。苏东坡《梦作司马相如求画赞并序》的赞语说："长卿有意，慕蔺之勇。言还故乡，闾里是耸。景星凤凰，以见为宠。煌煌三赋，可使赵重。"历述相如人生得意之事，而以"煌煌三赋"收束，以张扬其义。其次是相如献此赋之缘由，是"见上好仙道"，指的是汉武帝刘彻当时迷恋于方士的求仙术而不能自拔，故以此赋为"讽"，而其讽劝之法，就是赋中以为"列仙之传"居山泽之间（仙界居民）①，故描写成"形容甚臞"（臞，瘦的意思），这与刘彻堂皇的帝王气象不相匹配，这也与他曾献之"天子游猎之赋"的"体国经野，义尚光大"（刘勰语）的态势不侔，可见是另一番书写的意思。再者是相如自谓"臣尝为"，证明在献赋武帝之前就有成稿（至少是草稿），只因武帝又关心他的赋作，且此赋恰适合于讽劝"好仙道"，所以"请具而奏之"，于是"遂就"即完成全稿，或撰就新稿，献上这篇《大人赋》给武帝。而相如将赋献上后，赢得的阅读效果是"天子大说（悦），飘飘有凌云之气，似游天地之间意"。②真是"欲讽反谀"，武帝何以读此赋后会有周游天地间生飘飘然而凌云的感觉，这又当落实到相如《大人赋》的文本。

首先是该赋题义，或有歧义。据《周易·乾卦》："九二，见龙在田，利见大人。"又曰："九五，飞龙在天，利见大人。"后人疏语则谓："九二有人君之德，所以称大人也。"又释云："若圣人有龙德，飞腾而居天位，德备天下，为万物所瞻睹，故天下利见此居王位之大人。"《史记索隐》引张揖注也说："喻天子。"《大人赋》的"大人"本于此，指有君位的大人，所以关注的当是"德备天下，为万物所瞻睹"，以讽喻武帝，这与《史记》所载有相契合的地方。然而，从另一视角来看，相如起初为此赋或并非为讽喻武帝所作，因为"臣尝为"指已有稿本，"乃遂就"是后来完成的，既然初稿并不是针对武帝的，以

---

① "列仙之传"，《汉书·司马相如传》作"列仙之儒"。颜师古注："儒，柔也，术士之称也，凡有道术皆为儒。今流俗书本作传字，非也，后人所改耳。"司马贞《史记索隐》则认为："传者，谓相如以列仙居山泽间，音持全反，小颜及刘氏并作'儒'。儒，柔也，术士之称，非。"

② 《史记·司马相如列传》中，一则说"乃遂就《大人赋》"，一则又说"相如既奏大人之颂"，按：汉代赋与颂经常互称，如王褒的《洞箫赋》又称《洞箫颂》，刘歆的《甘泉颂》亦称《甘泉赋》。

"大人"指人君即武帝也就让人疑虑。万光治《司马相如〈大人赋〉献疑》一文[①]，引述《孟子·告子上》"从其大体为大人"、《史记·高祖本纪》刘邦语"始大人常以臣无赖"等不同称谓，认为西汉以前称帝王为"帝""王""天子"，称国君为"大王"等，没有以"大人"称帝王的，称谓帝王始于晋唐时期，如陆机《演连珠》之三"大人基命，不擢才于后土"，《新唐书·陈子昂传》"凡大人初制天下，必有凶乱叛逆之人为我驱除，以明天诛"等。正根据这一点，其结论是"大人"应是指"得道之人"。

由"题义"又延伸到"赋旨"，自《史记》本传记述相如以为"此非帝王之仙意"，奠定了赋讽武帝"好仙道"的基调。继此，汉人多据此以立论，如《汉书·扬雄传》记述：

> 雄以为赋者，将以风（讽）也，必推类而言，极丽靡之辞，闳侈巨衍，竞于使人不能加也。既乃归之于正，然览者已过矣。往时武帝好神仙，相如上《大人赋》，欲以风，帝反飘飘有凌云之志。由是言之，赋劝而不止，明矣。

此明《大人赋》主旨在"讽"。值得注意的是，扬雄以"赋"为"讽"，结果是赋劝不止，导致他悔赋而"辍不复为"，其"讽"的赋作专指《大人赋》，并不兼涉相如早期的《上林赋》诸作，这里面实际反映了相如赋风的转移与赋风的变化。继扬雄之后，王充的《论衡·谴告》认为：

> 孝武皇帝好仙，司马长卿献《大人赋》，上乃仙仙有凌云之气。孝成皇帝好广宫室，扬子云上《甘泉颂》，妙称神怪，若曰非人力所能为，鬼神力乃可成。皇帝不觉，为之不止。长卿之赋，如言仙无实效，子云之颂言奢有害。

①　万光治《司马相如〈大人赋〉献疑》，文载邓郁章编《司马相如与巴蜀文化研究论文集》。

这又将长卿与子云并称，虽斥责其"无实效"与"有害"，但却能反证他对《大人赋》赋旨之"讽"的肯定与确认。虽然对这类说法质疑者也多，但这一赋旨却是后世评说的主流思想。

除了"题义"与"赋旨"，这篇作品引发的争议还有一个"拟效"问题，这就是《大人赋》与《楚辞·远游》的关系。综合前人的见解，《大人赋》与《远游》存在三种关系：一是《远游》为屈原所作，相如《大人赋》模仿《远游》而成；二是早于相如的佚名作家作《远游》，《大人赋》是模仿《远游》而作；三是《大人赋》早于《远游》产生，《远游》非屈原所作，而是模仿或改写《大人赋》而成的。由于《远游》收于《楚辞》中，自东汉王逸在《楚辞章句》中明确提出"《远游》者，屈原之所作也"的观点，后世多认为《大人赋》拟效《远游》，如宋人龚颐正说"司马长卿《大人赋》全用屈平《远游》中语"，清人姚鼐说"此赋（《大人赋》）多取于《远游》"，刘熙载说"长卿《大人赋》于屈子《远游》，未免落拟效之迹"。可是自清代胡濬源、吴汝纶等人，就开始质疑屈原作《远游》，尤其是对《汉书·艺文志》"屈原赋二十五篇"具体篇目的考证进入现代的学术视野，质疑屈原作《远游》者甚多，例如胡小石的《〈远游〉疏证》认为："今细校此篇十之五、六皆离合《离骚》文句而成（《九章·惜诵》亦类此）。其余则或采之《九歌》《天问》《九章》《大人赋》《七谏》《哀时命》《山海经》及老、庄、淮南诸书。又其词旨恢诡，多涉神仙。（《九辩》末'愿赐不肖之躯而别离兮'一节，亦颇相类，惟彼文结语曰'赖皇天之厚德兮，还及君之无恙'，则与超无为邻太初者异趣矣。）疑伪托当出汉武之世。"刘永济《屈赋通笺·叙论》中的《屈子学术第三》也认为"惟《远游》一篇，有道家高举之意，不类屈子之言。且全文因袭骚辞文句，至三之一。其为后人所作，殆无可疑"。当然，也有很多人为屈原作《远游》辩护的，比如姜亮夫就认为《远游》"盖涉三事：思想则杂道与阴阳，趣向则近神仙隐逸，指陈则备天文。夫三事者，正屈子本之世习，染之时好者也"。当然，有一点要说明，相如对《楚辞》是非常熟悉的，据《汉书·淮南衡山济北王传》载淮南王刘安事："（武帝）每为报书及赐，常召司马相如等视草乃遣。初，安入朝，献所作《内篇》，新出，上爱秘之。使为《离骚传》，旦受诏，日食时上。……每宴见，谈说得失及方技赋颂，昏莫然后罢。"可知刘安上《离骚传》，相如当时正是武帝身边近侍，参与其事，这也合乎情理。所以无论《大人赋》与《远游》关系如何，其中描写神游不乏对《楚辞》的拟效，应该是显而易见的。

问题是相如赋为何要描绘"仙道"，欲"讽"则又如扬雄说的"览者已过"，指武帝看后并不注意赋"旨"，而仅沉迷于赋"文"，继续着他的"仙道"神游。所以作为一篇独立的作品，其是否拟效《远游》或其他并不重要，重要的是献赋对象读后的感受，何以"凌云"？据姚鼐《古文辞类纂》选录《大人赋》且比较《远游》时评说："《远游》先访求中国仙人之居，乃上至天帝之宫，下又周览天地之间，自于微闾以下，分东、西、南、北四段。此赋自'横厉飞泉以正东'以下，分东、南、西、北四段，而求仙人之居，意即载其间。"①这是根据赋中描写的方位来分段，说明古人写游仙是注意天界秩序的。而笔者觉得这篇赋对武帝最大的吸引力或许不在游行路线，而更在于刘勰《文心雕龙·风骨》所说的"相如赋仙，气号凌云，蔚为辞宗，乃其风力遒也"。"风力遒"，应该使该赋的鉴赏力也达到了极致。

赋的开篇是"世有大人兮，在于中州"，"中州"即"中国"，赋家所描写的这位中国之"大人"一出场就非同凡响，所谓"宅弥万里""轻举而远游""乘绛幡之素蜺兮，载云气而上浮"，其词雄壮，其意洋溢。而具体的出游之状，又多借用喻词以骋势，如：

> 建格泽之长竿兮，总光耀之采旄。垂旬始以为幓兮，抴彗星而为髾。掉指桥以偃寋兮，又猗旎以招摇。揽欃枪以为旌兮，靡屈虹以为绸。红杳渺以眩湣兮，猋风涌而云浮。驾应龙象舆之蠖略逶丽兮，骖赤螭青虬之蚴蟉蜿蜒。低卬夭蟜据以骄骜兮，诎折隆穷蠼以连卷。

"大人"离开世俗的宫馆，驾应龙象舆，骖赤螭青虬，以星辰为旌幡，以屈虹为修饰，背负云气，轻举远游，开启了浮游东南西北天地间的旅程。在游行过

----

① 姚鼐选纂：《古文辞类纂》，中国书店1986年版，第1182页。

程中，天际间诸象纷至沓来：或"部乘众神于瑶光"，或"反太一而从陵阳"，或"左玄冥而右含雷兮，前陆离而后潏湟"，或"祝融惊而跸御兮，清雾气而后行"，天际星辰，传说神仙，尽辐凑于作者视域，而其中以神物拟状凡事，以长句转折而曲通其意，这在相如赋作中也是十分突出的。

这篇赋描写仙界的高潮在由西到北的方位游历。先看西游一段的描写：

> 西望昆仑之轧沕洸忽兮，直径驰乎三危。排阊阖而入帝宫兮，载玉女而与之归。登阆风而遥集兮，亢乌腾而一止。低回阴山翔以纡曲兮，吾乃今目睹西王母曤然白首。戴胜而穴处兮，亦幸有三足乌为之使。必长生若此而不死兮，虽济万世不足以喜。

这段西游昆仑之墟的书写，与屈原《离骚》中的神游相似，但该赋最突出的是直接描写了昆仑大神"西王母"。根据相关研究成果，《大人赋》对于武帝与西王母故事的形成发挥了重要的作用。也就是说，《史记》中所载《大人赋》是关于西王母的较早的描写，也是目前所知汉代文学作品最早彰显这一神灵形象的记录。[①]从神话学的意义来看，有关"西王母""戴胜""穴处"及"三足乌"等形象及词汇，在《山海经》中有三处明确的记述，如：《西山经》"曰玉山，是西王母所居也。西王母其状如人，豹尾虎齿而善啸，蓬发戴胜"；《海内北经》"西王母梯几而戴胜杖，其南有三青鸟，为西王母取食"；《大荒西经》"西海之南，流沙之滨，赤水之后，黑水之前，有大山，名曰昆仑之丘。有神，人面虎身，有文有尾，皆白，处之。其下有弱水之渊环之，其外有炎火之山，投物辄然。有人，戴胜，虎齿，有豹尾，穴处，名曰西王母"。相较而言，《大人赋》中"西王母"的形象是"曤然白首，戴胜而穴处兮，亦幸有三足乌为之使"，其与《大荒西经》的记载最为接近，或者说其拟效的是较为原始的西王母形象。同时，身处辽远西域的"西王母"，在《竹书纪年》《穆天子传》中又演

---

① 汉代画像砖石上有很多西王母雕像，如"伏羲·女娲·西王母人物图"（原石现藏北京大学汉画研究所）、"西王母·祥瑞·人物图"（山东枣庄出土，私人收藏）、"西王母·瑞兽图"（原石现藏江苏师范大学博物馆）等，可参阅。

绎出帝舜时期西王母来朝、西周穆王往见西王母的故事。而在一些哲学撰述中，如《庄子·大宗师》中记载"夫道，有情有信，无为无形……西王母得之，坐乎少广，莫知其始，莫知其终"，将具体形象的"西王母"与抽象的"道"联系在一起。所以《大人赋》中"西王母"的出现，是与"汉武帝·西王母"故事（如《汉孝武故事》的记载）有关，还是得道之人的一种书写，是值得寻味，或可进一步探讨的。

再看北游的一段描写：

> 回车朅来兮，绝道不周，会食幽都。呼吸沆瀣兮餐朝霞，噍咀芝英兮叽琼华。嫩侵寻而高纵兮，纷鸿涌而上厉。贯列缺之倒景兮，涉丰隆之滂沛。驰游道而修降兮，骛遗雾而远逝。迫区中之隘陕兮，舒节出乎北垠。遗屯骑于玄阙兮，轶先驱于寒门。

其中的"幽都"（西北方地名）、"北垠"（北极之地）、"寒门"（北极之门）均为传说中的极北之地。作者以"乘虚无而上假兮，超无友而独存"收束全篇，表达的也是一种仙游的至极境界。值得注意的是，赋家以此为行游之终结，标示着到达的"极地"，如果结合汉武帝信奉"太一"尊神，以及设置神庙和相关祭祀活动，其间的关联也是有蛛丝马迹的。很显然，武帝读其赋文（览者已过）而美其词意是一方面，而赋中的描写正暗合他（武帝）的思想趣味，这或许才是该赋写作所彰显的时代价值。

二、"凌云"与方术仙界

　　《大人赋》作于哪一年，至今没有定论，有的说作于"元朔四年"（前125年），有的说作于元狩五年（前118年），但有一点可以肯定，在这期间汉武帝已明显地迷恋方士之术，好仙道，求长生，尤其是立寿宫神君而独尊"太一"（也作"泰壹"）之神，不仅巩固了他在地域疆土上的王者野心，也骋放出他在天庭虚无缥缈的霸业幻想。相如作赋既然有"上好仙道"这一历史背景并作为创作动因，应该是有文献依据的，只是武帝在相如身后，更加变本加厉，更加迷恋方术而沉湎难返，这也说明相如对帝王作为、政治形势乃至朝中忧患，是有一定的敏感性与预见性的。从表面看，相如一生几度为郎，所作所为（包括写文章）都是为武帝一人负责的，可是武帝作为一代大帝，其做派又关乎国家命运，所以从某种意义上看相如赋对武帝的讽与颂，正与国家命运密切相关，尤其是赋中的"讽谏"之义，更是他舍己小利而为国建猷的伟大之处。

　　正因此，解读《大人赋》，也就必须联想到武帝迷恋方士、耽于方术而好仙道的作为。汉武帝亲政后改制，内容包括明堂、朝聘、巡狩、封神、历法、服色等各方面，同时也构建了一整套的新宗法制度。秦汉以前，周朝是宗法分封制，周天子与诸侯王是共治的关系，类似联邦，同时，汉以前统治者都是贵族，汉高祖刘邦是中国历史上第一个平民皇帝，所以他的正统要想得到认可，只有以"天神"取代"族神"，这也就出现了汉代旷时日久的"造神"运动。从高祖到武帝，正是汉帝国从建立到成熟的时期，武帝改制而构建新宗教，也是大一统的新政治的体现。考察武帝建立新宗法的重要指向，最重要的是由"庙祭"（祭祖神）到"郊祭"（祭天神）的变化。祭神之法向两方面衍化：一方面是由杂神到尊神。比如武帝在元光元年某夜就寝于上林苑的"蹏氏观"，为的是求"神君"。据说这个神君是长陵地区的一位普通女子，因"子死悲哀"，死后常显灵，当地人就建祠祭祀，以祈福祛灾。武帝的外祖母平原君臧儿，非常信奉"神君"，武帝母亲王太后将其引入宫内祭祀，武帝特别建台造庙，尊其神位，这是他早期杂神信仰的例证。后来因方士谬忌进方，武帝开始专奉"太一"尊神，并铸造大鼎，作"雍郊礼"，祭祀于"甘泉宫"。另一方面是由四方神到统一神。《史记·孝武本纪》记述武帝于元光元年到岐山雍县南祭祀"五帝神"①，这与《史记·封神书》记载武帝曾广泛祭祀"楚巫""梁巫""晋巫""秦巫""荆巫""九天巫""河巫""南山巫"等地域群神相似。所不同的是，武帝在秦朝祭祀四神的基础上拓展为五帝神，却更重方士的"太一之方"，以尊神象征集权。

奉"天神"是为了尊"人王"，作为宗法君主制的实力施行者，武帝新宗教的制订与其"神"思相关，却离不开"身"体力行，只有"身"的长生，才能获得"神"的永驻，于是这一代大帝在进行政治改革、军事行动的同时，又走上了一条祈求长生不老的游仙之路。据说汉武帝有两大弱点：一是好女人，他自己讲"能三日不食，不能一日无妇人"；二是好神仙，史书说他"初即位，尤敬鬼神之祀"（《史记·孝武本纪》）。由于武帝好仙道，所以在他统治时期得势的是方士，兴盛的是方术。围绕武帝身边的方士很多，其中最著名的有李少君、谬忌、齐少翁、栾大、公孙卿、公玉带等。这群方士又可分为两类：一类是参与国家祭祀大典，为武帝宣扬国家新宗教的，如谬忌、公孙卿、公玉带；一类是专为武帝求仙求长生服务的，如李少君、齐少翁、栾大。后一类方士最为诡秘荒唐，多诈骗欺蒙皇帝，骗术被揭穿后，又身败名裂，下场很惨。当然最荒唐的是武帝本人，他一次次被欺骗，却乐此不疲，执迷不悟。比如方士齐少翁的出现，正逢武帝宠爱的李夫人病逝，武帝请他入宫为李夫人"招魂"，并拜其为"文成将

---

① 《史记·孝武本纪》张守节正义引《括地志》：五帝，分别是白帝、青帝、赤帝、黄帝、黑帝。

军"，赐大量钱帛。结果他找人扮演，在布置得充满朦胧仙气的宫中，让武帝远处观望，得到某种心理的慰藉。谁知折腾了一年，仍不见神仙踪影，少翁怕"法术"露馅儿，又偷偷在布帛上写一通怪字，掺和于草料中让牛吃下，再告诉武帝"牛肚中有天书"。武帝命人杀牛剖肚，果得帛书，后发现字迹类少翁笔迹，在严刑拷打下少翁交待了骗术，被杀了头。尽管如此，武帝又移"情"另一位方士栾大。这个骗子更厉害，曾用磁石做棋子碰撞的小把戏，蒙骗大皇帝，武帝拜他为"五利将军"，又连封"四金印"（分别是天士将军、地士将军、大通将军、天道将军），加封"乐通侯"，还把卫皇后生的公主嫁给了他。成了皇亲国戚的栾大，最终还是骗术被揭穿，落了个腰斩的结局。尽管如此屡次受骗，武帝仍孜孜以求，只是在他"鼎湖之病"后[1]，其求仙之术又由东方转向西方，并通过游水发根[2]推荐"胡巫"为其治病，从而再次激发其求仙的热情。

虽然相如上《大人赋》谏言武帝好"仙道"，还属于武帝求仙之路的早期，但是武帝强烈的求仙欲望与迷恋方术的征兆，却是令人担忧的。针对武帝身边的两类方士的作为，对参与国家宗教大典的，相如的思想与之并无龃龉，换句话说，他不反对国家新宗教的建立，否则也不会在临终时写下那篇《封禅文》，他反对的应该是武帝虚无缥缈的祈长生而求仙的虚幻愿景。例如《大人赋》中写西王母时的描写是："低回阴山翔以纡曲兮，吾乃今目睹西王母曤然白首。戴胜而穴处兮，亦幸有三足乌为之使。必长生若此而不死兮，虽济万世不足以喜。"对此写法，宋人倪思认为该赋文"至西王母数语，使人意消，何神仙之足言"[3]。我们不妨对照一下《汉孝武故事》中有关西王母七月七日会见汉武帝的情节。内容大要是：西王母与武帝相约七夕相会，武帝在承华殿等候，忽见青鸟"从西方来"。东方朔告诉武帝，今晚西王母必来。于是武帝设帐焚香，期待王母降临。夜半时分，王母乘紫车，"玉女夹驭""二青鸟夹侍"而至，武帝拜迎，"延母坐，请不死之药"。王母说："太上之药，有中华紫蜜，云山朱蜜，玉液金浆；

---

[1] "鼎湖"，地名。《史记·孝武本纪》司马贞索隐："鼎湖，县名，属京兆，后属弘农。昔黄帝采首阳山铜铸鼎于湖，曰鼎湖，即今之湖城县也。"

[2] 《史记·孝武本纪》裴骃集解引虞曰："游水，县名。发根，人民姓。"司马贞索隐："颜师古以游水姓，发根名。"

[3] 引自凌稚隆辑校《史记评林》第36册，万历吴兴凌氏自刊本，第43页。

其次药,有五云之浆,风实云子,玄霜绛雪。"但因武帝"欲心尚多",所以不能给此药。于是王母拿出七枚仙桃,自吃两枚,给武帝五枚。武帝食后,将桃核留下。王母问其原因,武帝回答留待栽种。王母笑着说:"此桃三千年一著子,非下土所植也。"武帝延留王母到五更天,王母离去,武帝惆怅良久。[①]这虽然是小说家编撰的故事,但武帝约见西王母,是为了长生而求"不死之药",则同样反映了武帝祈求长生的执念。这也是相如所反对的"仙道"。对比武帝夜会西王母颇为温馨的场面,相如赋中描写的西王母确实是面容丑陋而不堪入目。况且在《大人赋》中最后六句有关"至道"的描写,更是对这"太虚幻境"(仙道)的嘲弄,所以姚鼐评论说:"长卿则谓帝若果能为仙人,即居此无闻无见无友之地,亦胡乐乎此邪?"这虚无缥缈且混淆视听的仙境,绝"非帝王之仙意","大人"孤独寂寞地在空无世界里的存在,表达的只有对求仙态度的否定。

问题是相如赋明显反对武帝所好的"仙道",却反而给了皇帝"凌云"的感觉,究其因又在于赋中对仙界的描写,是"览者已过"的接受,这里又蕴含了赋作审美的合理性。回到"凌云"赋的创作文本,我们可以看到相如三"惊"汉主的系列是由诸侯赋(子虚)到天子赋(上林)再到游仙赋(大人),而其文本也是由自谓"未足观"(子虚)到"推天子"之苑囿(上林)之可观,再到令天子飘若"凌云"的《大人赋》,尽管论家皆有"因以讽谏"说,但其描写确实表现出宏大的气象。这篇《大人赋》的创作,正因相如说"列仙之传居山泽间,形容甚臞",所以赋中不可避免地尽力书写"帝王之仙意",于是开篇谓"世有大人兮,在于中州。宅弥万里兮,曾不足以少留",视域极其宏阔而空灵,而继谓"大人"(喻帝王)之仙游,阵容豪华,扈跸如云,其遍历名山大川,遇仙姝,采灵物,餐饮芳香,随观万象,可谓极尽描绘之能事。如赋中写"垂绛幡之素蜺兮,载云气而上浮""邪绝少阳而登太阴兮,与真人乎相求""屯余车其万乘兮,绰云盖而树华旗""遍览八纮而观四荒兮,朅渡九江而越五河""西望昆仑之轧沕洸忽兮,直径驰乎三危",以及赋末之收束所描绘的"下峥嵘而无地兮,上寥廓而无天。视眩眠而无见兮,听惝恍而无闻。乘虚无而上假兮,超无友而独

---

① 这一故事在传说班固撰写的《汉武帝内传》和晋人张华的《博物志》中,有同类的记载。

存"，完全从物态的刻画上升到一种气象的营构。唐代李德裕《文章论》批评沈约"独以音韵为切，轻重为难，语虽甚工，旨则未远"，以倡导为文"鼓气以壮势"，移之评析汉大赋（气壮）与魏晋以后小赋（韵切）的变迁，也可以证明相如赋的"凌云"之意。

讽谏"仙道"与书写"游仙"的龃龉，恰是这篇赋的悖论，后世赋家如扬雄等人的质疑，多以《大人赋》为例，其因也正在于此。

三、“形容甚臞”与怀才不遇

“一病文园渴思深，只应惆怅为鸣琴。老来减尽凌云气，却赋长门易酒金。”（宋无《长卿》）这首诗中谈到了相如的爱情、病患与赋作，尤其是“凌云气”，反映了后世强烈的回响。人们常说“赋要凌云，文如翻水”（洪希文《踏莎行》），“凌云笔”成为文人创作的圭臬，不仅相如的赋被置于座右，其本事也成为典故多用之于诗文。例如“庾信文章老更成，凌云健笔意纵横”（杜甫《戏为六绝句》之一）、“闭门教草三千牍，传来旧物凌云笔”（李新《送吴使君》）、“纵横自有凌云笔，俯仰随人亦可怜”（元好问《论诗》）、“未敢窃嘉名，愧彼凌云笔”（袁翼《景德窑砚山笔架歌》）等，多指向诗文创作。当然，在后世的接受来看，“凌云笔”又取向多元，有的释义是文学禀赋，有的拟状作创作想象，有的指翰墨丹青，或是神来之笔，甚至也包括政治才情、君臣际会等等。但追溯其发端，则集中在赋才，如江淹《别赋》说“赋有凌云之称”，王勃《滕王阁序》说“抚凌云而自惜”，王旭《雨夜同赵君宝赋》说“相如空有凌云笔，谁解黄金买赋看”，皆指向相如赋。这作为后世提升赋体的典范思考，可谓不谬，但如果落实于相如的人生经历和写赋本事，这些说法又是离题千里。因为“凌云”的不是相如，是武帝，或许谓武帝读相如赋受其鼓舞或感染而有“凌云”意，接受者与创作者意旨的距离甚或差错，是不可忽略的现象。这里有两点值得思考：第一点是相如“尝为《大人赋》，未就，请具而奏之”，这最初的创意应在“见上好仙道”之前，是什么呢？第二点是相如赋中描写的主旨是

"列仙之传居山泽间，形容甚臞"，如此憔悴，这里喻示什么？所以关于这篇赋反映相如人生观及应世态度的另一指向就出现了，揭示的是《大人赋》乃自喻"怀才不遇"的旨意。

相如上《大人赋》的时候，在他出使西南回京"失官"、闲居、复召为郎，又拜"文园令"这一人生起伏不定的阶段，如果向前推测他作此赋初稿时，应该恰是"失官"后的这一时段。回想自己三度为郎，两次使蜀，再回首当年"过桥题柱"时的志向，即使复召为郎官，也只不过是初入仕"以赀为郎"的待遇。相如对官场的失望和对那"倡优蓄之"的文臣生涯的厌倦，是不可避免的情绪。这样，王勃"抚凌云而自惜"的艳羡与失落，或许是对相如的反讽，因为在这篇"凌云"赋中，潜藏着"士不遇"的幽怨和"不遇士"的超脱。

《大人赋》全篇节奏，由极尽奢华的车骑装备，放眼到随行仙家的豪华阵容，移步换景，翻山越岭间遍历名山大川与仙姝灵物，迨及驱车回程，餐饮芳华，随遇万象，遗世而独立。相如笔下的仙人出行被描写得极其细致入微，他以离奇而美丽的语象驱引读者进入一队奢华的游车，而使用的典故又招邀来各路神明，随着作者的笔触浮游天地，最终幻化融于其间，无依无待。刘泽的《司马相如本事研究》很形象地认为，汉武帝是"飘飘有凌云之气"的直接感受者，但是这股"气"的根源在相如的胸中，不然读者"似游天地之间意"又怎会凭空而来？考论"文气"与"赋气"，可见古人论文章之"气"者甚多。例如曹丕《典论·论文》说"文以气为主，气之清浊有体"，首重文气。韩愈《答李翊书》说"气，水也；言，浮物也。水大而物之浮者大小毕浮。气之与言犹是也，气盛则言之短长与声之高下者皆宜"，倡气盛言宜。李德裕《文章论》说"然气不可不贯，不贯则虽有英辞丽藻，如编珠缀玉，不得为全璞之宝矣"，又说"鼓气以势壮为美，势不可以不息，不息则流宕而忘返。亦犹丝竹繁奏，必有希声窈眇，听之者悦闻。如川流迅激，必有洄洑透迤，观之者不厌。从兄翰常言'文章如千兵万马，风恬雨霁，寂无人声'，盖谓是矣"，既重气贯以成文，又强调鼓气与壮势的关系及自然与天籁的境界。相如《大人赋》在"鼓气以势壮"后，还做到了适可而止，"寂无人声"地"息气"，确实有过人之处。可以说，是赋中气势鼓起了武帝的"凌云"感觉，但相如赋中承"势"之"气"究竟是游仙之

"气"，还是盘梗心间的不平之"气"？万光治《司马相如〈大人赋〉献疑》对照《庄子》与相如赋的描绘，比照前者的"真人"与后者的"大人"，提出了一番非常有趣的思考。我们不妨对照一下庄文与相如赋文。《庄子·大宗师》描绘"真人"时有一段是这样写的：

> 古之真人，不逆寡，不雄成，不谟士。若然者，过而弗悔，当而不自得也。若然者，登高不栗，入水不濡，入火不热，是知之能登假于道也若此。……不以心捐道，不以人助天，是之谓真人。若然者凄然似秋，暖然似春，喜怒通四时，与物有宜而莫知其极。

庄子笔下的"真人"，同天地，齐万物，等生死，通四时。司马相如《大人赋》写仙道，确实描绘了诸多游仙经历，但却有其终极追求。如其中北游写的"回车朅来兮，绝道不周，会食幽都……遗屯骑于玄阙兮，轶先驱于寒门"一段，确实类似《庄子》所倡导"真人"的"无待"境界。在该赋的收束处，作者书写"大人"超越时空，与道同体：

> 下峥嵘而无地兮，上寥廓而无天。视眩眠而无见兮，听惝恍而无闻。乘虚无而上假兮，超无友而独存。

一切的繁华盛景归于宁静，众仙散去，风物退场，只留下"大人"在无地无天、无见无闻的真空里遗世独立，物我两忘，与道和光同尘。对应前文积蓄的"盛气"随着餐食芳华、停车驻马而烟消云散，反而带来无限的余韵与想象。这里面蕴含着一种巨大的消解力，就是消解了人生的困惑，而得以超生，其所消解的，抑或正是赋家处于人生低谷中的困心衡虑。

这一点又可从相如描写天上众仙"形容甚臞"得到印证。在赋中，游仙如游世，憔悴的游世之人比拟天庭诸游仙之神，作者写其寂寞荒冷是有所寓意的。例如该赋是最初以文学创作的形态描写西王母的，所构形象则是"皬然白首，戴胜而穴处兮，亦幸有三足乌为之使"，沿习《山海经·西山经》中"豹尾虎齿而善啸，蓬发戴胜"的原始而丑陋的形象，而如此居于天境，又有何益？所以赋中感叹："必长生若此而不死兮，虽济万世不足以喜。"以自身"不遇"遭际的幽冷，转向描写天际的荒漠，以讽喻帝王"长生"的荒谬，也是合理的推想。而与之不同，西王母形象在汉赋中的再次出现，则见于扬雄的《甘泉赋》："想西王母欣然而上寿兮，屏玉女而却宓妃。玉女无所眺其清庐兮，宓妃曾不得施其娥眉。"其借用西王母献寿武帝的故事，以讽谏当朝皇帝（汉成帝），如李善注所说的"言既臻西极，故想王母而上寿，乃悟好色之败德，故屏除玉女而及宓妃，亦以此微谏也"。扬雄虽然是有微谏成帝的用心，但他描写的西王母已改变相如赋中的"皬然白首"形貌，而成为一位无与伦比的美人。这也导致后来学者的质疑，如清人黄承吉《梦陔堂文说·论扬雄〈河东〉〈校猎〉〈长杨〉〈逐贫〉〈太玄〉诸赋第七》说是逢迎成帝后妃赵飞燕、合德姊妹，"所谓言伪而辨以逢君"①。然而对比《大人赋》与《甘泉赋》中西王母形象的变化，其一"丑"一"美"，虽然与此形象的历史变迁相关，但也应考虑与作者的心境不同有所联系。相如赋既然是写"大人"游于仙道，却将仙道的主神"西王母"视作天庭荒漠的代表，这恰如《庄子》"真人"游于世间，其"形容甚臞"或是对现实境遇的反思，是"士不遇"情怀的另类反映。

《大人赋》的收束语"乘虚无而上假兮，超无友而独存"颇含深意，也可谓"曲终奏雅"。"虚无"是老庄思想的最高境界，意思是超脱声色名利等一切外物，而不为其诱惑。《庄子·刻意》"夫恬淡寂寞，虚无无为，此天地之本而道德之质"；《淮南子·精神训》"夫静漠者，神明之宅也；虚无者，道之所居也"；《史记·太史公自序》总结道家谓："其术以虚无为本。"可见相如取义之方。又赋中"上假"，即"上遐"，取道家遐举飞升义，类同《楚辞·远游》"登遐"；而"超无友"之"超"，取超然义，离世脱俗，如同《楚辞·卜居》"宁超然高举以保真"；"无友"，指摆脱尘世俗友，故能离世独存，如《楚辞·远游》"超无为以至清"。朱熹《楚辞集注》解释说："屈子本以来者不闻为忧，而愿为方仙之道。至此则真可以后天不老，而凋三光矣。下视人世，瓮盎

① 有关论述详见拙文《论扬雄赋学的建德观》，载《文学遗产》2019年第5期。

之间，百千蚊蚋，须臾之顷，万起万灭，何足道哉！"相如赋中这种超脱世俗的念想，多数书籍的解读归于讽喻贵为天子、富有天下还穷奢极欲（包括求仙祈长生）的武帝，但也有归于相如厌倦世俗而愿如"真人"般乘虚无而独存，或者是不遇之"郁闷"的另类表述。嵇康有《司马相如传赞》的评说："长卿慢世，越礼自放。犊鼻居市，不耻其状。托疾避官，蔑此卿相。乃赋《大人》，超然莫尚。"由《大人赋》的"超然"推述相如一生的"慢世"与"自放"，其中"托疾避官"或许正是问题的关键。因为这种"超然"与他早年的"高车驷马"之志是不相适应的，这其中必有人生的历练与转折。

四、"凌云笔"与"锦绣堆"

由武帝读相如《大人赋》而出现的"凌云"感受，渐渐被文士转化成"凌云笔"的术语，泛指文士的文才。在辞赋写作领域，又成为一种固定的创作风格，与赋史上的"锦绣堆"成为对应的话题。

"锦绣堆"原典出自五代王定保《唐摭言》卷十："谢廷浩，闽人也。大顺中颇以辞赋著名，与徐寅不相上下，时号'锦绣堆'。"谢氏与徐寅皆闽（福建）人，为同时辞赋家，赋风相近，但因谢赋不存，以致在赋史上多以"锦绣堆"拟状徐寅的赋，其名号亦渐归之。如浦铣《历代赋话》卷六引刘后村《徐先辈集序》云："唐人最重公赋，目为'锦绣堆'。日本诸国至以金书《人生几何》《御沟水》《斩蛇剑》等篇为屏帏。"此言徐寅的《人生几何》等赋作在海外的影响，可证"锦绣堆"喻赋的褒赏之意。然则以"锦绣堆"称徐赋，又与司马相如具有遥协的双重意蕴：一是以"锦绣"说赋，源自《西京杂记》中"相如曰"所谓"合綦组以成文，列锦绣而为质"。二是相如"凌云"赋"惊"汉主，有君臣际遇内涵，于是徐寅"锦绣"赋也被涂抹了际遇色彩。如苏轼人物杂记文章《徐寅》记载："徐寅，唐末号能赋。谒朱全忠，误犯其讳。全忠色变……寅欲遁去，恐不得脱，乃作《过太原赋》以献。其略曰：'千金汉将，感精魄以神交；一眼胡奴，望英风而胆落。'全忠大喜，遗绢五百匹。"赋的前句写朱全忠，后句"一眼胡奴"指李克用。对此本事，浦铣《历代赋话》又引述"后村跋语"，以为"徐先辈唐末擢第，不肯仕朱梁（朱全忠即后之梁太祖朱温），归死于莆。其墓只书'唐徐先辈'，与朱文公书'晋处士陶潜'何异？"由此认为"《志林》语恐不足信"。尽管徐寅献赋的历史真实性有人质疑，但从宋人的记述中，其以赋赎"过"而邀"赏"，实与徐寅赋在当时的影响力有关。据历史记载，徐寅早年好同乡前辈（福建莆田）欧阳詹、林藻、林蕴诗文，中唐昭宗乾宁二年（895年）进士，其赋作因词藻华美，音韵铿锵，以致家家传书，"长安纸价为高三日"。由此可见，徐寅与相如虽生异代，赋重当时，却是相同的。只是值得注意，《史记》载相如"凌云"赋使汉主"大悦"，是武帝读其全篇后的感动与迷狂，而苏轼文章载徐寅赋令朱温"大喜"，聚焦点则在赋中某句，这或许正是从赋史视域看"凌云笔"与"锦绣堆"的一大关节。

如果说"凌云"赋之辞章偏重在繁类成艳，才气偏重在呈示气象，则"锦绣"赋的辞章着力点却在具体的雕镂，才情更多用于技法。徐寅赋堪称典型。徐寅赋作也颇具思想性，如：对末世政治的讽喻，其《寒赋》仿效宋玉《风赋》，以"战士之寒""农者之寒""儒者之寒"构篇，讥嘲大王的"寡人今日之寒"；对末世人生的伤感，如李调元《雨村赋话》卷九引《偶隽》谓"晚唐士人作律赋，多以古事为题，寓悲伤之旨，如吴融、徐寅"。但观其赋作形式，多为律体，论其艺术，其脍炙人口者多为"秀句"。如其名篇《斩蛇剑赋》写汉史，开篇所言"磨霜砺雪"数语，已"全从字面取巧"（李调元语），其间论理，如谓"得非秦毒之奢，变作长蛇，汉德之俭，化为长剑。奢以俭陷，蛇以剑斩"，对仗工稳，立意警策。又如《御沟水赋》，秀句尤多，其中"萦紫阁之千峰，清辞玉洞；泻银河之一派，泠入瑰宫""涵暮景于琼殿，倒晴光于绛阁""青芜濯翠兮宵雨霁，红杏飘英兮春日晚""时时而翡翠随波，飞穿禁柳；往往而鸳鸯逐浪，衔出宫花"，可谓精心雕琢，琳琅满目。至于抒发感慨，如《人生几何赋》写楚霸王与孟尝君"七十战争如虎豹，竟到乌江；三千宾客若鸳鸿，难寻朱履"，又写六代风华之凋谢，有云"香阁之罗纨未脱，已别承恩；春风之桃李方开，早闻移主"，其中凄怆情怀则由凄美语词表现，隐秀趣味也蕴含于句法营构间。当然，徐赋遣词造句，多刻意锻炼，如"储晶蓄素，刮银兔之秋光；蠹浪凝波，刷金乌之画形""琼窗而鳌顶均岫，绮栋而壶中借云""露洗霜融，涵虚湛空"（《鲛人室赋》），句雕字琢，因匠气而损匠心。这正是"锦绣堆"之评的双面刃，褒贬均存其间。

从文学的创作异同来看，"凌云笔"重在对才情与想象的赞许，"锦绣堆"重在对华丽辞藻的评说，不限于诗文或辞赋，然落实于具体作品，相如《大人赋》的仙游题材与徐寅《斩蛇剑》等赋的历史题材，却是两者不同评价的一大原因。当然，笔者这里想补充说明的是，以相如赋与徐寅赋为标识，将"凌云"与"锦绣"归于赋域，显然又与汉大赋与唐律赋的"体类"差异有关，就其创作方式，则有所呈示：首先，辞章之表达不同。赋是修辞的艺术，这是任何赋体（散体、骈体、律体等）所共有的，然汉大赋的辞章在"繁类成艳"，寄托于全篇的宏大书写，相如的《子虚赋》《上林赋》《大人赋》无不如此。这也是汉代作为宫廷言语侍从的赋家写作铺陈大赋的共同特征，即以辞章构建气象。随着社会的变迁，魏晋以来在野文人赋兴起，"置片言以居要，乃一篇之警策"（陆机《文赋》）的秀句、字眼，渐成包括辞赋创作在内的审美标准，尤其是唐代兴起的律赋进入闱场作考功之用，考试官"入眼青"的秀句更加得到赏鉴，如李程《日五色赋》因"德动天鉴，祥开日华"的发端"警策"而得高选，就是典型的例证。赋家秀句的积叠，自然形成了"锦绣堆"。其次，才学的彰显不同。"赋兼才学"（刘熙载《赋概》），是赋家的秉赋，也是赋体的特性，观才学也成为赋学批评的一大要点。然比较而言，班固论相如赋的"多识博物，有可观采"，是对赋呈博物（繁类）而见才学的笼统评述，汉大赋的才学最突出的就是"体国经野，义尚光大"（刘勰语）的书写。不同的是，唐宋批评家对律赋尤其是闱场律赋之才学的认知，恰恰是在细微的描写，如赵璘《因话录》评裴度《铸剑戟为农器赋》中"驱域中尽归力穑，示天下不复用兵"数语，以为"晋公以文儒为相"之"异日之事"的先兆"气概"。又如郑起潜《声律关键》论宋人闱场律赋的"琢句"，以为"前辈一联两句，便见器识"。

由此，我们又可以推演赋史上的两大创作重镇，一是汉大赋，一是唐律赋，前者重气象，后者重技法，二者的法式和风格均不相同。概括而言，"凌云笔"的辞章与才学的展现在于篇法，内涵有物、有序的义法，"锦绣堆"之于辞章与才学，多呈现于句法，侧重在宣示技法。这也是相如赋作为汉大赋代表的风貌及意义所在。

五、"凌云"的诠释与传播

"凌云"作为相如赋提供给读者（武帝）的一种感受，在历史的传播与演绎中却转向了主体创作的"凌云笔"。如江淹《别赋》称"金闺之诸彦，兰台之群英，赋有凌云之称，辩有雕龙之声"，已以"凌云"称"赋"。到唐人笔下，这种称谓更多。如李白自诩"十五观奇书，作赋凌相如"（《赠张相镐其二》）；又如岑参称颂他人（狄侍御）"狄生新相知，才调凌云霄。赋诗析造化，入幕生风飙"（《青山峡口泊舟怀狄侍御》）；杜甫概括庾信的文学生涯说"庾信文章老更成，凌云健笔意纵横"（《戏为六绝句》之一）等："凌云笔"成为公认的品评文学之士的褒奖之辞。宋以后对"凌云笔"的接受情况虽更复杂，但基本仍在比喻文才的领域。例如李新赞誉吴使君"闭门教草三千牍，传来旧物凌云笔"（《送吴使君》），又如王安中自谦不才说"喜需鱼藻惠，许赋柏梁诗。愧乏凌云笔，徒倾向日葵"（《宣和七年九月二十三日睿谟殿赏橘曲燕诗》），或他誉，或自谦，取意基本是相同的。相如献赋与其政治才能和人生抱负有关，这也成为追慕方向，成为传播的新义。例如华镇在《赠温幕张子常有诗见怀用韵因成五篇·其一》中感叹张子常有辅佐君王的才能，却身处清幽，云"如何汉殿凌云笔，肯赋寒山石水幽"；刘克庄在《贺新郎·九日》中感慨壮志未酬、时不可待，云"少时自负凌云笔，到而今、春华落尽，满怀萧瑟。常恨世人新意少，爱说南朝狂客，把破帽、年年拈出。若对黄花孤负酒，怕黄花、也笑人岑寂。鸿北去，日西匿"，皆以"负凌云"而感慨政治的失意与人生的坎坷。延续宋人，金元时对"凌云笔"的态度也大同小异，例如元好问论诗反对陈词滥调谓"窘步相仍死不前，唱酬无复见前贤。纵横正有凌云笔，俯仰随人亦可怜"（《论诗三十首》）；方回在《读方处士墓志挽诗题其后阎集贤承旨文赵翰直》中追思其人其文说"登金竞奋凌云笔，埋玉如瞻垫雨巾"；王旭《雨夜同赵君宝赋》一诗在悲叹经年黯淡"万里风波连仕路，十年尘土暗儒冠"时，也诉说未遇明主的苦衷"相如空有凌云笔，谁解黄金买赋看"。或评诗，或悼念，或抒怀，都是借相如酒杯，浇自家心中块垒。明清时代"凌云笔"接受又有了一些新的意涵。如袁翼在《候补同知温甫曾公》一诗中以此典表示文人的身份，述说职业的变更与志向的易转："贼艇窜扰三湘日，班生早掷凌云笔。"又如在书法与绘画中将"凌云笔"由语象转向图像，比拟书画技艺的超群。论书法如余廷灿《湘中诗》"北海凌云笔，摩挲性所耽。二张犹可折，三绝更谁参。追琢经唐代，琳琅照斗南。深簪难尽覆，鳞甲露烟岚"；张昱《柬陈香泉》"笔墨纷纵横，纸上龙蛇绕。飘飘气凌云，笔力殊天矫"；袁翼《景德窑砚山笔架歌》"羲之扈斑架，思公珊瑚格。未敢窃嘉名，愧彼凌云笔"。论绘画如罗聘的"温水更有凌云笔，偷将炎欧一片凉"（《著老书堂观吴仲圭墨竹卷》）；罗汝怀的《蒋矩亭司马画兰见赠酬以小诗即送其之兴安任》"使君自有凌云笔，何意浮沉墨绶间"；伊秉绶的《黄瘿瓢先生》"那能持作凌云笔，幻出瘿瓢老画师"等。由书画引申，"凌云笔"又成为书写工具毛笔的化身，如蔡殿齐《赠笔》诗"最喜凌云笔一支，名场赖汝作扶持"；蒋湘城《新竹》诗对竹而语"尔曹大有凌云笔，会写云章侍天幄"。因以"凌云"咏物态，外形的近似使文人用"凌云笔"藻饰高大的树木或其他形近的植物，或者将"小荷才露尖尖角"比作"凌云笔"。而自然物象如奇峰突兀，也产生出形似的联想。如明人李晔在游玩寿山时为山峰奇秀所动，将高耸入云的山峰比作"凌云笔"："双涧桥西五老峰，分明朵朵翠芙蓉。半空绝壁开金像，百道飞泉喷玉龙。怪石坐来斜听鸟，曲栏凭出倒看松。我生自倚凌云笔，不愧山僧饭后钟。"（《游寿山》）又如清人吴嵩梁的《艮泉》中"愿磨翠碧三千丈，横扫凌云笔一支"诗句，亦将苍翠的千仞壁立想象成手中的笔，因山巅的"上与浮云齐"，渴求磨炼出"下笔如有神"的气象。

从汉代至清末近两千年的时间跨度中的"凌云笔"，从《史记·司马相如列传》本事的各个元素生发开来，在不同的元素上各有侧重。因各种接受所强调内容的不同，"凌云笔"的指针便转向了多个维度。例如相如的赋形成的阅读效果，或转换为相如赋才，是"凌云笔"的原始意义。而由此义又引申出诸多意向：其一，文学的禀赋。该义强调的是本事中《大人赋》的艺术效果这一元素，褪去"司马相如"的主人公角色，跳脱到"赋"之外的各种文学的广阔天地，"凌云笔"在许多友朋赠答之作和悼亡碑铭中，被用来歌功颂德，彰显被褒扬者的创作技艺。其二，创作的想象力。明代诗人顾清在《和师邵春日登慈恩寺镜光阁及归途即事》中说"健想凌云笔，奇观隐世壶"，已将相如在《大人赋》中的大胆想象与宏观视角用作烘托，把眼前的镜光阁想象作日常的器物。其三，有关文学性质的工作。这种用法常由成语"投笔从戎"中的"笔"延伸出来，如清人袁翼的"贼艘窜扰三湘日，班生早掷凌云笔"诗句，以"笔"比拟"凌云笔"，使执笔的职业表达得既简洁，又具有了文艺的性质。其四，比喻政治才情。相如的入世抱负与辅佐人主的能力在这一范畴中被放大，这既源于本事中《大人赋》的创作动机以及相如的人生志向，又与其献赋的讽谏功用及自抒情怀大相径庭，或者说是一种接受的错位。如王先谦《戏题张朗轩书斋》诗云"探怀定有凌云笔，莫向窗头只画眉"，是以打趣的口吻鼓励友人张朗轩积极入世，内涵积极入世的政治热情。另一个维度是能力层面的，即参与政治的资质。如戴京《登岱诗二首（其一）》诗云"登封代有凌云笔，扫石从容待大夫"，将"凌云笔"与士大夫前后相承，其喻意也非常明确；又如陈兆仑《怀人五咏·汪五积山》诗借"凌云笔"歌咏退隐的汪积山本有济世之才，却志于倒冠落佩，"拂袖高吟采菊诗，韬囊不试凌云笔"，叹息中有满满的赞美。其五，君臣际会中的失意。由于"景帝不好辞赋"，相如郁郁不得志，而当武帝惊赞其赋，相如却得意而不得志，因为终不见重用，而且作赋讽劝也不被理解与采纳，反而产生"欲讽反谀"的相反的效果，在失落的心境中，"称病闲居"成为他明智的选择或人生的宿命。正是基于相如的不得志的生平，与前面涉及的文学禀赋、济世策略和踌躇之志的接受特性，"凌云笔"也就蕴含了人臣未遇明主、不得其所的坎壈失意。如明朝的于慎行在《后赠李本宁歌》中为郁郁不得志的李本宁鸣不平："请君还我凌云笔，我还君家禄万石。"又如计南阳的《题冯休庵先生待漏图》诗有句"特有凌云笔，空怀谏猎书"，结合相如的两篇作品，切入他出使西南后"失官"的处境，喻示他人，以"空怀"二字道出了无尽的惆怅。

"凌云笔"成为一个典故被后世反复言说，本原基于对相如《大人赋》的认知，而落实到各个时代及各人的身份处境，又演绎出诸多另样滋味，且出现了"凌云笔"范畴位移的现象。这其中所隐含的历史文化记忆，也呈现诸多的面向。例如从原型的多面性来看，呈现的是"得意"与"失意"的交错；从相如作为赋圣的流传，又有着"赋名"与"人名"的互为；从后世文人的交游来看，其中寄托了"相亲"与"相惜"的情感；从象物的隐喻角度，又有着"形似"与"同气"的关联。如果我们从"凌云笔"接受的视域再看后世人对相如人生意义及价值的再阐释，又有制度与情怀两方面值得一提。

从制度来看，相如赋之所以能惊动汉主，既与武帝好赋有关，也与当时的献赋制度有密切联系。诚如班固《两都赋序》所说的"武宣之世……言语侍从之臣，若司马相如……时时间作"的现实功用，赋才能如此地繁荣。《汉书·艺文志》著录"凡诗赋百六家，千三百一十八篇"，清人何焯谓七十八家一千零四篇，则专计赋家。如此众多的作品，犹如大海的波浪，托起了相如赋的这艘航船，才引发起后人巨大的兴趣，这也包括《大人赋》的"凌云"效果。而在后代，自唐朝以来"凌云笔"的接受与日俱增，又与科举制度的推波助澜有关，是科举考赋而"赋"为人所重视使然。由于科举试赋，众多的文人士子关注"赋体"，并致力于赋文的写作。正因如此，汉大赋在文章史上的巨大成就，汉代献赋制度对文士的吸引，尤其是司马相如赋创作的典型性与代表性，引发的关注、钦羡与追仿，已是司空见惯的。据史料记载，到了唐代调露二年（680年），科举考试"杂文"即有"赋"一门："先是，进士试诗、赋及时务策五道，明经策三道。建中二年（781年），中书舍人赵赞权知贡举，乃以箴、论、表、赞代诗、赋，而皆试策三道。"（《新唐书·选举志上》）宋代虽然考赋的气格与唐人有别，但是仍然承袭唐代制度，如："神宗始罢诸科，而分经义、诗赋以取士，其后遵行，未之有改。""凡进士，试诗、赋、论各一首，策五道，帖《论语》十帖，对《春秋》或《礼记》墨义十条。"（《宋史·选举一·科目上》）元、明时期虽然中断了闱场考试律赋的做法，然元中叶以后恢复考"古赋"，作为赋体的沿袭，科举制度似未断绝。到了清代，赋文写作因于制度而兴盛更为突出。清人在沿袭前代的律赋之外，有时还增添了试古赋的科目，而且在生员考试、学政视学、书院课习、翰林院馆阁考试等层面均有赋体的需求。考试促进了文人竞相作赋的风潮。虽然"应试之作"由于题目和时间的要求，以及政治避讳等限制，难以产生大量优秀超绝的作品，但是其作用仍然不可忽视：一则，为备考之用，大家会竞相取法前代优秀作品，"赋首辞宗"司马相如的作品，更是不可多得的学习榜样。如此，科举试赋便极大地促进了相如其人其文的接受，"凌云笔"则是其中必不可少的一例。再则，讲究诗赋文章的浓厚风气与氛围，是鸿辞丽赋诞生的土壤。作赋需要才情与学问，"凌云笔"本事就赋予了这一典故"才情"与"文笔"的意蕴，所以文人纷纷追慕征引，用于诗文之中，希冀自己也有如此的禀赋与境界。当然，科举的结局是现实的，金榜题名，自然春风得意，弃置下第，便是冷落寒凉，这是天下举子都要面临的残酷现实。当自负才学的士人屡试不第的时候，文人的风骨便显现出来，李翱曾经感慨"仁义与文章，生乎内者也，吾知其有也，吾能求而充之者也。吾何惧而不为哉！"[1]由于心有愤怒与不甘，郁结于心的苦闷与拂袖而去的无奈，往往托诸笔端。在"凌云"本事中，相如作赋讽谏，但由于武帝个人原因与汉大赋"劝百讽一"的局限，君王总是不能体会相如的题中之旨；相如又自视甚高，深信自己胸怀护国之才，却不得重用。后世失意的举子士人便借来相如的"凌云笔"，书写自己心中的不甘与无奈。所以，在一些诗文中，很难断定这一典故的应用到底是指称文学创作才能，还是暗示科考的不顺利，往往二者兼具，这才是科举制度的因素所赋予"凌云笔"的复杂的双重含义。

从文人情怀来看，"奴颜"与"风骨"隐含着历代士大夫的无限甘苦。文学创作作为一种技艺，助文人或经恩幸之途，或经科举之路，跻身士大夫的群体，自然是荣幸，但士大夫身为人臣，既想"致君尧舜上"，裨益国家，有所作为，又常得寻讨君王的欢心，乃至于奴颜婢膝。从相如等人的仕宦历程而言，作赋乃是汉代文人通过选拔并得到君王持久喜爱的一条途径，相如又是深得皇帝欢心的

---

[1] 引自王定保撰、姜汉椿校注：《唐摭言校注》卷二，上海社会科学院出版社2003年版，第39页。

典型人物，这也使他不仅为士大夫文人津津乐道，又往往成为众人仰望的榜样。

"凌云笔"成为这种做法的高度概括，士大夫用这一典故表达自己最能彰显志向也最能赢得皇帝垂怜的一项能力——政治才能与政治抱负。身为人臣，彰显自己的"凌云笔"是分内之事，当得到君王的赏识，一朝位列公卿百官之列，欣然高唱"凌云笔"也在情理之中。"凌云笔"本事中就有相如作赋得到汉武帝赏识的积极乐观之意，这与后世士大夫的才智得以见用的情景与心境是十分近似的。学以致用的正直之士是多样化的一端，曲学阿世的依附之士是另一端。更多的士人往来徘徊，在两难之间选择，经常处于苦闷之中。他们主观上愿意为君主政权服务，以实现自己的价值；但是又希望自己的基本人格能够得到应有的尊重。"凌云"本就是高蹈而不屈的，"凌云"又是寂寞的，渗透着悲伤的色彩。"凌云笔"在后世用于表达"君臣际会"失败的现象，又是相如"称病闲居"的心灵应契与思想蔓延。

"凌云"作为相如赋产生的一种文化符号，无论喻示得意还是失意，都产生在相如厌倦仕途之后，是自弃，或是自守。"文园令"这一守墓人的寂寞与寒凉，是否也在其他作品中呈现，我们分析司马相如的《长门赋》所隐蕴的幽怨之情，或许能发现某种隐喻。

第十二章

长门幽怨

　　传说就是司马相如在孝文园令的任上，他曾为武帝的陈皇后写了一篇《长门赋》，描绘了一段爱情恩怨的故事。据《汉书》记载，陈皇后是"元光五年，废居长门宫"，据此推算，相如任文园令时作此赋也是合理的。后人追溯相如人生的这段经历，又常将相如与文君"白头吟"的事与陈皇后"长门怨"的事结合在一起，对相如的为人进行各自不同的解读与评价。至于《长门赋》的创作动因，宋代大词人辛弃疾《摸鱼儿》词云："长门事，准拟佳期又误。蛾眉曾有人妒。千金纵买相如赋，脉脉此情谁诉？"这里面隐藏了一个典故，那就是陈皇后用重金购买相如赋的说法。

一、陈皇后的故事

相如写《长门赋》不见载于《史记》《汉书》，初始出现在萧统《文选》里，被编排在"哀伤"类，以相如赋居首，后续有向秀的《思旧赋》、陆机的《叹逝赋》、潘岳的《怀旧赋》《寡妇赋》、江淹的《恨赋》《别赋》，均属于怀旧哀怨类的抒情赋。有关这篇赋的作者曾有疑问，更突出的问题是《文选》编录相如赋时，有一段赋序文字：

> 孝武皇帝陈皇后，时得幸，颇妒。别在长门宫，愁闷悲思。闻蜀郡成都司马相如天下工为文，奉黄金百斤，为相如、文君取酒，因于解悲愁之辞。而相如为文以悟主上，皇后复得亲幸。

对这段文字及赋作正文的归属，素有争议，例如《南齐书》卷五十二载录陆厥《与沈约书》，其中认为"《长门》《上林》，殆非一家之赋"。后来明末的顾炎武在《日知录》中也说是"后人托名之作"；清人张惠言《七十家赋钞》卷二合观赋序与赋文，均编录于相如名下，而且认为"此文非相如不能作"。赋文的归属是有争议的。关于《长门赋》前的这则序文，有几点值得注意的视点：一是陈皇后被置冷宫（长门宫），二是以黄金购买相如赋，三是陈皇后复得宠幸。第一点属于史实，第二点疑为传说，颇有争议，第三点纯属编造，与史实不符。但是，因为这一序文的叙述，加上赋文的"宫怨"性质，人们把相如这篇赋作与陈皇后的遭遇联系在一起，实质也隐含了相如人生书写的一段心路历程。

陈皇后（阿娇）的被废，是武帝生活史上的一件大事，也是他亲政后试图改制而先从内宫入手的一个举措。当武帝要废陈皇后的时候，朝中诸大臣极力反对，后主父偃提醒，说这是皇帝的家事，外臣不宜干涉，这使武帝放手一搏，开始了由内到外的改制。关于陈皇后的故事，还要从汉武帝小时候说起。据《汉孝武故事》的记载，武帝几岁的时候，他的姑妈长公主刘嫖（又称馆陶公主）有一天把他抱着放在膝盖上，指着身边很多女孩，开玩笑地对他说："你想娶妻吗？她们好不好？"年幼的刘彻摇头回答"不好"。长公主于是又指着自己的女儿陈阿娇对他说："阿娇好吗？"刘彻突然笑着说："好啊，我如果能娶阿娇为妻，定要建造一座金房子给她住。"这就是成语"金屋藏娇"的由来。武帝小时候这则故事，正史没有记载，有关长公主与陈皇后的事，记载却不少。汉景帝四年（前153年），刘彻被册立胶东王，也是这一年，景帝因为皇后薄氏无子，立栗姬所生之子刘荣为太子，史称"栗太子"。可是仅仅过了两年，胶东王刘彻就取代刘荣成为皇太子，刘荣被废，刘彻被立，一衰一荣，其中奥妙与两个女人有关，这就是长公主刘嫖与武帝的母亲王娡（王夫人）。刘嫖是景帝的姐姐，早年嫁给堂邑侯陈午，生女阿娇。刘嫖想把女儿许配给太子刘荣，谁知栗姬本来对刘嫖就没有好感，听到提及儿子的婚姻大事，立即"谢长公主，不许"（《汉书·外戚传》），拒绝了刘嫖的联姻要求。刘彻母亲王夫人见有机可乘，于是向长公主大献殷勤，与其暗中联手，对付栗姬与太子。恰逢景帝生病，病榻上交代栗姬要善待其他姬妾之子，这栗姬生性褊狭，恃宠而骄，顶撞了景帝，于是刘嫖趁机进谗言，景帝渐渐冷淡了栗姬，而刘嫖又赞刘彻聪慧过人，劝景帝改立太子。王夫人趁机从中设计嫁祸栗姬，挑动大臣上书说"子以母贵"，请立栗姬为皇后。景帝误认为这是栗姬的主意，一怒之下，废太子刘荣为临江王，栗姬气郁于胸，不久也就病死了。

刘嫖与王娡这两个女人联手将刘彻推上了皇太子的宝座，待景帝驾崩，刘彻自然接替了皇位。为了报答长公主的极力推荐，刘彻当上太子后，就娶了她女儿陈阿娇为太子妃，迨即帝位后，又封她为皇后。有关陈皇后的被废，《汉书·外戚传》的记述是：

初，武帝得立为太子，长主有力，取主女为妃。及帝即位，立为皇后，擅宠骄贵，十余年而无子，闻卫子夫得幸，几死者数焉。上愈怒。后又挟妇人媚道，颇觉。元光五年，上遂穷治之，女子楚服等坐为皇后巫蛊祠祭祝诅，大逆无道，相连及诛者三百余人。楚服枭首于市。使有司赐皇后策曰："皇后失序，惑于巫祝，不可以承天命。其上玺绶，罢退居长门宫。"

这段文字说的是陈皇后依仗自己是长公主的女儿，又与武帝青梅竹马，所以常恃宠骄妒，加上没生儿子，武帝也就渐渐冷落了她。到了建元二年（前139年），武帝的姐姐平阳公主送来一位名叫卫子夫的歌姬，武帝一下被卫子夫的美貌与气质吸引，很快移情于她，来往甚密。陈皇后知道后大为恼怒，几次大闹于内宫，乃至以寻死相胁。到了元光五年（前130年），陈皇后将女巫楚服等召入宫内作妖法，刻了个卫子夫的替身木偶，埋在地下，加以诅咒，据说这样能使被咒的人得狂病早死。这件事情败露，武帝命有名的酷吏御史张汤审问此案，结果是女巫楚服枭首于市，同时诛杀与事件相关者三百多人。陈阿娇被武帝收回皇后玺绶，正式废后打入冷宫，凄居于长门宫内。陈阿娇被废后的第二年，她的父亲堂邑侯陈午去世，母亲窦太主不久也亡故，兄长陈须、陈蛟在窦太主死后争财产，并且在为母亲服丧期间有淫乱行为，所谓"禽兽行（乱伦）"，被迫自杀。几年后，父母兄弟皆过世的陈氏在长门宫也郁郁而终。

根据史料所载，《长门赋序》所说的"陈皇后复得亲幸"是无稽之谈，可是用金买赋的事情，却为人津津乐道，并引起诸多推想。说的是陈皇后被废黜以后，独居冷宫，寂寞无聊，愁思苦闷，于是想到了武帝身边的大才子司马相如，就派人送上黄金百斤，说是给相如和文君喝酒的钱，让相如为她写篇赋解解闷，相如答应了，就写了这篇《长门赋》。这一说法虽不可靠，不过如果作一推想，陈皇后与相如间买卖辞赋之事，也有点道理。据历史记载，陈皇后曾经因没有生子，就出重金给医生，要想方设法买可以生子的方子，当她被打入冷宫，想借用相如作为皇帝近臣的身份和他那非凡的文才，达到某种目的，也不是不可能。另一方面，所谓无风不起浪，相如本人从他仕途出身是"赀选"，到与卓氏联姻获得大量财产，再到出使西南"受金"而犯错误，应该是个比较"贪"财的人，见了这"黄金百斤"（汉代黄金指黄铜）而动心，也合理，况且这还是劳动所得呢！有这样的合理推测，也就有了这个故事的不断演绎。当然，从学术上来讲，赋序中说的话多半没有历史根据，但从文艺方面来说，因这篇赋写得很凄凉而美丽，很能打动人心，所以后世诸多文人赓续其义，相如为陈皇后作赋的事也被多数人默认。比如唐代大诗人李白一生颇多相如情结，对《长门赋》的接受也是，他的《长门怨》反复咏叹"夜悬明镜青天上，独照长门宫里人"；他还曾道："天回北斗挂西楼，金屋无人萤火流。月光欲到长门殿，别作深宫一段愁。"心灵的对接也表明了诗人的态度。当然，对此事的质疑者亦多，例如在唐、宋时期有本不知编者姓名的《历代名贤确论》，其中有一段话从独特的视角质疑《长门赋》的创作：

> 陈皇后废处长门宫，闻相如工为文，奉百金为相如、文君取酒，相如为作《长门赋》以悟主上，皇后复得幸。予观汉武雄猜忍暴，而相如乃以微词衰慢及宫闱间，太史公一说李陵事，以为意沮贰师遂下蚕室。陈皇后得罪止坐卫子夫，子夫之爱不减李夫人，岂区区贰师所能比乎。而于相如之赋，独不疑其有间于卫子夫者，岂非幸与不幸，固自有命欤。[①]

该文作者并未怀疑《长门赋》的真实性，但对赋序所谓"以悟主上"，以及赋中描写对宫闱间事的刻画，认为不但帮不了陈皇后，按照武帝的性格，恐怕相如也很难全身而退。尤其是这里说司马迁"沮贰师"（贰师将军李广利）被施宫刑，相如谈宫闱中事，这还得了，必有更加严厉的惩罚，这倒真有点危言耸听了。

当我们直面《长门赋》书写的故事，确实是其形可观，其美可鉴，其情可咀，自为文学名篇。观此赋开篇所云"夫何一佳人兮，步逍遥以自虞。魂逾佚而不反兮，形枯槁而独居"，一个佳人的形象，通过弃妇之口的缠绵言说，跃然于纸上，其缘情以发义，托物以兴辞，实与相如其他赋作如《子虚》《上林》《大

[①] 详见《历代名贤确论》卷四十三。按：本书不著撰人名氏，明人吴宽在该书的序中称皆唐宋人所著。今存文渊阁《四库全书》本。

人》很不相同，而更接近于《楚辞》（尤其是《九歌》中"二湘"）的情思与风格。特别是赋中写的那种期待的情境，更能打动人心。比如赋文先说"期城南之离宫。修薄具而自设"，写出盼望君王来临的期待；接着君王没来，女主人公登高望远："登兰台而遥望兮，神恍恍而外淫。"回到宫中，更是凄凉彷徨，于是借琴声以消忧，而愁声更急，于是颓然上床，又入梦境，梦中"魄若君之在旁"，仿佛昔日恩爱，结果醒来只是一场美梦，更增惆怅与感伤。如写期待中的恍惚之情：

> 廓独潜而专精兮，天飘飘而疾风。登兰台而遥望兮，神恍恍而外淫。浮云郁而四塞兮，天窈窈而昼阴。雷殷殷而响起兮，声象君之车音。

以外在的物象拟状内在的心境，既专执，又彷徨。复如写薄暮时分怀人却不至的感伤：

> 日黄昏而望绝兮，怅独托于空堂。悬明月以自照兮，徂清夜于洞房。援雅琴以变调兮，奏愁思之不可长。案流徵以却转兮，声幼妙而复扬。贯历览其中操兮，意慷慨而自卬。

孤怀之情，又假托琴弦（如变调、流徵、幼妙、中操）内溢旁渲，幽深且悠远。再如写夜来幽梦，醒后惘然的无绪而又无奈的情思：

> 忽寝寐而梦想兮，魄若君之在旁。惕寤觉而无见兮，魂迁迁若有亡。众鸡鸣而愁予兮，起视月之精光。观众星之行列兮，毕昴出于东方。

"迁迁"是恐惧的样子，那种"寝寐"的梦幻带来的短暂的恬美，与"寤觉"所思之人不见的追思与惆怅，是何等地触目惊心。所谓"毕昴"是二十八宿中的两星座名，夏历五六月出于东方，而仲夏夜之"梦"，又是何等仓促而迷茫。因为紧接着的就是"望中庭之蔼蔼兮，若季秋之降霜"，寒凉与失望将裹挟而来，令人难以自持。这也无怪乎人们将其归于汉武帝与陈阿娇的情事，可以通过这篇美文窥探那大汉宫廷的艳史趣味。

　　宋代朱熹在《楚辞后语》中分辨《汉书》陈皇后与相如传记中没有用金购赋之事，认为这是荒唐的虚构，但却对这篇赋文大加赞美："此文古妙，最近《楚辞》，或者相如以后得罪，自为文以讽，非后求之。不知叙者何从实此云。"清人刘熙载《艺概·赋概》也说："《长门赋》出于《山鬼》。"二者均认为《长门赋》继承了《楚辞》的风韵。后世文人常用"长门"为题，创作诗篇，留下了许多脍炙人口的作品，用阿娇明写"宫怨"，实为表达自己郁郁不得志的意思。这也就是朱熹所推测的"相如以后得罪，自为文以讽"。那相如为何要借"长门宫"以为赋呢？这又宜通过当时相如的"文园令"职守，看看长门宫与孝文园的关联。

二、长门宫与孝文园

由于史传未载相如《长门赋》，所以这篇赋作于何时，没有确凿的证据，如果根据孝文园与长门宫在同一区域的地理位置来看，该赋作于相如为孝文园令时比较可靠。从文学的意味推测，相如在荒凉的霸陵（文帝墓）眺望荒败的长门宫，触景生情，有可能谱写出这一曲以宫怨比拟心怨的千古绝唱。

长门宫原是馆陶长公主刘嫖所拥有的私家园林，后来长公主以情夫董偃的名义将其献给汉武帝改建，用作皇帝祭祀（近孝文园）时休息的地方。这段史事比较详细地记载于《汉书·东方朔传》中，且有相当的故事性，所以转录如下：

初，帝姑馆陶公主号窦太主，堂邑侯陈午尚之。午死，主寡居，年五十余矣，近幸董偃。始偃与母以卖珠为事，偃年十三，随母出入主家。左右言其姣好，主召见，曰："吾为母养之。"因留第中，教书计相马御射，颇读传记。至年十八而冠，出则执辔，入则侍内。为人温柔爱人，以主故，诸公接之，名称城中，号曰董君。主因推令散财交士，令中府曰："董君所发，一日金满百斤，钱满百万，帛满千匹，乃白之。"安陵爰叔者，爰盎兄子也，与偃善，谓偃曰："足下私侍汉主，挟不测之罪，将欲安处乎？"偃惧曰："忧之久矣，不知所以。"爰叔曰："顾城庙远无宿宫，又有萩竹籍田，足下何不白主献长门园？此上所欲也。如是，上知计出于足下也，则安枕而卧，长无惨怛之忧。久之不然，上且请之，于足下何如？"偃顿首曰：

"敬奉教。"入言之主，主立奏书献之。上大说，更名窦太主园为长门宫。主大喜，使偃以黄金百斤为爱叔寿。

作为汉武帝姑姑、陈皇后母亲的窦太主（馆陶公主刘嫖），气焰嚣张，为所欲为，自不待言。她府中女仆之子董偃，因面容姣好，腹内有些文才，成年后（十八而冠）被刘嫖纳为"面首"（情人）。虽然上引《汉书》称她和董偃的事发生在丈夫堂邑侯陈午过世后，但陈皇后被罢黜至长门宫之后一年，陈午方才去世，这说明陈午在世时，馆陶公主和董偃的暧昧关系，早已经是众人皆知了。你看这董偃，在馆陶府第过着奢华的生活，出门的时候乘坐的是高头大马，晚上则与公主同寝。虽然在汉代男女之大防不太严格——比如武帝本人就是在姐姐平阳公主家看到舞女卫子夫而将其纳入宫中，后成了皇后，而卫子夫的兄弟卫青作为平阳公主家的奴仆，成了大将军，后来又得到武帝恩准，娶守寡的平阳公主为妻。但是，作为皇帝的姑姑私养面首，也不是什么光彩的事。窦太主或许不害怕，但董偃却有所畏惧。他因为与刘嫖的特殊关系，贵族、王公、大臣都愿意和他结交，称呼他为"董君"。安陵人爱叔是董偃最要好的朋友，他有一天对董偃说："您暗地里侍奉公主，随时都有可能被皇上处罚，您打算就这样若无其事地过下去吗？"董偃惶恐地说："其实我心里也很害怕，但一直想不出好的办法来。"爱叔说："皇帝去顾城庙（文帝庙）祭祀，路远没有住宿的地方，又有萩竹籍田，萩草竹林丛生难以尽除，籍田于礼又不可废，实无可建行宫之处，您何不告诉窦太主让她把长门园献出来，这正是皇上需要的啊。要是这样做了，皇上知道这个计策出自于你，这样你就可以高枕无忧，以后也就不用再提心吊胆地过日子。要是你没有这样做，皇上就会提出要求，那时他于你又会怎样看待呢？"于是董偃去见馆陶公主，把这件事告诉了她，馆陶公主马上奏报皇上，决定把长门园献出来。武帝非常高兴，就把馆陶公主献上的长门园改名为长门宫。

这就是长门宫的由来。前引文字中爱叔说"顾城庙远无宿宫"，顾城庙就是文帝庙，按爱叔所说，武帝前往文帝庙祭祀，路途遥远无离宫，且萩竹丛生难以尽除，籍田于礼又不可废，实无可建宿舍之处。这一则可知长门宫附近荒凉而无人烟，一则可知武帝将馆陶公主的长门园改为长门宫，为的也是往顾城庙拜祭文帝有方便歇息的地方。又据《水经注》记载："在霸陵县。有故亭，即《郡国志》所谓长门亭也。"这证明长门宫与孝文园同在霸陵县，即今陕西长安城东南之地。事情往往具有反讽的性质，这窦太主将自己的长门园献给了侄儿武帝，武帝后来竟将她的女儿陈阿娇废除皇后名位，并赶出了长安，让她就住在这长门宫内。这个地方也成了陈阿娇死后的葬身地，即"霸陵郎官亭东"。也许又因为相如身在寂寞的孝文园，眼望着那荒败之长门宫引发联想，创作了千古流传的《长门赋》，长门宫也就成为冷宫的代名词。

由地理位置的相近，联想到处境的相近，一为废后居长门宫（阿娇），一为守墓人居孝文园（相如），其间心灵的传递或感应，最恰当的一个字就是"冷"，即"冷宫"与"冷官"。假设《长门赋》前小序所言属实，假设该赋作于相如身居文园令时，试想一个被打入冷宫的人祈求一个身职冷官的人代言以上达天听，感动至尊，这岂不又是一番叫人啼笑皆非的反讽。这些只是假设，但有一点是真实的，那就是我们读《长门赋》，感受到的氛围是"冷"。赋中充斥了诸如"枯槁""独居""离宫""薄具""哀号""孤踌""空堂""清夜""颓思""彷徨""偃蹇""自悲"等词语，组合成寂寞而清冷的自然氛围和内在情境。如果对应相如所献的《大人赋》写天上的清冷，以喻示人生寒凉与不遇，则这篇赋假"宫怨"以抒怀，也是切合当时相如的人生与心境的。

当然，人们对《长门赋》的欣赏，还是寄情于"宫怨"题材。

三、开启"宫怨"题材

对《长门赋》的归属问题，历来有争议，否定这是相如创作的人很多。如前引陆厥谓"《长门》《上林》，殆非一家之赋"；何焯《义门读书记》也认为"此文乃后人所撰，非相如作。其辞细丽，盖张平子之流也"。肯定为相如所作者亦有，例如张惠言说"非相如不能作"。今人简宗梧撰写《〈长门赋〉辨证》一文，通过赋的用韵，并对照西汉蜀地赋家如王褒、扬雄的赋作的用韵方法，得出其赋为西汉蜀地人创作的结论。在这篇文章中，他提出了诸多理由，从押韵来讲，所提供的证据是：

> 我们由"阳""唐""庚"韵字的通押，大体可以认定《长门赋》是西汉时期的作品；再由"侵""覃""东"韵字的通押，可以判定它不是张衡的作品，而以西汉蜀郡人作品的可能性较大；又以"真""盐"合韵观之，除西汉蜀郡人以外，已无此例。①

一代有一代的韵律，一地有一地的方音，由押韵推断相如赋的时代性，以确定其归属，是非常有价值的。当然，这是讨论真伪，而从文学史的意义来说，《长门赋》的价值还是在于对文学新题材的开拓。《长门赋》应该是文学史上最

---

① 参见简宗梧：《汉赋史论》，台湾东大图书公司1993年版。

早写宫怨的作品，后世宫怨成为受重视的文学题材。作者同情幽闭于皇宫中的弱女子，同时宫妃的荣辱系于一人的好恶，也与臣下的进退掌握在君王手中有些类似，这就使许多文人寄慨于"宫怨"这一主题。

"宫怨"，指的是帝王宫中妇女的愁苦与哀怨，"宫怨文学"是指描写宫怨题材的各类文体与文本，如宫怨诗、宫怨词、宫怨赋等。纵观历代"宫怨"题材的作品，无不受到《长门赋》的巨大影响，因此该赋被奉为有作家名姓的宫怨创作之源。例如唐人白居易《长恨歌》所言"后宫佳丽三千人，三千宠爱在一身"，一人宠幸，又有多少宫人被冷落？所以他又写了那篇著名诗作《上阳白发人》："上阳人，上阳人，红颜暗老白发新。绿衣监使守宫门，一闭上阳多少春。玄宗末岁初选入，入时十六今六十。同时采择百余人，零落年深残此身。忆昔吞悲别亲族，扶入车中不教哭。皆云入内便承恩，脸似芙蓉胸似玉。未容君王得见面，已被杨妃遥侧目。妒令潜配上阳宫，一生遂向空房宿。"按着又写"宿空房，秋夜长"的寂寞，"上阳人，苦最多"的冷落，其情感的对接，正是相如的《长门赋》。

在唐代的传说中，还有红叶题诗的故事。该故事最早见于孟启的《本事诗·情感第一》，记述了顾况的梧叶题诗："顾况在洛，乘间与三诗友游于苑中，坐流水上，得大梧叶题诗上曰：'一入深宫里，年年不见春。聊题一片叶，寄与有情人。'况明日于上游，亦题叶上，放于波中。诗曰：'花落深宫莺亦悲，上阳宫女断肠时。帝城不禁东流水，叶上题诗欲寄谁？'后十余日，有人于苑中寻春，又于叶上得诗以示况。诗曰：'一叶题诗出禁城，谁人酬和独含情？自嗟不及波中叶，荡漾乘春取次行。'"类似的故事又见于唐人范摅的《云溪友议》卷十，而五代孙光宪《北梦琐言》卷九记述的则是僖宗时李茵的故事，经过反复的言说与演绎，后人又编撰成小说的文本《流红记》。在这一久久流传而大同小异的故事中，主角的变化（如顾况、李茵）并不重要，其引发的是深深的宫墙内受冷落的宫女那无法排遣的幽情。

而这类宫怨题材的文学书写，在文人笔下的诗文中，常常直接冠以"长门"的意象，最典型的就是人们耳熟能详的冠以《长门怨》题目的诗作。例如在宋代就有大量的《长门怨》这一同题创作，从中选录几首以观其大略：

寒风号有声，寒日惨无晖。空房不敢恨，但怀岁暮悲。今年选后宫，连
娟千蛾眉。早知获谴速，悔不承恩迟。声当彻九天，泪当达九泉。死犹复见
思，生当长并捐。

（陆游）

只看金屋贮，便有长门弃。始盛终当衰，人情亦天意。

（赵蕃）

弱体鸳鸯荐，啼妆翡翠衾。鸦鸣秋殿晓，人静禁门深。每忆椒房宠，那
堪永巷阴。日惊罗带缓，非复旧来心。

（李华）

锦瑟新添一岁尘，宝鸾空负百年身。建章万户莺花好，只有长门更
不春。

（黄顺之）

或写冷宫的寂寥，或写失恩的幽怨，或者直接以昔之"金屋贮"而今之"长
门弃"，影写陈皇后故事，以传递《长门赋》中的悲情。宋人范浚《读〈长门
赋〉》诗云：

阿娇负恃颜妹好，那知汉帝恩难保。一朝秋水落芙蕖，几岁长门闭春
草。……长记髫年聘时节，爱深金屋宁衰歇。……顾步深噸生怅望，伊谁一
为回天心？人言消渴临邛客，天下工文专大册。黄金取酒奉文君，愿悟君王
赐颜色。赋成果得大家怜，凤觜煎胶续断弦。不似昭君离汉土，一生埋没隔
遥天。

这首诗有些模仿白居易《长恨歌》的风调，内容却是敷衍《长门赋》前小
序的故实而成，在某种意义上又试图淡褪"长门"的"怨"情，假设出一种君臣

际合的美丽。只是开篇说的帝王"恩难保"，这种美丽中潜藏的还是一种"怨"气，表现的不过是一种凄美。

最有趣的还是宋代文言传奇小说《梅妃传》，写的是有关唐玄宗朝梅妃摹效陈皇后的故事。有关梅妃的事迹发源于《梅妃传》，写得最为详细，但作者不详，清代陈莲塘《唐人说荟》题曹邺作，似乎也仅是根据传文跋语所说来的。据该传记述，梅妃"姓江氏，莆田人。父仲逊，世为医。妃年九岁，能诵《二南》。语父曰：'我虽女子，期以此为志。'父奇之，名曰采苹"。说的是唐玄宗时梅妃入宫，玄宗因宠幸杨贵妃，梅妃也就失宠了。梅妃失宠后，在寂寞的宫禁中就想到了汉武帝的陈皇后，更想到了能"以悟主上"的相如赋，于是就请高力士出宫寻找有类似相如文才的人，再写篇类似《长门赋》的赋，高力士怕帮这个忙后，会被杨贵妃知道，所以不敢答应梅妃。梅妃失望之中，在冷宫中对月伤心，自己写了篇《楼东赋》，顾影自怜，抒发她满腹的牢愁和幽怨的情思。清人陈元龙编《历代赋汇》，收录了署名江采苹的《楼东赋》[1]，该赋的最后一段写道：

> 奈何嫉色庸庸，妒气冲冲。夺我之爱幸，斥我乎幽宫。思旧欢之莫得，想梦著乎朦胧。度花朝与月夕，羞懒对乎春风。欲相如之奏赋，奈世才之不工。属悉吟之未尽，已响动乎疏钟。空长叹而掩袂，踌躇步于楼东。

这篇作品基本是摹拟《长门赋》写的，格调雷同，句式仿效，尤其是词章与情境，均不及《长门赋》原作水平。但在赋中作者所言创作缘由在于"欲相如之奏赋"，其受到相如赋以及相关解读的影响，也是不言而喻的。

《长门赋》"宫怨"题材的接受，扩大了相如赋的影响力，不过有关长门恩怨的故事在进一步渲染相如才华的同时，也有很大的负面作用，这主要凸显在对相如人品的评价方面。比如清代的乾隆皇帝就作过一首《白头吟》诗，诗中写道："相如赋长门，因之得黄金，如何卓文君，又作白头吟？"诗中谴责司马相

---

[1]　陈元龙：《历代赋汇·外集》卷十五"美丽"类。

如为了钱如此用情写《长门赋》，为别人婚姻劝和，而自己言行不一，为了一位茂陵女子，却害得卓文君伤心地写下了《白头吟》。另一位清代文人朱鹤龄也有一首《卓文君》诗，其中有"如何白首犹移爱，羞杀长门卖赋金"两句，一责其移情别恋，一责其写赋赚金，视相如为言行不一的小人，这骂得就更直白了。

当然，"长门"故事的流传，核心还在一个"怨"字。郭茂倩《乐府诗集》卷四十二引《汉武帝故事》有关阿娇事之后，又引《乐府解题》："《长门怨》者，为陈皇后作也。后退居长门宫，愁闷悲思，闻司马相如工文章，奉黄金百斤，令为解愁之辞。相如为作《长门赋》，帝见而伤之，复得亲幸。后人因其赋而为《长门怨》也。"所述故事类同赋序语，然后将乐府歌曲《长门怨》解为因《长门赋》成篇，辑录柳恽、李白、岑参等同题作《长门怨》二十八首，以"怨"字贯通其义，用意是非常明显的。

由《长门赋》引出《白头吟》，这又开启了一个新的故事。据史书记载，相如因病免官，离职孝文园令之后，隐居在茂陵，与世无争，与时无闻，生活应该是相当冷清与寂寞的。但也正是在这段隐居生活间，又不乏一些民间传说的流播，为相如的桑榆晚景荡漾出些许耐人寻味的涟漪。其中"茂陵女"的出现与《白头吟》的创作，亦真亦幻，却成了相如人生历程中脱不开的话题。

第十三章

家居茂陵

在孝文园中度过了一段守墓人的清冷生活，司马相如一则出于对官场的失望与厌倦，一则感到身体每况愈下，于是真正脱离了他的仕宦生涯，过上了与世无争的隐居的日子。据史书记载，他移居到一个叫茂陵的地方，这时他年事虽不高，可是从他的生命历程来看，已进入了晚年。有关相如晚年居住茂陵的事情，史书没有什么记述，只有《史记》本传中存留一句："相如既病免，家居茂陵。"这里包括有两层含义：一层是因"病"免"官"，不再担任孝文园令；一层是移家居住茂陵。尽管史书记载内容极少，但由于茂陵的特殊地理位置，加上相如人生具有传奇的性质，所以在民间又存留了一些有关相如居茂陵时的传说。

一、茂陵：当朝神圣之地

茂陵原属汉时槐里县的茂乡，位于今陕西省咸阳市兴平市东北，东西为横亘百里的"五陵原"。其西面距兴平市12千米，其东面距咸阳市15千米，其北面远依九嵕山，其南面可遥对终南山，以为屏障，这是温湿适宜的可居之地。正因为有九嵕山与终南山为环护，加上五陵原的旷远气象，且与汉朝首都长安相距并不十分遥远，这里又被视为风水宝地。据说汉武帝刘彻在一次打猎的过程中，因在茂乡附近发现了一只麒麟状的动物和一棵长生果树，便认定茂乡是一块可以长生安息之地，于是就下诏书命人将这块地方圈禁起来，开始营造他自己百年后的栖息地——陵墓。自此，茂乡改称为"茂陵"。

茂陵作为汉武帝的陵寝，开建得很早，历时也很久，被称为汉代帝王陵墓中规模最大、修造时间最长、陪葬品最丰富的一座，甚至有"中国的金字塔"的美誉。武帝登基的第二年，即建元二年（前139年），就开始征募工匠、徭役数万人，在槐里县茂乡开始修建茂陵，至后元二年（前87年）即武帝驾崩之年始竣工，历时计53年。《晋书·索綝传》中有这样的记述："汉天子即位一年而为陵，天下贡赋三分之一，一供宗庙，一供宾客，一充山陵。"也就是说，汉武帝动用全国赋税总额的三分之一，作为建陵和征集随葬物品的费用。建陵时曾从各地征调建筑工匠、艺术大师3000余人。武帝驾崩后，入殡未央宫前殿。据《西京杂记》记载，"汉帝送死皆珠襦玉匣，匣形如铠甲，连以金缕"。梓宫内，武帝口含蝉玉，身着金缕玉匣，所谓"匣上皆镂为蛟龙鸾凤龟麟之象，世谓为蛟龙玉匣"，豪奢至极，这也引起后世对武帝作为的非议。

武帝于后元二年，因巡游而病逝于周至五柞宫，入殡后移葬茂陵。在武帝逝世之前，元狩六年（前117年），骠骑将军大司马冠军侯霍去病病逝，年仅24岁，被赐葬茂陵东侧1千米处，墓象祁连山。元封五年（前106年），大司马大将军长平侯卫青病逝，又赐葬茂陵东北1千米处，墓象卢山，与霍去病墓并列。太始元年（前96年），武帝又徙郡国豪杰于茂陵，茂陵成为当朝贵胄聚集的地方。武帝逝后18日，葬于茂陵。霍光追封已故的李夫人为孝武李皇后，李夫人墓也随之迁至茂陵。

汉武帝一生好大喜功，不仅建地上的华丽宫殿，包括扩建"上林苑"，也营造地下的奢侈宫室，厚生厚死，无不至极。他的墓园茂陵经数十年的经营，不仅成为豪门聚集地，还有卫青、霍去病墓的护卫，他平生最宠爱的李夫人也在这里和他相伴，他自然也就不寂寞了。唐人李商隐《茂陵》诗云："汉家天马出蒲梢，苜蓿榴花遍近郊。内苑只知含凤嘴，属车无复插鸡翘。玉桃偷得怜方朔，金屋修成贮阿娇。谁料苏卿老归国，茂陵松柏雨萧萧。"李贺《金铜仙人辞汉歌》亦云："茂陵刘郎秋风客，夜闻马嘶晓无迹。画栏桂树悬秋香，三十六宫土花碧……"这是对前朝繁华已过的叹息，对所留下的千年寂寞的感怀。如果回到当年，茂陵确实曾是个不可轻觑的区域，堪称武帝朝的神圣之地。

考察相如病居茂陵，大约应在元朔与元狩之间，而武帝自建元二年开始营建茂陵，至此已有十余年时间，这里也不会是个简陋而寂寥的小地方。同时，作为被皇家所圈禁的地方，若非恩宠，恐怕也不是能随意迁居到此禁区的。有趣的是，相如由"霸陵"为官到"茂陵"家居，其与西汉盛世的"文""武"帝的关联，何等密切，尤其是他生受武帝宠幸，死亦在武帝后来的归葬地，这种君臣缘份，在历史上也是非常罕见的。

有趣的是，在相如晚居茂陵的时期，民间却流传了一段他与茂陵女发生恋情的故事。

二、茂陵女与白头吟

　　相如"琴挑文君"的故事，在某种意义上成为后世追求爱情的典范，由于是典范，两人的婚姻也被神奇化和完美化，这其中必然包括相互间的专情与相守。如此被美化的人生情节，在后世大量的文君戏中多有描述。而清人胡世安《异鱼图赞补·下》中，却记载了另一个"彭蜞"的传说：

　　　　彭蜞，小蟹，生海边泥中，食土，一名长卿。按：成都故事，王吉夜梦一彭蜞在都亭，作人语曰："我翌日当舍此。"吉觉而异焉。使人早候，见司马长卿至。吉曰："此人文章当横行一世。"因呼彭蜞为长卿。卓文君一生不食彭蜞。

　　"彭蜞"是一种体小少肉的蟹。这则故事中以蟹的横行喻示司马相如文章"横行一世"，卓文君因慕其才而爱其人，故讳吃"彭蜞"（长卿），堪称两人情爱的另类书写。然而正是这个冲破世俗眼光营构自我爱情的婚配，却在相如晚年因病免官而隐居茂陵期间，被后世小说家演绎出一曲移情别恋的事件，又出现引述流传千古的《白头吟》诗为证的桥段，并以文君的情与德拯救了这一段美好的婚姻。

　　故事首见于《西京杂记》卷三所记载的西京旧事："相如将聘茂陵人女为妾，卓文君作《白头吟》以自绝，相如乃止。"相如欲娶"茂陵女"为妾，卓文君为捍卫他们来之不易的婚姻，而作《白头吟》感动相如，使之作罢。这里出现了影响历史传播中相如人生的一个"形象"即"茂陵女"，一段语象即《白头吟》。这二者的结合，演绎出人们耳熟能详的故事情节，说的就是相如家居茂陵，又看上了一户人家的女儿，据说也是绝色佳丽，相如要将她娶进门，正式纳为妾。文君知道后，心中震怒，这使她想起了自己当年不顾一切背离家庭、连夜私奔的情景，想到了相如临邛的琴声与二人的誓言，悲从中来，于是奋笔疾书，写下了一首《白头吟》诗，表示自己要与相如这个薄情寡义之人彻底断绝关系。这件事在后代的戏剧作品中又有不同的表述。例如明代署名韩节愍公[①]者所撰《凌云记》的故事情节是：陈皇后恩爱渐衰退处长门宫，奉千金求相如作赋。相如作《长门赋》而思念文君，出游茂陵。当地闲汉贾老实为赚谢礼钱，怂恿相如到茂陵女子郭佩琼家，力劝他纳郭佩琼为妾。相如经不住怂恿与诱惑，下聘郭家，又派身边的琴童回家迎接文君。文君此时已从驿使处得知消息，作《白头吟》以自绝，相如见诗而心生悔意。正在这时，唐蒙领兵通夷，手下康三官逼婚文君，又恼怒文君拒婚，于是用羊胜、公孙诡之计，以"通夷"之罪逼卓王孙交出文君。正在危急时，王吉及时赶到，救下了文君，一面派兵保护临邛城，一面上奏折弹劾唐蒙。相如听说文君受陷，焦虑万分，正巧武帝下诏令其抚蜀。相如发檄文安抚蜀民，贼兵败绩，康三官伏诛，羊胜、公孙诡被押解进京。结果是杨得意奉武帝命送郭佩琼来与相如完婚，文君欣然接受，相如又将郭氏的女仆春英嫁给了琴童，一家大团圆。这则戏剧杂糅了诸多情节，也违背了自《西京杂记》以来记述的文君作《白头吟》而相如自悔的原始义。剧中将"茂陵女"起了个郭佩琼的名字，也有剧本将"茂陵女"命名为丘采玉，人名不同，故事大同小异。又如清代澹慧居士编的《凤求凰》中，说的是相如安抚蜀民，不辱使命，从西南回京途中，经过茂陵，欲聘一茂陵女子为妾。文君得知音讯后，立即寄呈一首《白头吟》给相如，以表自绝之情，相如读诗后愧恶不已，纳妾之事遂止。这是遵循《西京杂记》以来故事主干而加以演绎的。

对传说中相如人生这一插曲的认知，关键在《白头吟》的真伪与内涵。考察

---

① 韩节愍公，就是韩上桂。韩上桂是明代戏曲家，一字孟郁，号月峰，别署浮天游子，广东番禺古霸乡人，有万历间岭南第一才子之称。

宋代郭茂倩编的《乐府诗集》卷四十一录《白头吟》八首，其中"古辞"两首，并无相如与文君内容，更早的《古今乐录》《乐府解题》也无此记述。不过在唐代如李白拟作《白头吟》时，则据《西京杂记》而拟构其诗作的内容。依据这一传说，相如则背"负心"之名，而文君亦生"怨心"。如宋人赵蕃《卓文君》诗云："成都共逸为琴心，岂不尝闻赋丽淫。重聘茂陵今已晚，不须多赋《白头吟》。"又，周南《卓文君》诗长篇演绎《白头吟》故事，自谓"推其意为文君怨"。又如李白的《白头吟》取陈皇后失宠而付千金请相如代作《长门赋》事，谓："相如作赋得黄金，丈夫好新多异心。一朝将聘茂陵女，文君因赠《白头吟》。"这类传说的千年演绎，无不围绕着相如与文君奇特的婚姻话题，而根源于"琴挑文君"之本事。

据宋代郭茂倩《乐府诗集》，在"相和歌辞"的"楚调曲"中《白头吟》组诗下有"古辞"二首，一首是晋代的曲词，一首就是相传文君作的这首诗，该诗最早见于南朝时人徐陵的《玉台新咏》，只题为乐府古辞，并无作者。《西京杂记》作者说文君写《白头吟》是否可靠，他说的是否为现在认为的这首乐府古辞，均是疑问，没有准确的结论。我们将这首后人认为卓文君所写的《白头吟》抄录如下：

> 皑如山上雪，皎若云间月。闻君有两意，故来相决绝。今日斗酒会，明旦沟水头。躞蹀御沟上，沟水东西流。凄凄复凄凄，嫁娶不须啼。愿得一心人，白头不相离。竹竿何袅袅，鱼尾何簁簁！男儿重意气，何用钱刀为！

诗的前四句："皑如山上雪，皎如云间月。闻君有两意，故来相决绝。"意思是我像雪一样洁白，像月一样明亮，来不得半点的尘渣污染，你相如既然心生二意，那我们就彻底分手吧！接着又以"今日"之相聚，"明旦"之分离，阐发男女之心异，人生之无常，而以"凄凄"状常俗之哀怨，复以"不须啼"以坚其心志。因为全诗所要表白的是"愿得一心人，白头不相离"，反过来说，既非"一心人"，何必相守到"白头"，其态度如此主动而坚决，是历代弃妇诗中罕见的。人们常推想，相如居住茂陵的时候，已经接近五十岁，文君也是人到中年，所以与那年轻美貌的"茂陵女"相比，文君的危机感与相如的见异思迁，也有一定的可能性。当然，这些都是小说家之言，只能视为相如人生中的一段"虚幻"的情节。不过这首《白头吟》诗反映了人们追求纯真爱情的理想，表现出一个弃妇的哀怨心理与维护女性人格的尊严，在漫长的封建礼教社会发展过程中，确实是很具有震撼力的。

据说在这首诗后面，文君还附有书信一封，被后世编纂相如文集的人命名为《与相如书》。该书文字不长，类似诗赞体。内容是：

> 群华竞芳，五色凌素。琴尚在御，而新声代故。锦水有鸳，汉宫有木。彼木而亲，嗟世之人兮，督于淫而不悟。朱弦喈，明镜缺。朝露晞，芳弦歇。白头吟，伤离别，（努）力加餐毋念妾。锦水汤汤，与君永诀！ [①]

说的是当年琴声还在耳边回响，你人怎么就要以新代故了呢？你这样沉湎于女色而不觉悟，真是悲哀啊！我这里作《白头吟》，也是伤心这样的分离，你自己好自为之吧，更不要牵挂我了。其中点出"白头吟，伤离别"，应该足以说明这封书信是附着于《白头吟》诗而来的，而所谓"锦水汤汤"的绵长情思，"与君永诀"的决断语言，也是附着于诗意的演绎。一首哀怨的《白头吟》，一封凄伤的诀别书，作为一段传说，又促使人们以美好的愿望构想出当时的情境。那就是文君的书写终于打动了相如的心，他想到往昔的恩爱，想到当垆沽酒的患难日子，打消了纳"茂陵女"为妾的念头。而且他在读《白头吟》后，还写了一篇悔过书给文君，这就是今天人们将其收入相如文集中的《报卓文君书》的那段文字：

> 五味虽甘，宁先稻黍。五色有灿，而不掩韦布。惟此绿衣，将执子之釜。锦水有鸳，汉宫有木。诵子嘉吟，而回予故步。当不令负丹青，感白头也。

---

① 张燮编《司马文园集》卷二附。编者按语："此二书（指卓文君《与相如书》和司马相如《报卓文君书》）绝不载于往编，且其叙致亦不类汉人语，必出伪手无疑。但近代所刻《文致》（指刘士镳编《文致》）诸集，多复选此，或别有据，聊姑存之。"

文中所说的"嘉吟",指《白头吟》;"丹青",即丹书青简,指卓文君的书信(即《与相如书》)。其中"锦水有鸳,汉宫有木"两句与卓文君书中相同,是复述前文,还是编排错简,不得而知。在这封书信中,相如深刻地检讨了自己见异思迁的错误,他说"五味虽甘""五色有灿",自己也不再看,不再尝了,自己读了文君的诗《白头吟》,感到回头是岸,今后"当不令负丹青,感白头"了。很显然,信中说的"五味""五色",还是代指如"茂陵女"这样年轻美丽的女子,看来相如还是承认这些美色是好的,就是自己不敢再贪恋而已。推敲其"五色""五味",显然是从老子《道德经》中来的,就是"五色令人目盲,五音令人耳聋,五味令人口爽",以否定词杜绝口腹声色的欲望。观这一故事的发生与发展,其主导思想仍是符合中国传统道德文化的戒"情色"而归于"礼仪"的构想。至于前面叙写的由《长门赋》引出《白头吟》,唐人诗中又尝因《白头吟》联系到《长门赋》,如崔道融《长门怨》诗批评相如言行不一,薄情寡义:"长门花泣一枝春,争奈君恩别处新。错把黄金买词赋,相如自是薄情人。"清代诗人吴伟业也为此写了一首诗,诗的题目是《读史有感·其四》,诗的文字是:"茂陵芳草惜罗裙,青鸟殷勤日暮云。从此相如羞薄幸,锦衾长守卓文君。"该诗前两句写相如与茂陵女的恋情,后两句写读《白头吟》后的悔过,针对性极强,涵盖面也甚广。吴伟业作为清初的大学者,却以此传说为"史",可见这一故事流传之远,影响之深。

三、民间传说中的"数字诗"

在文君和相如的故里四川，民间传说故事很多，内容也极丰富①。比如《琴丝生与〈凤求凰〉》的故事，讲述了相如弹琴感动文君之时，也感动了琴台边的竹子，周边的竹了把琴弦深深地刻在身上，天长日久，永不磨灭，至今琴台边的竹子上还有一道道的墨绿的细线，俗称此竹曰墨竹。又如《太上老君与文君井》，说的是太上老君帮助文君夫妇酿出甘甜醇香之好酒的故事。

与相如移情别恋相联系的民间故事，较出名的是《文君巧作数字诗》。这故事的意图类似文君撰写《白头吟》，只是将时间节点向前推移了不少。说的是当年相如辞别文君赴长安任职，一去五年，杳无音讯，文君望眼欲穿，盼到的只是丈夫的一封"数字信"，就是"一二三四五六七八九十百千万"。文君读后，见十三个数字止于"万"，而没有"亿"，知道丈夫在灯红酒绿的京城早花了心，对自己"无意（亿）"，悲愤难平，就回了一首"数字诗"给相如。其"数字诗"这样写道：

> 一别之后，二地相悬，只说是三四月，又谁知五六年。七弦琴无心弹，八行书不可传，九连环从中折断，十里长亭望眼欲穿。百思想，千系念，万般无奈把郎怨。

---

① 详见傅尚志主编：《千古风流——卓文君的故事》，中国文史出版社2006年10月版。

写好后意犹未尽，又忿忿然将这十三个数字倒过来写一遍，所谓：

> 万语千言说不完，百无聊赖十依栏，重九登高看孤雁，八月中秋月圆人不圆。七月半烧香秉烛问青天，六月伏天摇扇我心寒。五月石榴如火偏遇阵阵冷雨浇花端。四月枇杷未黄我欲对镜心意乱。忽匆匆，三月桃花随水转；飘零零，二月风筝线儿断。噫，郎呀郎，巴不得下一世你为女来我为男。

就是这首民间的俚俗之诗，被赋予了"怨郎诗"的题名。从诗体上来看，西汉初年的诗歌主要是"骚体诗"，这样浅显俚俗的作品不可能出自卓文君之手，但作为后世人的编造，同样也给相如与文君故事增添了些许浪漫的情采。

这段传说可以看作是《白头吟》的同题异作。我们比较一下这首《怨郎诗》（数字诗）和那首《白头吟》的写作风格，可以说《怨郎诗》怨情绵长，《白头吟》杀伐果断，一能引人遐思，一能断人心肠。但是，这两首诗或两则故事，却共同塑造了一个美丽贤淑、知书达理，而又自强自立的女性（文君）形象——不仅是个勇敢到能夜奔的女子，而且是位能够捍卫自己感情和权利的"制夫"高手；特别是她欲擒故纵的手段和达到的艺术效果，又与相如作为"为文"高手的形象匹配，而且相得益彰。

在茂陵这个"神圣"的小镇，相如老了，病了，他还能留给他的"老友"汉武帝什么珍贵的"礼品"呢？史书记录的只有他的临终遗篇——《封禅文》。

第十四章

临终遗篇

　　在当时最高统治者汉武帝的眼中，相如永远只是一个在身边写赋逗乐的文人。司马迁在《报任少卿书》中就曾深刻地指出了汉武帝重视文化，喜好身边御用文人的特点，文人是"主上所戏弄，倡优所畜"，就是供他消遣，豢养以便取乐的。还有武帝极喜爱的弄臣枚皋，也很会写赋，他自己就说过"为赋乃俳，见视如倡"。俳，就是俳优，古代演杂耍、滑稽戏的演员；倡，指歌舞演员。在汉代，这些演员被视为下等人，赋家们自比倡优，他们的身份和命运也就可想而知了。鲁迅先生有篇文章叫《从帮忙到扯淡》，其中有段精辟的论述，他说："中国的开国雄主，是把'帮忙'和'帮闲'分开的，前者参与国家大事，作为重臣，后者却不过叫他献诗作赋，'俳优蓄之'，只在弄臣之列。"相如虽然也参与过一些国家大事，但到头来还是个"帮闲"的弄臣。所以他尽管曾以赋作"三惊"汉主，但是其晚年仍是非常寂寞的。可是在他临终时，武帝又想到了他，还想看他会留下什么美文。当所忠将相如一篇遗文呈献给武帝时，他又震惊了，这就是《封禅文》。

一、所忠访遗书

相如做了几年孝文园令，上了篇《大人赋》，实在感到为官的无趣，于是又以"病"的理由请求辞职，反正又不是什么举足轻重的人物，年龄又不小了，武帝也就同意了他的请求。辞职后的相如住在茂陵的家中。过了一些时日，相如在家病重的消息传到了京城，武帝知道他的文才，认为他肯定写了不少好东西，如果不把它取来，丢失就可惜了。于是武帝派了一个叫所忠的人去探望相如的病，更重要的是询查他最近有没有新的作品，以便取回。据《史记》本传记载：

> 天子曰："司马相如病甚，可往从悉取其书；若不然，后失之矣。"使所忠往，而相如已死，家无书。问其妻，对曰："长卿固未尝有书也。时时著书，人又取去，即空居。长卿未死时，为一卷书，曰有使者来求书，奏之。无他书。"其遗札书言封禅事，奏所忠。忠奏其书，天子异之。

说的是所忠赶到茂陵相如家，相如已经死了，所忠于是"问其妻"，这个"妻"是不是卓文君，已无法考证。有的学者认为这就是文君，所以在记述这件事时就说所忠问文君。不过也有人认为不可能是文君，因为文君才学非凡，怎么可能对相如写的东西漠不关心，以致仅存"空居"呢？根据这一思路再继续追问，很可能相如三十多岁于临邛"琴挑"文君时，家中已有妻室，所谓孤身在外，只是游士背景下离乡游婚的写照。甚至可以认为文君本人也只是相如的一个"妾"，是他人生中的一段爱情插曲而已。当然，这一推测也有质疑，据说相如死后，"文君为诔"，或可成为《史记》本传"其妻"即为文君的旁证。有关"文君为诔"语见于《西京杂记》卷二，然不载其辞，其诔文初见明人梅鼎祚编《西汉文纪》，又见贺复徵《文章辨体汇要》，据张燮《司马文园集·附录》，其辞是："嗟嗟夫子兮亶通儒，少好学兮综群书。纵横剑技兮英敏有誉，尚慕往哲兮更名相如。落魄远游兮赋《子虚》，毕尔壮志兮驷马高车。忆昔初好兮雍容孔都，怜才仰德兮琴心两娱。永托为妃兮不耻当垆，生平浅促兮命也难扶。长夜思君兮形影孤，上中庭兮霜草枯。雁鸣哀哀兮吾将安如，仰天太息兮抑郁不舒。诉此凄恻兮畴忍听予，泉穴可从兮愿殒其躯。"该辞杂取史传内容，敷衍"愿从"以表哀伤之意，应为后人托名之作。尽管如此，也非史传中"其妻"茫然无识可比。由于文献不足征，"其妻"的真容也只留下历史的悬疑，无从考实了。但所忠访遗书，则是确凿的事情。

问题是武帝为什么派所忠去相如家取书，所忠是什么人？史书虽未说明，但对其生平的记述，却能透露出一些资讯。有关所忠，《史记》除了相如传，计有三处记述，分别是《孝武本纪》《封禅书》《平准书》。在《平准书》中记录了所忠所进言："世家子弟富人或斗鸡走狗马，弋猎博戏，乱齐民。"于是武帝"乃征诸犯令，相引数千人，命曰'株送徒'。入财者得补郎，郎选衰矣"。此是针对当时富家子弟不务正业的批评，《汉书》卷二十四所引所忠言与此相同。《史记·孝武本纪》所载与《封禅书》大体相同，兹录如次：

> 其秋，上幸雍，且郊。或曰"五帝，泰一之佐也。宜立泰一而上亲郊之"。上疑未定。齐人公孙卿曰："今年得宝鼎，其冬辛巳朔旦冬至，与黄帝时等。"卿有札书曰："黄帝得宝鼎宛朐，问于鬼臾区。区对曰：'黄帝得宝鼎神策，是岁己酉朔旦冬至，得天之纪，终而复始。'于是黄帝迎日推策，后率二十岁得朔旦冬至，凡二十推，三百八十年。黄帝仙登于天。"卿因所忠欲奏之。所忠视其书不经，疑其妄书，谢曰："宝鼎事已决矣，尚何以为！"卿因嬖人奏之。上大说，召问卿。对曰："受此书申功，申功已死。"

《汉孝武故事》也同载了这件事，大体相同。通过这则记载，我们可以看到，所忠是皇帝的近臣，又多参与有关方士进献神方及祭祀活动，但他又与方士不同，故而有"视其书不经，疑其妄书"的质疑，但拗不过皇帝的喜好，自然也就顺从了有关的宗教活动。于是我们联想到相如与所忠有两大共同点：其一，两人都曾是皇帝身边的近臣；其二，两人均不偏信方士神鬼游仙之说，却并不反对当朝国家宗教的建设，而且参与其间。这也是司马迁《封禅书》既取效于相如的《封禅文》，又将所忠事迹收录其中的原因之一。无巧不成书，武帝派所忠探视相如的初衷及所忠所获之《封禅文》，恰恰又印证了这其中的内在联系。

　　所忠到茂陵的相如家中访书的结果，是他赶到时相如已经在寂寞病困中死去。所忠在几乎无所收获的情况下，得到的仅是"其妻"相告的一卷书，也就是相如留下的仅存的手稿，并转达了相如生前的遗言：如果皇帝派使者来求书的话，就把这卷书呈上去吧。所忠打开相如的"遗札"一看，原来是篇《封禅文》。所忠从茂陵回到京城，就把相如的"遗札"《封禅文》呈献给武帝，而武帝手执此书时，史传称"天子异之"。有说"异"指有不同意见[①]，但依据后来武帝常怀封禅之志，且于元封元年行祭泰山，笔者觉得还是解为奇特、奇异妥当，指武帝得此书又一次发出惊叹。这又是什么原因呢？是武帝因喜欢相如的文采而为之高兴，还是因相如临终还不忘国家的大事而为之感动？这就需要通过对相如《封禅文》的内容加以解读来一探究竟了。

---

① 　详见庄春波：《汉武帝评传》，南京大学出版社2001年版。

二、《封禅文》与国家宗教

"封禅"这个词语在先秦时代就有，但完整地讨论封禅之事则始于司马相如的《封禅文》。例如司马迁《封禅书》引管仲曰"古者封泰山禅梁父者七十二家"，在相如《封禅文》开篇即谓"略可道者七十有二君"之说，虽亦征引前人之说，却早于史迁之书多年。而封禅大典作为国家宗教的礼仪，汉武帝之前多为"虚像"，而自此之后则已然成为制度，历史传承不息。封禅，指的是帝王祭祀天地的大典，是功隆德合的盛世的象征。所谓"封"，指培土，在泰山上培土为坛祭天，以报天之功；所谓"禅"（本作"墠"），指除地，在泰山下的梁父除草辟场祭地，报地之功。相如倡导如此报天地之功的祭祀大典，实与方术求诸神祇以及三代的庙祭（祭祖宗）大不相同，与武帝朝国家新宗教的建立有关。

考察三代（夏商周）的国家祭祀，以"庙祭"为主，《汉书·郊祀志》记载周公相成王时，即"郊祀后稷以配天，宗祀文王于明堂以配上帝。四海之内各以其职来助祭"，说的就是以"庙"（如后稷庙、文王庙）为主。而汉代自刘邦作为平民皇帝登基，因不同于前代的尊贵血统，所以在建立国家新宗教时不断进行造神运动，到武帝朝耽于方术，一会儿祭"神君"，一会儿祭"太一"，正是这一造神方式的延续，也可以说是建立国家新宗教的探索。武帝本人信仰的不确定性，并不影响国家新宗教建立的进程，董仲舒在《春秋繁露·郊事对》中就有答廷尉张汤问："所闻古者天子之礼，莫重于郊。郊常以正月上辛者，所以先百神而最居前。礼三年丧，不祭其先而不敢废郊。郊重于宗庙，天尊于人也。"①以祭天（地）之礼（郊）重于宗庙，以"天尊于人"，是汉代新宗教建立的重要标志。相如与汉代众多赋家所写的大赋作品，包括"游猎""京都""郊祀"等题材，无不是描述当朝的"天子礼"，其中就蕴含了国家新宗教的思想。②与赋体描述国家宗教不同，相如的《封禅文》是从历史渊承与思想价值角度来倡导尊天敬地的国家祭祀的，其中既包括对盛世制礼的渴望与提倡，也蕴含了对武帝迷恋方士泛神倾向的担忧。

《封禅文》，可分为五段。

首段写轩辕氏以前之上古有关封禅的传说，关键在以治世为尚，以逆行为戒，所谓"罔若淑而不昌，畴逆失而能存"。

次段自轩辕（黄帝）历述三代，重在由"周"朝而及于"汉"世。其说有二：一是列述圣君之所为，如"君莫盛于唐尧，臣莫贤于后稷""公刘发迹""文王改制"等等；二是引述《六经》以证其事，如谓"《六经》载籍之传，维见可观"，举例有《尚书》之"元首明哉，股肱良哉"等。而重点则在"大汉之德"一节文字，极言符瑞臻至与成功而封禅的意义。

三段假托"大司马"进言，颂武帝之功，言封禅之要。所托"大司马"，据《汉书·百官公卿表》，武帝元狩四年（前119年）置大司马，加于将军之号上，有此尊称者武帝朝仅二人，一是卫青为大司马大将军，一是霍去病为大司马骠骑将军。相如文中假其职以为借重，类似赋家假托人物的写法。在"大司马进曰"的语词中，先排比"陛下仁育群生""陛下谦让而弗发"，进谓"夫修德以锡符，奉符以行事"，以封禅之事为"天下之壮观，王者之丕业"，所以祈请"陛下全之"，以成此盛举。为付诸实行，这段文字的收束处用"前圣之所以永保鸿名而常为称首者用此，宜命掌故悉奏其义而览焉"的继前圣话语，开新章之实施，殷殷之鉴，极为诚恳。

四段以"天子沛然改容"承接"大司马"的话，以"愉乎，朕其试哉"

① 有关古代的郊祭，可参见李学勤：《释"郊"》，载《文史》第36期，中华书局1992年版。

② 参见拙撰《汉赋祀典与帝国宗教》，载《南京大学学报》2004年第4期。

作答，归于"询封禅之事"。这段文字结以诸"颂"文作赞美之意。颂文有五首，或言"甘露时雨，厥壤可游"，或言"万物熙熙，怀而慕思"，或言"般般之兽，乐我君囿"，或言"濯濯之麟，游彼灵畤"，或言"宛宛黄龙，兴德而升"，皆为祥瑞。后再束以"厥之有章，不必谆谆。依类托寓，谕以封峦"，归于泰山登封之义。值得注意的是，这里以"颂"附"文"的方法，包括以颂章歌赞祥瑞，对后世文章写法影响亦大，如班固的《两都赋》后系以《明堂》《辟雍》《灵台》《宝鼎》《白雉》五诗，即与相如文法相埒。

五段为全篇收结，以"天人之际已交，上下相发允答。圣王之德，兢兢翼翼也"，喻"兴必虑衰，安必思危"的忧患。

很显然，相如《封禅文》既有感世之忧，更多盛世之颂。朱熹《楚辞后语》中批评相如"其将死而犹以封禅为言"乃"亦足以知其阿意取容之可贱也"。姑不论相如赋中有讽意，就是颂"汉德"的文字，也是切合当时武帝初盛期招贤俊，尊儒术，兴学校，崇礼乐，溃匈奴，扩疆土的显赫功勋的，东方朔所谓的"自唐虞之隆，成康之际，未足以喻当世"（《汉书·东方朔传》），也是真实的。所以说，相如临终遗留下的《封禅文》，是他对盛汉国家新宗教的建设的思考，其中的核心思想，则是汉统与汉德问题。

三、汉统与汉德

汉统缘自汉业，汉德是汉统建立的根基，也是"继天地，体阴阳，而慎主客，序尊卑、贵贱、小大之位，而差内外、远近、新故之级"（董仲舒《春秋繁露·奉本》）的功业写照。如果说相如《喻巴蜀檄》最早用文学化语言描述汉业与汉统——"贤君之践位也……必将崇论闳议，创业垂统，为万世规。故驰骛乎兼容并包，而勤思乎参天贰地"，并将"创业垂统"的使命赋予当朝帝王，是出于人道的考虑，那么在他的《封禅文》中对汉德的再次彰显，则是对天道圣统的阐释。如文中写道：

> 大汉之德，逢涌原泉，沕潏漫衍，旁魄四塞，云尃雾散，上畅九垓，下泝八埏。怀生之类沾濡浸润，协气横流，武节飘逝，迩陕游原，迴阔泳沫，首恶湮没，暗昧昭晢，昆虫凯泽，回首面内。然后囿驺虞之珍群，徼麋鹿之怪兽……

这种祥瑞的呈现，是为大汉王朝立业树统张帜，究其思想而言，与此相吻合的正是董仲舒在天人策中强调的"《春秋》大一统者，天地之常经，古今之通谊"。作为"大一统"思想的当朝实施者的汉武帝，也因此受到汉史的充分肯定，如《汉书·武帝纪赞》所述"汉承百王之弊……（武帝）绍周后，号令文章，焕焉可述"，《宣帝纪》载本始二年（前72年）五月诏彰武帝功业，六月

"尊孝武庙为世宗庙"。

如果我们从《封禅文》再回溯相如赋"上林"时，会发现，其假托"无是公"宣扬朝廷大业也与董仲舒倡《春秋》公羊学赞述王朝"一统"思想相近，体现了当时"削藩"与"抗匈"的政略，那么相如临终上书，显然是对整个王朝的新宗教的建立擘画献猷。只是这种思想到汉宣帝、元帝之后又发生了变化，人们对汉统的担忧与赞述，已转向宫廷内的"外戚"与"宦官"。这一历史的转折仍在对武帝得失的评价，尤其是元、成庙议对"武庙"之尊毁的讨论。例如刘歆《武帝庙不易毁议》认为，武帝"功德皆兼有焉"，并列举其南灭百越、北攘匈奴、东伐朝鲜、西伐大宛，以及"兴制度，改正朔，易服色，立天下之祠，建封禅，殊官号，存周后，定诸侯之制，永无逆争之心"的确立汉室统绪的作为。据《汉书·梅福传》记述，在汉成帝阳朔元年（前24年），梅福因京兆尹王章弹劾外戚王凤被定罪论死上疏建言，戟指"外戚"将乱汉统的危机：

> 昔高祖纳善若不及，从谏若转圜……孝文皇帝起于代谷，非有周、召之师，伊、吕之佐也，循高祖之法，加以恭俭……孝武皇帝好忠谏，说至言，出爵不待廉茂，庆赐不须显功……汉家得贤于此为盛……方今君命犯而主威夺，外戚之权日以益隆，陛下不见其形，愿察其景。……今乃尊宠其位，授以魁柄，使之骄逆，至于夷灭，此失亲亲之大者也。

文中对"高祖""孝文"与"孝武"三帝的书写，表达对"其位"潜移于外戚的隐忧。而由"武帝"追尊"高祖"，也成了文士尊统书写的模式。如《汉书·叙传》录班彪《王命论》述汉统，"帝王之祚，必有明圣显懿之德，丰功厚利积累之业，然后精诚通于神明，流泽加于生民。……盖在高祖，其兴也有五：一曰帝尧之苗裔，二曰体貌多奇异，三曰神武有征应，四曰宽明而仁恕，五曰知人善任使"，是对高祖兴汉的夸饰。班固《高祖颂》"汉帝本系，出自唐帝。降及于周，在秦作刘。涉魏而东，遂为丰公"，颂其开创之功并梳理汉统的由来。西汉自吕后以来，外戚干政不断，如《汉书·惠帝纪》中史臣就感叹："宽仁之主，遭吕太后亏损至德，悲夫。"武帝少时，窦氏、王氏相继擅政，等到他亲政，尚武雄强，朝无外戚之患，然而所用征伐匈奴三大将卫青、霍去病、李广利皆是外戚，晚年托孤霍光，外戚以大将军执政事，聚财亦有过王者，成为西汉中后期的政治生态，并终结于王莽篡位而导致汉室移祚。清人赵翼论《两汉外戚之祸》说："两汉以外戚辅政，国家既受其祸……推原祸本，总由于柄用辅政，故权重而祸亦随之。"[①]由此我们再看东汉班固继《高祖颂》而写的《南巡颂》，是歌颂汉光武帝"惟汉再受命"的功业，乃"既禘祖于西都，又将袷于南庭"。"高祖"的开创与"光武帝"的再造，构成东汉赋家笔下汉统追索的重点。如班固《西都赋》中的"强干弱枝"语，《后汉书》李贤注曰"强干，帝室；弱枝，诸侯"；"佐命则垂统"语，《文选》李善注引孟子"创业垂统"说，李贤注"统，业也"，是对西汉统绪的强调。其《东都赋》"大汉之开元"，《文选》五臣注"建万代之业"；"于是圣皇乃握乾符，阐坤珍"之"圣皇"，李善注引《东观汉记》光武帝于王莽末起兵光复汉室故事，以阐明其"系唐统，接汉绪"的大汉帝系。在某种意义上，班、张对"两都"或"二京"的书写，就是对高祖开辟与光武光复之"汉统"的构建与绘饰。早在相如的笔下，包括赋文与上书，就已经反复倡导明汉统与建汉德了。

汉人重视"汉统"，外现为"汉势"，是气象的展示，内敛在"汉德"，是精神的蕴含。考察其建"德"缘由及理想，包括"汉德"这个词，都创见于司马相如对汉廷功业的论述，诸如"奉至尊之休德，反衰世之陵夷，继周氏之绝业""允哉汉德，此鄙人之所愿闻也""大汉之德，烽涌原泉"等，继后如扬雄《法言·孝至》"汉德其可谓允怀矣。黄支之南，大夏之西，东鞮、北女，来贡其珍"一段赞词。值得注意的是，汉人尊汉德的历史合法性，关键在取效周德，如《汉书·律历志》所载"汉高祖皇帝著《纪》，伐秦继周。木生火，故为火德。天下号曰'汉'"，实为汉统继周统的天命书写。而早在相如的《封禅文》中，就多有强调"周德"并以"汉"继"周"的言说，如在叙述"大汉之德"前，就列述了公刘、文王的德行，如谓"文王改制，爰周郅隆，大行越成，而后陵夷衰微，千载无声，岂不善始善终哉"。这里又暗含着一层文化思考，就是汉

---

① 引自赵翼著、王树民校证：《廿二史札记校证》，中华书局2013年版，第67—68页。

人对"周德"的赞述,是因周朝"德衰"的史实,是由"衰周"思考"宗周",提出"大汉继周"的。例如清人李光地《榕村语录》说"秦恶流毒万世……莽后仍为汉,秦后不为周耳。实即以汉继周,有何不可";何焯评点张衡《东京赋》说"推周制以为发端",说明的就是汉人史观以及赋写礼德的思想。对"大汉继周"之"德",有必要区分汉德与周德的不同,即时代的独特性。例如《汉书》引录吾丘寿王于武帝朝汾阴得宝鼎群臣恭贺时说法:"臣闻周德始乎后稷,长于公刘,大于大王,成于文、武,显于周公,德泽上昭……故名曰周鼎。今汉自高祖继周,亦昭德显行,布恩施惠,六合和同。至于陛下,恢廓祖业,功德愈盛……而宝鼎自出,此天之所以与汉,乃汉宝,非周宝也。"所以"汉德"又不同于"周德",这既表现于行政,又缘于学理。周人重礼尚德,视"德"为"礼"的核心,到春秋末世,礼乐崩坏,仍尚礼以尊德,如:《左传·僖公四年》载楚臣屈完游说齐桓公言"君若以德绥诸侯,谁敢不服";《文公十八年》记鲁史克代季文子释"事君之事"谓"先君周公制周礼曰:则以观德,德以处事,事以度功,功以食民"。这是发展周公制礼以观德的思想,孔子将"德"归于"仁",孟子将德归于"义",是对原始"礼德"观在学理上的解析与提升。到了汉代武帝朝人们开始说"汉德",实际上与"罢黜百家,表彰六经"的文化政策相关,蕴含了以儒术为经术,以经术代行政的思想内核,这才是相如及其他学者反复推述"汉德"的本质所在。

对汉廷的功业,是相如文章极力称颂的,由汉业归于汉统,契合于汉德,又是其《封禅文》特别着力之处。后继的汉代学者又取效《春秋》"大一统"的思想以"颂",比如班固《西都赋》"乃有九真之麟,大宛之马,黄支之犀,条支之鸟。逾昆仑,越巨海,殊方异类,至于三万里",张衡《东京赋》"惠风广被,泽洎幽荒。北燮丁令,南谐越裳。西包大秦,东过乐浪。重舌之人九译,金稽首而来王",也是极尽美词以彰显天子"王会"礼仪的气象。对应相如《封禅文》中假托大司马言的一段话,即"仁育群生,义征不憓,诸夏乐贡,百蛮执贽,德侔往初,功无与二,休烈浃洽,符瑞众变,期应绍至,不特创见",其对武帝朝政教的赞美,显然为汉人颂"德"奠定了思想基础。

四、《封禅文》的影响

　　封禅是帝王祭天地的典礼，自汉武帝以后，后代王朝也有把封禅当作国家大典的，有史可征。试想，相如在病中还想着国家大事，主张皇帝应报天地之功，早日行封禅大礼，而这又正合武帝建立国家新宗教的想法，所以皇上又惊讶，又赞叹，更加令人信服的是竟按照其思路与构想而予以实施了。当时所忠取遗书，对相如所写的《遗平陵侯书》《与五公子相难》《草木书》等篇章皆"不采，采其尤著公卿者"，可见《封禅文》之重要，也正是此"文"，或许才是这对君臣之文缘的最后精彩。

　　有关《封禅文》的后续故事，《史记》相如本传也仅记述一句话："司马相如既卒五岁，天子始祭后土。八年而遂先礼中岳，封于太山，至梁父禅肃然。"说的是相如死后五年，武帝祭后土，死后八年，封于泰山而禅于梁父，武帝率群臣登泰山行封禅大典礼。对武帝所行封禅，司马迁《史记·封禅书》有记述，并载录了武帝从泰山回驾"制诏御史"的诏书：

　　　　朕以眇眇之身承至尊，兢兢焉惧不任。维德菲薄，不明于礼乐。……遂登封太山，至于梁父，而后禅肃然。自新，嘉与士大夫更始，赐民百户牛一酒十石，加年八十孤寡布帛二匹。复博、奉高、蛇丘、历城，无出今年租税。其大赦天下，如乙卯赦令。

这诏书除了尊重国家封禅的大典，有两点值得注意，即帝王自己的怵惕之心与普惠生灵的爱民之意，而这也恰是武帝八年前所读到的《封禅文》中所极力倡导的。诏书中特别提及"自新"与"更始"，这更明确地意味着武帝先在中岳嵩山行礼，然后到泰山行封禅大典，大汉帝国经他多年开拓，已进入了一个辉煌的盛世。在《史记·太史公自序》中，司马迁记录了另一件与这次封禅大典相关的事："是岁天子始建汉家之封，而太史公留滞周南，不得与从事，故发愤且卒。而子迁适使反，见父于河洛之间。太史公执迁手而泣曰……"其说封禅大典是"始建汉家之封"，可见其具有划时代的国家宗教意义，而太史公司马谈没有被列入参加封禅者的名单，失去了亲自观仰这一盛典的机会，结果气泣而亡，临终还拉着儿子司马迁的手，反复讲述这件事，以为临终遗憾，而耿耿于心难以释怀。倘若不是国家的重大盛典，司马谈又何至于此。在施行封禅大典之前，武帝极赞（上奇其书）相如封泰山遗书，并询问儿宽有关事宜，儿宽有段较长的回答，以为"封禅告成，合祛于天地神祇""各称事宜而为之节文"，并赞述"唯天子建中和之极，兼总条贯，金声而玉振之，以顺成天庆，垂万世之基"，结果"上然之，乃自制仪，采儒术以文焉"（《汉书·公孙弘卜式儿宽传》）。也就是说，武帝没有采纳诸儒生用难以复制的"古礼"行其礼的建议，而采用祭"太一"尊神法行封禅，既是创举，也是帝国新宗教的展现。在这次封禅大典过程中，武帝除了下诏文，还撰有泰山鼎文"登于泰山，万寿无疆。四海宁谧，神鼎传芳"（今载《鼎录》）。又成泰山刻石文云："事天以礼，立身以义，事父以孝，成民以仁。四海之内，莫不为郡县；四夷八蛮，咸来贡职。与天无极，人民蕃息，天禄永得。"[1]历过千年风霜，现在泰山玉皇顶上的摩崖石刻，就是那次盛典的无声记录。

相如《封禅文》的影响，还在于创立了一种文类。萧统《文选》专立"符命"一类，收录相如《封禅文》、扬雄《剧秦美新》、班固《典引》三文。扬雄在《剧秦美新》中自称："往时司马相如作《封禅》一篇，以彰汉氏之休。臣常有颠眴病，恐一旦先犬马填沟壑，所怀不章，长恨黄泉，敢竭肝胆，写腹心，作

---

① 文载《续汉书·祭祀志上》注引《风俗通》。

《剧秦美新》。"文体与文意的模仿，也是明显的。刘勰《文心雕龙·封禅》评述《封禅文》说："观相如《封禅》，蔚为唱首，尔其表权舆，序皇王，炳玄符，镜鸿业，驱前古于当今之下，腾休明于列圣之上，歌之以祯瑞，赞之以介丘，绝笔兹文，固维新之作也。"徐师曾《文体明辨序说·符命》则说："符命者，称述帝王受命之符也。……其文肇于相如，而千载之惑，胶固而不可破。"其中评说虽然不乏微词，甚至视此类文字为"谀文"（即逢迎当朝皇帝的文字）①，但观上述评语，有几点非常值得关注：其一，所谓"皇王"与"玄符"，喻示的是帝国宗教；其二，相如"唱首"，或"文肇于相如"，指其开创此类文字的首功；其三，有关"受命""维新"，说明此类文字无论是颂，是讽，都是针对当朝皇帝，其赞颂当朝，往往会以"当今"掩"前古"，以"休明"压"列圣"，在文章学上是典型的"进化论"，这也与以相如赋为代表的汉大赋创作以彰显当朝功绩为"体物"相类似。综此诸端，相如《封禅》一文，绝不可等闲视之。

在明清大量的有关相如故事的剧本中，有出戏叫作《封禅书》，为清代的"杏花使者"撰。观其剧本，牵涉大量的人物，如相如本人、汉武帝、陈皇后、唐蒙、王吉、栾大、卓王孙、卓文君、文君母、仙女绿萼华、青鸾童子、东方朔、卫青、王母娘娘等，剧情也串连起相如一生的故事，然以"封禅"为剧名，也可见编撰者视相如《封禅文》为临终大文，封禅典为武帝一生大作为。而有关所忠在相如临终时取遗文的史实，剧本或许因为相如文中托名"大司马"言，将所忠改换成了卫青。该剧本的最后一幕说的是：汉武帝欲行封禅之事，派卫青向文君求取相如所写的《封禅文》。卫青没有求到，后悔当初构陷相如（前面的剧情），被迫自刎。武帝往泰山封禅，相如前来引导。武帝见过诸位仙人，遂与东方朔、相如一起游仙而去。文君听说后，改换装束，作别儿子司马伯乐，等候相如来度化。司马伯乐舍不得父母离去，相如遂承诺日后让他的子孙做皇帝、名士。于是该剧结束时，相如与文君、文君母、卓王孙、王吉一同升仙而去。

无论是严肃认真的记载与批评，还是这些荒唐不经的演义，烘托的都是相如的临终遗篇《封禅文》，这篇宏文预示了一个帝国新宗教时代的来临。

---

① 对此，本人早年即有论述，参见拙撰《〈剧秦美新〉非"谀文"辨》，载《学术月刊》1985年第6期。

第十五章

凤凰传奇

在有关司马相如人生的传说中，与《白头吟》和"数字诗"相联系的还有《琴歌》两首，被多数学者指认为相如所作，被收入后人编的《司马文园集》中。唐人李贺《咏怀》诗云："弹琴看文君，春风绿鬓影。"《琴歌》的"凤凰"故事，正是当年相如"琴挑"文君时那"绿鬓影"的延伸。想当年相如在人生坎壈的低谷时，应县令王吉之邀游临邛，巧遇佳人，以"琴瑟友之、钟鼓乐之"的技艺以声传情，俘获其芳心，于是有了以此为核心辐射出的周边本事如"琴心""琴挑""绿绮"和"夜奔"等，流传千古，不绝如缕。由于"琴挑"呈现出"琴声"的感染力，于是在琴声消失的历史空间，却留下了至今人们还耳熟能详的《琴歌》，以语象存声响，在相如人生的故事中，应该是弥足珍贵的。特别是《琴歌》中"凤兮凤兮""凰兮凰兮"与"求其凰"的歌辞，又成为人们赞颂相如情事的凤凰传奇。

一、《琴歌》的意涵与流传

史书中记载相如事迹的笔墨较简，《史记·司马相如列传》所载"琴挑"文君事也仅寥寥数句，语焉不详。从中紬绎，仅文君"好音"，相如"以琴心挑之"，所奏琴曲为何？也只有"为鼓一再行"。《史记索隐》说："此言'鼓一再行'，谓一两曲。"这一两曲究竟弹的是什么琴曲呢？后人演绎成为流传极广的"凤求凰"，比如唐代大诗人杜甫就有《琴台》诗："茂陵多病后，尚爱卓文君。酒肆人间世，琴台日暮云。野花留宝靥，蔓草见罗裙。归凤求凰意，寥寥不复闻。"这已经"寥寥不复闻"的"凤求凰"是何来历？落实到具体的歌辞又出自何处？考论其实，并不见存史传正统，而首见于南朝人徐陵编的《玉台新咏》卷九中署名"司马相如"的《琴歌》二首（或两曲）。歌前有序，系转述自《史记》的内容，即"司马相如游临邛，富人卓王孙有女文君新寡，窃于壁间窥之。相如鼓琴，歌以挑之"。此序虽无新的文献内容，但其将"琴挑"之"曲"落实到"凤求凰"的《琴歌》，却为这一故事的流传提供了文本依据。

我们先欣赏一下《琴歌》的内容。第一曲的歌辞是：

> 凤兮凤兮归故乡，遨游四海求其凰。时未遇兮无所将，何悟今夕兮升斯堂！有艳淑女在此方，室迩人遐毒我肠。何缘交颈为鸳鸯，胡颉颃兮共翱翔！

歌曲旧本原无最后一句"胡颉颃兮共翱翔"，吴兆宜认为此乃后世的版本加入[①]。这首歌辞以"凤兮"起头，凤一般指雄鸟，以之比拟相如，与后一首的第一句"凰兮"之凰为雌鸟（指文君）相对应。诗中拟鸳鸯的"交颈"，表示亲昵相爱的状态。《后汉书·张衡传》引文"鸣鹤交颈，雎鸠相和"，就是比喻夫妇的相欢。"颉颃"指鸟飞上下的样子，此化用情诗《诗·邶风·燕燕》"燕燕于飞，颉之颃之"，传释"飞而上曰颉，飞而下曰颃"，比喻男女间的爱情求欢。由此再看第二首歌辞的描写：

> 凰兮凰兮从我栖，得托孳尾永为妃。交情通意心和谐，中夜相从知者谁？双翼俱起翻高飞，无感我思使予悲。

如果说前一首诗中的"颉颃""交颈"喻男女欢情，尚属比较含蓄的描写，那么到了这第二首中的"孳尾"的比喻，就显得太直露而难免引起非议。"孳尾"，鸟兽雌雄交媾。《尚书·尧典》："厥民析，鸟兽孳尾。"传释："乳化为孳，交接曰尾。"在诗中直接用鸟兽的交媾（交配）比喻相如与文君的"琴挑"，有点不登大雅之堂，不过纵观楚、汉诗赋传统，如此直白地言说男女欢爱者确实也不在少数。如宋玉《高唐赋》之"愿荐枕席"的大胆书写，就直接开启后来《西厢记》崔莺莺在红娘帮助下"自荐"张生的情节；《神女赋》的"精交接以来往"，也是人神交欢的刻露道白。到了张衡的《同声歌》，其中写的"衣解金粉御，列图陈枕张。素女为我师，仪态盈万方"，所言"列图"，即后世所言"春宫图"，其中的"衣解""金粉御"（服金丹御女药），以及"仪态"，也是十分大胆而直白的。

这两首以"凤求凰"为主要内容的《琴歌》，被徐陵系于相如名下，并编入以描写闺情为主的选集《玉台新咏》，后世文人征为信史，相沿不改，并创作了大量以"凤求凰"本事为典故的诗、文、词、曲以及小说、戏剧，乃至当代影视作品，敷演出含有弹奏"凤求凰"情节的传奇。相比之下，质疑《琴歌》的原

---

① 徐陵编、吴兆宜注、程琰删补、穆克宏点校：《玉台新咏笺注》，中华书局1985年版第388—389页。

创者的论述则寥寥无几，比如清代的陈祚明在《采菽堂古诗选》中评《司马相如封禅颂》时说："长卿以琴挑文君为《凤求凰》曲，盖《凤求凰》古有其曲，今奏此，藉文君知琴，定晓其意为，犹为《周南》《召南》之为作也、奏也。岂旋赋此曲且琴言，庸讵能字字清楚可识乎？乐府称荆轲把秦王袖，愿听琴声而死，此亦妄。若果把其袖久之，无秦王矣。"寻找乐府歌辞中不合理的情节，以否认其可靠性，这一判断也属于推论，缺少文献的依据，不足征信。但同样的是，说《琴歌》"凤求凰"为相如所作，也没有确切的文献证据，这不仅不见于自叙传，也不见于收录相如文学作品原文的《史记》《汉书》诸正史，考察汉代文献同样没有相关的记载，以"琴挑"为本辞的《琴歌》却在朝代更迭约七个世纪后的南朝梁、陈之际横空出世，对其真实性的怀疑是不可避免的。然而，一个故事的流传并作为一种文学现象的存在，哪怕是后人对其作品的"误读"，都是具有当世文化与存在价值的。所以无论《琴歌》的作者是谁，这两首诗的歌辞檃栝了相如与文君的情事，将其视为相如人生行迹的一个侧影，既可以理解，也是值得关注的。从文献的意义上，这两首歌辞是"凤求凰"本事的原始文本，也是诗歌史上的闻世名篇。

既然《玉台新咏》所录《琴歌》为"凤求凰"的原始文本，就有必要考察一下当时赋予了《琴歌》怎样的土壤。我们知道，自魏晋以来士人多倾心于"三玄"（老庄易）之学，受玄远思潮的影响，多"任放为达""任情而动"，同时于山水、情色多有感发之情，这种好尚影响到南朝，流风未已。其旷达者，如嵇康有名言"非汤武而薄周孔，越名教而任自然"，出此"任自然"的思想，落实到人生尤其是男女层面，相如琴挑、文君夜奔这样的行为，成为人们冲破礼教束缚的再好不过的历史典型，阐扬其史事，焕发其新思，编织其美丽的传说，也是应运而生。在我国古代将人与人的相知引入文学的批评，也是这一时代的特色，刘勰《文心雕龙》专设《知音》一篇，最为典型。在这篇论述中，刘勰感叹"音实难知，知实难逢，逢其知音，千载其一"，并举"韩囚而马轻"以为例，忽略相如早年与汉武帝的"知音"，而偏重其茂陵病居的窘境，虽不全面，但反映了求"知音"之难，是当时人的困惑。相如与文君的故事，却蕴含着双重知音，即闻琴音而感动，又因心声而共鸣。《琴歌》的内容正绾合此二者，或造作，或传诵，均与当时的人情好尚有密切联系。还应注意的是，唯"美"与好"色"归于重"情"，也是多数南朝人的追求。我们姑且不谈南朝反映爱情追求的直白民歌，以及宫廷文人写作的艳体诗，就连被奉"隐逸诗人之宗"的陶渊明，其创作的《闲情》一赋，也不乏艳丽的描写。陶渊明这篇赋以"闲情"为题，取义闲防纵放的情思，故有"尤蔓草之为会，诵邵南之余歌"的曲终奏雅，但观其赋中具体书写所呈现的内涵与艳词，也是令人瞠目结舌。如在"激清音以感余，愿接膝以交言"后所写的"十愿"：

> 愿在衣而为领，承华首之余芳……愿在裳而为带，束窈窕之纤身……愿在发而为泽，刷玄鬓于颓肩……愿在眉而为黛，随瞻视以闲扬……愿在莞而为席，安弱体于三秋……愿在丝而为履，附素足以周旋……愿在昼而为影，常依形而西东……愿在夜而为烛，照玉容于两楹……愿在竹而为扇，含凄飙于柔握……愿在木而为桐，作膝上之鸣琴。

这种描绘，也算是极尽唯美好色之词。与之比较，被署名司马相如的《琴歌》的"交颈"等词语，也未见得有过之处。在这样的背景下，相如与文君曲折动人的结合及演绎的故事，必然会受到当时人的热情追捧，类似于《琴歌》这样的作品，也是与当时唯美世风和文风有着难以分离的呼应的。

受魏晋玄远风气的影响，文学与琴、箫吹奏等技艺常常被士人用来作人生之消闲。一方面因追求技艺，而生绮靡之风气。对此后世的批评甚多，如谓"今之士俗，斯风炽矣。才能胜衣，甫就小学，必甘心而驰骛焉。于是庸音杂体，人各为容。至使膏腴子弟，耻文不逮，终朝点缀，分夜呻吟"（钟嵘《诗品》）；又谓"竞骋文华，遂成风俗"（李谔《上隋高祖革文华书》）；乃至吟咏性情亦难免流弊，裴子野《雕虫论》批评"淫文破典，斐尔为曹功。无被于管弦，非止乎礼义。深心主卉木，远致极风云，其心浮，其志弱"，也是针对当时文风的某种认知。而另一方面，音乐是当时士人闲适潇洒的一个重要的消遣方式，其中最流行的就是"琴"。晋朝的嵇康、谢琨，南朝时期的戴颙一家，以及柳世隆、王仲雄、柳恽等，都是爱琴而擅长弹奏的名人。如嵇康《琴赋》写士人与琴，"若夫三春之初，丽服以时。乃携友生，以邀以嬉。涉兰圃，登重基，背长林，翳华芝，临清流，赋新诗。嘉鱼龙之逸豫，乐百卉之荣滋。理重华之遗操，慨远慕而长思"，其中所说"重华"，即屈原《离骚》中的传媒之神，其"遗操"，也就是动荡男女情思的"琴操"。从当时世族影响下的风尚体现于对琴乐的癖好看，《琴歌》的出现或传播则在情理之中；而讴歌越礼的思慕、佐琴而歌的"凤求凰"，也自然不属于另类歌吟。况且，徐陵《玉台新咏》作为《琴歌》的载体，其编纂的内涵包括"往事名篇，当今巧制，分诸麟阁，散在鸿都。不藉篇章，无由披览"的作品，多涉及女性生活，风格婉转绮靡，情调缠绵且辞藻华丽。《琴歌》这样轻柔哀怨的诗歌，栖身其间，也是编者的好尚。特别是南朝歌舞与乐府兴盛，所谓"歌谣舞蹈，触处成群"（李延寿《南史·循吏传》），即如汉代旧歌《相和歌》，晋宋时人也为其增色，出现"丝竹更相和，执节者歌"（沈约《宋书·乐志下》）的局面。南齐时的萧惠基"解音律，尤好魏三祖曲及《相和歌》，每奏，辄赏悦不能已"（萧子显《南齐书·萧惠基传》），人们填辞作曲的时尚，无疑使冶艳婉媚的爱情诗作大行其道，在南朝乐府民歌中如《西洲曲》之类的相思爱慕之作俯拾即是。在此文艺环境中，署名相如的《琴歌》的生根发芽，衣被后世，也是有目共睹的现象。

司马迁《史记》中"琴挑"的记述，引出了后世无穷的相关话题；而徐陵《玉台新咏》中载录的《琴歌》，则演绎了后代"凤求凰"的历史传奇。

二、"凤求凰"的历史传奇

我们从史源学来看，"凤求凰"的本事的源头是《史记·司马相如列传》，相如弹琴示好文君这件历史事件的记录，使他的这段人生阅历堪称精彩。但史传并未言"凤求凰"事，这只是"琴挑文君"的历史演绎，所以还原历史的真实，其间是缺少直接联系的。从文献学来看，"凤求凰"的文字或文本的《琴歌》，见载于《玉台新咏》，虽书中署名作者为司马相如，究竟是托名伪作，还是确凿为相如手笔，又碍于史料的缺乏难以考实，于是这一文本归属的真实性必然影响到故事本身的真实性，使之处于龙蛇之间。如果从文学的角度以及故事本身的传奇性来看，"凤求凰"俨然已被后人接受为相如事迹的一部分，并作为文学典故在各种题材、体裁的创作中屡次出现。这一依附于"相如"的传奇故事，折射了古代文人、文学以及文化的切实体会。究其根本原因，在于史源空间的留白与故事编织的惊艳。

这则传奇故事的发轫是爱情，其作为人类的主题，并不拘于空间的局限，也不滞于时间的流逝。相如、文君之间的爱，涵盖了两个层次：一是性的诉求，一是家的营构。相如对爱情的主动，是组建家庭、繁衍生息的本性，也有个性化的生存流动的浪漫，这或许才是后人对此爱情叙事予以特别关注的原因，或者说是对于生存中的共同话题的跨时空的分享与交流。同时，也正因为相如和文君初遇就展现了各自的人格魅力，在继后的生存境遇相濡以沫，使两人的爱情故事可圈可点，这才成为后世关注的才子佳人经典范本。历代才子佳人戏中的男女主角，都具有秀外与慧中的双重素质。从"秀外"来看，相如与文君二人的相貌可谓旗鼓相当，一位是"风流闲雅甚都"，一位是"面容姣好"，这种人物图像的美，在其言语、情节尚未出现之前，就已满足了观者的视觉期待，追慕、比附、赞述，相关文字蜂拥而至，自属当然。从"慧中"来看，相如"好击剑""好辞赋"，又"好琴"，其才华不仅使临邛县令王吉有"窃闻长卿好之"的向慕，还使汉武帝刘彻有"恨不得同时"的叹息。文君也是"好音"，才有受相如"琴挑"并与之"夜奔"的心灵投契，后复作《白头吟》自坚其志，昭示了她的才情资质足以成为相如的知音。所谓"夫妇之象，莫美乎斯"（李鼎祚《周易集解·序卦》），如此爱情故事，自然会风靡经世，而历久弥新。且婚姻发端于"情"，成就于"礼"，早在相如所处时代之前，周人就"以昏冠之礼亲成男女"，而婚礼"敬甚重正，而后亲之"（《礼记·昏义》）的庄严慎重，也就落实到了繁文缛节。据《仪礼·士昏礼》记载，周朝的士阶层婚嫁一般要经过纳采、问名、纳吉、纳征、请期、亲迎诸仪式，而父母之命、媒妁之言尤为重要，所以《孟子·滕文公下》中说："不待父母之命，媒妁之言……则父母国人皆贱之。"传至汉代，纳采、纳征以及媒妁之言虽稍有内容上的变动，但仍略依古礼："婚仪亦如古之六礼，首纳采。"[①]而我们看这司马相如，"躬亲力行"，用一"挑"而动女之心，省去一切婚仪章程而成就婚姻之实，其胆略与气魄，自然引起后世被日益僵化的礼教束缚的才子们的心灵共鸣。《琴歌》的出现，将男与女比拟为凤与凰，蕴含返归自然的意义，以一"求"字直逼情爱的本质，其所获取的来自天地自然的大欢乐，又成为多少饮食男女试图摆脱爱情羁绊的自由向往。

其实，文学中对爱情的观照，折射着人类的繁衍生息，也是远古而来的传统，在那里有融合诗、乐、舞于一体的灵动鲜活。从《吕氏春秋》中记述的"候人兮猗"的上古歌谣，到"男女有所怨恨，相从而歌"的《国风》，古人乐于在歌舞和歌辞中表达爱恨离愁，《琴歌》中的"凤求凰"，只是这一传统的延续。也只是因为附着于知名的人物（相如与文君）和经典的事迹（琴挑），《琴歌》

---

① 引见杨树达：《汉代婚丧礼俗考》卷一，上海古籍出版社2013年版，第8页。

中的意象"凤求凰"才为人如此津津乐道，后世征述本事，演绎传奇，相关文本是不绝如缕。如果从纵向发展来看历代对"凤求凰"故事的接受现象，可见其始于唐代，其后渐次漫衍而扩散，论其接受思想，又是或相契，或背反，构成历史演进的不平衡的状态与特色。

在唐代以前，有关"凤求凰"的故事，只有徐陵《玉台新咏·琴歌》所录的诗事源头，因无他例而为孤证。自唐代开始，对其接受渐次萌芽，在有关诗文中开始出现"凤求凰"的典故。相比之下，唐人对相如与文君的事迹，更多关注的是"相如琴挑"和"琴心"，而有广泛的征引，多属咏史而引发的感叹。"凤求凰"歌辞的内容则出现甚少，今见有岑参、杜甫、妓女史凤的诗句，其象征意义并未脱离相如、文君和《琴歌》原文。如杜甫的《琴台》所言"归凤求凰意，寥寥不复闻"。倘若究其缘由，该故事在唐音中的低迷，在于《琴歌》初出现于南朝，传播未广，所以受到了限制。相对而言，本事源自于汉代以及西晋的史书传记，如《史记》与《西京杂记》等撰述中的记录，则受到更多的关注。同时，在唐诗中三次用到"凤求凰"典故的，均为特殊人物，如杜甫咏史，泛泛而谈，妓女史凤的咏歌，实与唐人往往将"文君"娼妓化的思潮相关，因其拟效而自叹身世零落罢了。即使出自文士笔下，也是或怀古，或抒写不遇情思罢了。所以从"凤求凰"的传奇来看，唐人没有精彩的词章接受，也就没有那种自由情爱的心灵对接。

到了宋代，对"凤求凰"典故接受于数量上处于上升期，这不仅出现在传统的诗文中，也进入了宋代典型文体"词"作中。而且其本事的含义，也随着在诗词中应用的广泛化而得以扩展。例如陈造的《次韵朱万卿五首（其三）》云"雌凤求凰曲，人前莫误讴"，李从周的《风流子》云"春满绮罗，小莺捎蝶，夜留弦索，么凤求凰"，都明确"凤求凰"的情诗与词的内容，其中却暗含着相如琴挑文君这一故事原型中的挑逗之义。文人写男女情爱，包括遇合与龃龉，都与君臣的遇合或人事的坎坷结合起来，常用的是比如再嫁、思念和婚配良缘等表达方式，有的则将屈原《离骚》"求女"的比兴传统用在了"凤求凰"的典故中。如楼钥《喜闻（其一）》"时抚素琴聊自遣，谁能更作凤求凰"，全然是结合自身仕宦经历，以"聊自遣"驱排人生的寂寞，复以"凤求凰"抒发得遇君王时喜不自胜的心情。然而，宋代是理学昌明的时代，也是礼教兴盛的时期，其"礼"的功用落实到具体的事象中，又渗合于"情"中，形成反作用力，构成"凤求凰"典故再生时的压力与动力。如果我们回到汉代的当下情境，《史记》记述相如对文君的挑逗以及二人私奔，或许有一定的为礼教所不容的因素，但读到卓王孙愤愤然抛弃女儿于不顾时所说"女至不材，我不忍杀，不分一钱也"，却是更多的钱财问题，因为当时相如是"家徒四壁"。那么在宋代，这种任性而为的男女结合多为道学家所不齿，尤其是对"妇德"的倡导，使得相如、文君的做法在一些贞妇烈妇眼里，显然是人生的致命污点。于是在一些"烈妇传"与"贞妇墓志铭"中，"凤求凰"被用作"嫠妇再嫁"的代称，作者通过描述寡女在面对这样的人生抉择时所表现出的坚韧和刚直不阿，来塑造她们彪炳后世的女德形象。比如胡次焱《媒问嫠》诗云"何妨鸾舞镜，应彼凤求凰"，是启发女性对爱情的追求，然而故事的构想并非如此，在面对媒婆对未来的甜美勾画时，这女主人公并未心动，反而作了一篇《嫠答媒》表明了自己守寡的心志。这是宋人接受"凤求凰"的一个侧影，其影响力却非常深远。例如明末时秦淮名妓董小宛嫁作冒襄妇之后，也全然没有了风月场中的习气，观其日常之生活起居，所谓"当大寒暑，折胶铄金时，必拱立座隅，强之坐饮食，旋坐旋饮食，旋起执役，拱立如初"[1]，俨然被改造成一位谨守妇德、尽心妇功的良妻贤媳。当然，这是接受的一面，还有另一面。随着时代风尚的变迁，对"凤求凰"也改变了前述《嫠答媒》思想，比如李从周在《风流子》中所写"春满绮罗，小莺捎蝶，夜留弦索，么凤求凰"，邵璨在《香囊记下》第三十三出《前腔》中所写"闻知此女郎似文君失侣，彩凤求凰"，又赞美女子要像文君一样主动选择自己的幸福，包括寡妇重新寻求爱情，这也成为宋以后的元、明、清三朝"凤求凰"接受史上的较为突出的现象。

"凤求凰"本事到元代以后，不仅是接受文本的数量上升，更重要的是其中情爱思想的上升。在元代的散曲和杂剧中，这一典故又新增了"离别""闺怨"和"知音"的含义。如袁华与友人游于玉山，分韵作诗《芝云堂夜集分韵得相

---

① 赵园：《家人父子》，北京大学出版社2015版，第83页。

字》中"一弹别鹄操，再鼓凤求凰。人生会合难，引满重举觞"的诗句，就是借相如本事委婉表达对同道中人的珍惜与留恋。又如马祖常的《拟白头吟》"茂陵展嬿婉，还弹凤求凰"的诗句，又立意于夫君变心却依旧对别的女人弹奏《凤求凰》的怪异，用来表达一种哀怨与无奈。还用于特殊的送别场景，石子章的《竹坞听琴·第三折》写道："本弹的是一曲凤求凰，倒做了三叠阳关，令淹然的诉不尽满腹离情，那清风明月悠然静，只少一个知音听。"这里的"凤求凰"，饱含的是依依不舍的惜别之情。当然，元代文人中道学气仍然很重，其中不乏对相如文君琴挑之事的明确批判，如刘履在《风雅翼·白头吟注释》中丝毫不同情"婚变"中的文君，还指责她"失身背理如此，虽果见弃，亦无足恤然……视相如琴歌归凤求凰之词，不掩丑恶者，自不侔矣"。这种对"凤求凰"的鄙视，已不同于对文君、相如之爱情的向往，成为礼教思想的"异调"。迨至明清两代，"凤求凰"故事的接受十分繁盛，据大略统计，明代有五十余家，清代则有四十余家，其诗文例证，更是不胜枚举。甚至还延展到文学批评领域，如王圻《续文献通考·乐考》讨论《琴歌》的体裁时说："汉乐府丝竹更相和，但有歌曲清平瑟三调，清商曲铙歌鼓吹曲司马相如凤求凰之类，多楚辞体也。"由此衍展，"凤求凰"故事由最初的《琴歌》的出现，回溯史传相如"琴挑"文君本事，又经历代文人之手，以致脱离了固定的主人公相如和文君，渐次定型为词约义丰的典故。例如《二十六史典故词典》中有"相如求凰"一条："指司马相如求配文君。后以此典比喻男女相思爱慕之情。"①但是从历代接受状况来看，"凤求凰"的专指性还是非常突出的，男女悦慕只是一种泛化，其基本因子还在相如与文君的爱情芳华。不过，自元、明、清三朝以来，"凤求凰"传奇中对情爱的强调，显然与个性化的支持相关，使这一典故本身有了因激赏而膨胀的现象。一方面，自元以来，勾栏瓦肆中的市民文学大行其道，词、戏曲、传奇与小说次第繁荣，其中爱情婚姻的描写更是波澜起伏、缠绵动人，"凤求凰"故事呈示的张力，已导向市民阶层的成长、通俗文学的兴盛和个性意识的自觉与解放。另一方面，明人尤其是晚明对"情"的追求盛行，如冯梦龙说"天地若无情，不生一切

---

① 详见陈振江：《二十六史典故辞典》，天津人民出版社1994年版，第123页。

物"（《情史·龙子犹序》），"情"主宰了一切生息，挑逗、暗合与私奔充斥在说唱文学，尤其是戏曲之中，相如文君的琴挑与夜奔，流传久远的凤凰传奇，既堪称惊世骇俗的情圣鼻祖，也为迎合各时代的风尚而同流并进。

三、一曲情歌的悲欢

承载着"凤求凰"的《琴歌》，也是一曲情歌，传递着千百年来人们的悲欢离合。这发轫于司马相如的故事，在其接受历史过程中的呈现，有单一化的，也有多元化的。单一化常见于诗文创作，如孙绪的组诗《司马相如（其三）》云："临风一曲凤求凰，窗外时时腻粉香。风定月明人去后，孤囊今夕又藤床。"仅以一曲"凤求凰"寄托某种情思（如"相思"之情）。而多元化则更多地体现于宋以后敷演相如文君故事的传奇、戏剧等通俗文学。这些作品中通常会全文摘录《琴歌》的原文，而不仅拘于"凤求凰"本事。如明代朱权的《卓文君私奔相如》剧情中有四次提及"一操凤求凰"，赵弼《三贤传》中则杜撰扬雄调侃司马相如说："子与临邛令王吉，宴于富人卓王孙家，以绿绮琴弹凤求凰歌，以挑其女，遂与夜奔，岂非刁奸之事乎？"再比如一些其他人物做主角的杂剧中遇到类似琴挑的情节，也会照搬《琴歌》的原文，如毛晋编《六十种曲》收录的《西厢记》第八出《莺莺听琴》："将弦改过，弹一曲就歌一篇名曰凤求凰。昔日相如以此曲成事，我虽不及司马相如，愿小姐有文君之意。"还有《六十种曲》所录《琴心记》第八出《私通侍者》："试向西园弹一曲《凤求凰》，以自遇如何。"这些引文虽属专指相如为拨动文君心弦而弹奏的琴歌，却仅是围绕自己的剧情的借用。与之不同，清代署名澹慧居士①编的《凤求凰》剧本，以《琴歌》

---

① 澹慧居士，即陈玉蟾，清代剧作家。

中的"凤求凰"为全剧名，然其剧情却糅合了司马相如整个人生的大量史事。该剧的情节大体如次：

　　相如慨叹才高不遇，王吉邀相如过临邛。相如先应梁王之召，在梁园与众宾客一展才华。之后赴临邛。临邛富人卓王孙与程郑为逢迎县令，邀请相如赴宴。相如耳闻卓王孙之女文君才貌超人，有意相挑。虽病体不快，在众人与王吉坚请之下，前往卓府，并以一曲《凤求凰》传递心曲。文君隐帘后偷窥，暗生情愫。相如因酒醉留宿卓府，文君遣侍女紫玉前去试探，相如遂求紫玉为之撮合。文君决心与相如私奔。回成都途中，两人盘缠耗尽，相如解鹔鹴裘换酒。这时正逢陈皇后被贬长门宫，向相如千金买赋，相如得到一笔钱，而陈皇后也复得宠幸。

　　在汉廷中，武帝读《子虚赋》大惊，恨不与作者同时，狗监杨得意举荐相如。此时相如与文君因贫困回临邛卖酒为生计，卓王孙深以为耻，赠与钱财，驱逐两人出临邛。二人再回成都，过升仙桥，相如题桥明志。回成都后，征召令至。相如赴京见武帝，与众文臣论文，再献《上林赋》，武帝大为高兴。武帝与众将田猎，相如献《天子游猎赋》以谏。唐蒙治蜀，私自滥征民夫，连卓王孙、程郑等富家都不堪其苦，激起民变。相如受命安抚蜀民，不辱使命。回京途中，经过茂陵，欲聘茂陵女为妾。文君得知后，寄《白头吟》以自绝，相如遂止。武帝得知西南夷有意内附，又令相如建节前往纳附。临邛令王吉负弩前导，卓王孙献牛酒交欢。事成，相如封侯，王吉等人加官进爵。相如最后携文君归隐。①

一篇剧本，综合了大量史事，包括琴挑、私奔、鹔鹴裘换酒、千金买赋、题桥明志、赋惊汉主、上赋谏猎、出使西南、纳妾风波等等，但因核心情节在"琴挑"，又将琴曲落实到《凤求凰》，使之成为串联相如一生的主要线索。

从对"凤求凰"的历时接受来看，诸多作品是专指相如与文君的爱情故实，

---

① 此据陈玉蟾《凤求凰》剧情改写，参见戎丽娟《相如琴挑文君本事及其演变考述》。

尤其指二人初次相遇时，相如弹琴隐晦表达对新孀文君的爱慕，文君亦中意相如，最终与之私奔。这一义项以《琴歌》歌词代指"琴挑"事件，虽有演绎，但基本是忠实于历史叙事的原貌。也有些作品中的"凤求凰"本事不再是琴歌，而指代相如和文君以音乐暗通殷勤的相恋经过，这也是大同小异，未离本事主旨。除了这些落实于史事的作品之外，"凤求凰"故事的衍展渐渐脱离原型中的主人公，构成以"情"为旨意的两条线索：

一条线索是以"情缘"的表达为主，因"凤求凰"的"琴"曲引申"情"意。这一传承路线往往脱离原型中的主人公，泛指普遍的因情而生的挑逗或暗合。作为故事的再创作，追求者的"凤"和被追求的"凰"，角色代入到其他的男女主人公身上。如杨升庵《西江月（其四）》云："不惯秋娘渡口，乍离阿母池头。临邛太守最风流，肯许凤求凰否？"这种现象更常见于戏曲和传奇中，如元代张翥《蜕岩词》有《定风波·昆山路漕席上》一曲，其中描写的"舞袖歌鬟簇画堂，就中偏是展家娘。待到无情还有思，恰似昆山日暖凤求凰"，李好古的《张生煮海》第四折中所写的"有女琼莲夜行游玩于石佛寺，遇一秀才抚琴，其声有凤求凰之音"，都有各自书写的故事主角，与相如、文君无关，"凤求凰"成为一种信手拈来的借用。在这样的借代中，"凤求凰"有时成为女子再嫁的含蓄表达。这里隐含着本事原型，就是卓文君是以"十七而寡"的身份遇到了司马相如，并在琴挑后与之夜奔而通嬿婉之好，所以作为重要诱因的琴歌"凤求凰"便成为寡妇再嫁的代名词。前引宋代的胡次焱长诗《媒问蝥》中所言"何妨鸾舞镜，应彼凤求凰"，即以"媒婆"与"寡妇"对问成篇，暗含文君"夜奔"本事，意在奉劝新寡的女子再嫁。明人何乔新的《贫女篇答王元哲》有同样的意向，所谓"命薄褰修拙，谁歌凤求凰"，又借用屈骚中的媒神（蹇修）说事，取寡妇再嫁的意思。又如《六十种曲》录邵璨《香囊记》第三十三出《说亲》中，则直接点出"文君"以为借镜，即"闻知此女娘似文禽失侣，彩凤求凰"，因"失侣"而再"求凰"，成为寡妇再醮情事的一种美丽书写。

作为男女"情缘"的表达，有专指某一具体事象，也有泛指所有的婚姻良缘。这些描写对相如与文君的原型选择，取意于"郎才女貌"的婚配，而对其本事中的婚变如"茂陵女"与《白头吟》等，皆忽略不计。于是后世诸多文本写作皆以相如与文君二人的婚姻为良缘的范本，而促成"良缘"的关键因素又在《琴歌》的"凤求凰"，人们常常借此来祝赞新人的婚事或者夫妻的和睦生活。在诗词创作领域，史鉴于《西村集》有首五言贺诗就是根据作者署名相如之《琴歌》改编的，题目是《凤求凰送张教谕子还乡娶亲》。诗云：

> 孤凤何翩翩，四海求其凰。谁知无所遇，翱翔归故乡。故乡南海上，梧桐产高岗。醴泉出其下，竹实生其旁。凤飞且栖息，五色成文章。相从效于飞，和鸣为朝阳。音声何哕哕，恍若调宫商。岂惟偕老愿，瑞世昭文明。

这是祝福朋友的公子新婚的作品，其借用"凤求凰"显然仅取其"情缘"，而忽略"夜奔"。在元、明戏曲中，这类的普泛描写极多，例如《云堂广记》中描述的玉女与铁仙的结合："华阳玉女，圣世才郎，仙凡契合，如凤求凰"①，是对凡与仙婚配的讴歌。元代谢应芳的《王与巢定婚启》说"亦云如凤求凰，讵谓食鱼必鲤"，用《琴歌》与《诗经》中《陈风·衡门》的典故②，取舍之间，讲求情缘。又如《六十种曲》录明人范受益《寻亲记》第二十一出《剖》唱词有"前唱后随夫妇礼，笙歌合奏凤求凰"，阮大铖《春灯谜》第三十八出《赘合》唱词云："且细叩因依，吾家小妹平安未，彩凤求凰可有期？"其他如《玉镜台记》第六出、《三元记》《锦笺记》《义侠记》中多以"凤求凰"本事比喻婚姻，这种运用方法已成文人笔下的惯例。《六十种曲》录明人沈鲸《双珠记》第三十四出《因诗赐配》中直接借故事人物之口一语道破"以凤求凰乃夫妻谐遇之象"，是具有普遍性的。有"遇合"，也有"分离"，"凤求凰"的曲子在特殊的送别场景具有惜别之义。如乔吉的《乔牌儿·别情》："凤求凰琴慢弹，莺求友曲休咀，楚阳台更隔着连云栈，桃源洞在蜀道难。"石子章的《竹坞听琴》第三折："本弹的是一曲凤求凰，倒做了三叠阳关，令淹然的诉不尽满腹离情，那

---

① 引自《锦绣万花谷》前集卷十八《云堂广记》。

② 《诗经·陈风·衡门》："衡门之下，可以栖迟。泌之洋洋，可以乐饥。岂其食鱼，必河之鲂？岂其取妻，必齐之姜？岂其食鱼，必河之鲤？岂其取妻，必宋之子？"按："乐饥"，隐喻男女之事，闻一多《神话与诗·高唐神女传说之分析》说"其实称男女大欲不遂为'朝饥'，或简称'饥'，是古代的成语"。

清风明月悠然静，只少一个知音听。"如果说钱别之曲《阳关三叠》更偏向朋友之别，那么《凤求凰》曲调下的惜别，更多的仍是男女之情。区别而论，"凤求凰"所呈示的男女惜别之情，又有较为复杂的义项，例如有闺中人对游子的牵挂，有对负心荡子的埋怨，有尚未婚配的青年男女对另一方的相思寄怀。如杨冠卿《蝶恋花》"一纸云残鱼雁远，归凤求凰，谁识琴心怨"，即闺中思妇的企盼；方成培《雷峰塔传奇》第十出《获赃》"仙郎一去杳何方？我娘娘坐盼凄凉。教奴来至门前望，时刻想引凤求凰"，白朴《东墙记》第二折"叹鸳鸯绣被空，满怀愁为那生，只因他新诗和的声相应。更把那瑶琴拨出艰难调，彩凤求凰指下鸣。都是相思令，听了他凄凉惨切，好教我寸步难行"，即相互悦慕的单身男女借本事述说对心上人的迫切思念。而在一些怨妇诗中，"凤求凰"常用作昔日的夫妻恩爱、琴瑟和鸣的指代，也是对当下孤凄悲凉情境哀怨的倾诉，如高出拟作《白头吟》"南山有孤凤，求凰当勿来。来便中道弃，毛羽忍摧颓"，马世奇《美人看画（其十二）》"只将缣比素，未见凤求凰"，《六十种曲》录顾大典的《青衫记》第二十三出《蛮素至江》"《白头吟》难禁那厢，题桥客怎生忘了凤求凰"，孙蕡的《白头吟》"因君一曲凤求凰，误妾凄凉百年月"等等，悲欢离合，寓含于中。

另一条线索是既脱离了原型本事，也脱离了男女间的爱恨情愁，进入人类基本的感情的范畴，包括君臣遇际的恩情和志同道合的友情，这也将"凤求凰"所具有的更宽泛的意义融织于中国文人和文学的抒情传统。如杜甫的《琴台》诗言及"凤求凰"，也曾被上溯到屈原《离骚》的"求女"，写的是君臣的际遇与蹉跎。清代佚名稿本《杜诗言志》释《琴台》诗为求知音："凰不能求凤，凤可以求凰。凤可以无凰，凰不可以无凤。故使当日相如若无文君，不失为相如，而文君无相如，则湮没不传矣。以是推之，则世不乏才而惟知己之难得，此少陵之所以咏琴台而穆然神往也。"[①]这也是杜甫"一饭不忘君"的极端忠君思想的另类解读。另外，如汪道昆奉劝朋友的《赠骒少君》诗述"琴心山水尽，愿作凤求凰"，以及劝诫兄弟的《寄弟十二首》中所称道"白头吟罢断人肠，又解明珰佩

---

① 引见佚名《杜诗言志》卷六，江苏人民出版社1983年版，第114页。

女郎。咫尺长门春不到，琴心莫负凤求凰"，都是借凤求凰的本事委婉表达仕进的理想抱负。又如清人邹方锷《金陵杂诗》中一首写道"芊绵宿草月苍凉，一曲离琴酒一觞。宾客梁园云散后，只今谁解凤求凰"，诗后自注云"刘公有故友，嗜琴，一日过其墓，酹酒使诸姬于墓下各惨一曲而去"，邹氏以此琴曲比拟当年与友人刘公的相得相知，但因人逝而生怀想，以寄托其哀思。至于清人吴锡麟《十国春秋小乐府·闽》咏史怀古，写出"九龙帐里凤求凰，东华宫中燕又翔"的诗句，更是直击统治者耽于燕乐的荒淫生活，为后继者寓教训。

无论是尊重"凤求凰"的原型本事，还是超越这一限制的自由"情"思，人们的发挥都是这一传奇的延续，当然其中又蕴含了技法与隐喻。

四、"凤求凰"的技法与隐喻

相如"琴挑"的历史叙事，《琴歌》的文学再现，包括各家的解读与应用，既可直指故事的原型，又可泛化到普遍的男女挑逗、再嫁、良缘、相思、惜别和闺怨，比附到朋友的情意与君臣的际遇。如果我们结合相如的真实人生和经后世演绎的人生，会在这复杂多重的接受契机中，看到其中的技法传统与隐喻意义。[①]

"凤求凰"在再创作的过程中衍生出诸如离别、相思与闺怨的伤感含义，这种衍生既与相如文君的故事原型有关，又和文学创作的传统技法以"乐景"写"哀情"有着深密的联系，是人生悲欢的对立与统一。试想，相如与文君成功挑战了礼法的大防，又略施心计赢得家产，加上相如赋惊动汉武帝，事业的辉煌又反过来强化了家庭的和乐（如卓王孙的态度变化）。"弹琴感文君"与"诵赋惊汉主"，这被后人归纳出的两大视点构成了相如大欢乐的人生，他的人物图像与生存环境，也被渲染成一幅欢乐的景象。正是在这人生画卷中，由病居"茂陵"为另一视点，激起了相如人生的波澜。卓文君作《白头吟》以自绝的人生插曲，势必将当年的"琴挑"转化作一种"哀情"。那奋不顾身的伉俪情深，经过相如"二三其德"的情感危机与文君"皑如山上雪"的孤冷及"故来相决绝"的傲峭的冲击，其巨大的情感落差所形成的"乐景"与"哀情"的冲突，无疑增强了这一传奇故事的戏剧性与感染力。这种文学技法可上溯到《诗经》的时代，如《小

---

① 刘泽：《司马相如本事研究》第一部分《凤求凰》，南京大学硕士论文2013年铅印本。

雅·采薇》中写到的"乐景"是"昔我往矣，杨柳依依"，反衬的是戍子离乡的悲情，而所写的"今我来思，雨雪霏霏"的"哀景"，反衬的却是返乡时"载欣载奔"的快乐。清初王夫之《姜斋诗话》有句话评说"以乐景写哀，以哀景写乐，一倍增其哀乐"，是非常精辟的。只有哀与乐的强烈反差才能使情绪浓度倍增，只有倍增哀乐才能令人更加震撼。这也构成了一种写作传统，如杜甫《绝句》二首之二："江碧鸟逾白，山青花欲燃。今春看又过，何日是归年。"作者寄寓的是身处他乡的归期之叹，却偏偏要用明丽的事物彰显其九曲回肠。正如此，"凤求凰"原本是两相厮守的嫌婉之态，却因有劳燕分飞之虞，更使人的眷恋达到了魂销梦断以致"首疾心痗"的程度。后人在接受"凤求凰"本事的时候，将其与后续情节中的婚恋危机关联起来，从而赋予"凤求凰"闺怨、思念的含义，既是合乎情理的思维模式，也是与哀乐相关联的延伸。如描述离别难舍之情，乔吉的《乔牌儿·别情》写"凤求凰琴慢弹，莺求友曲休咱，楚阳台更隔着连云栈，桃源洞在蜀道难"，蕴含"莺求友"的快适与"蜀道难"的艰阻，形成悲剧的冲突与体验。石子章的《竹坞听琴》第三折写"本弹的是一曲凤求凰，倒做了三叠阳关，令淹然的诉不尽满腹离情，那清风明月悠然静，只少一个知音听"，所"求"之和悦却反转为"离"情，因"知音"却少了"知音"，表达的是人生的龃龉。至于杨冠卿《蝶恋花》"一纸云残鱼雁远，归凤求凰，谁识琴心怨"，这种借"凤求凰"细说相思之苦的作品更是不胜枚举。

围绕相如"凤求凰"的主旨是"知音"，而这男女知音（相如与文君）又可引申到另一面，即君臣知音（武帝与相如），偏偏这双重"知音"同样寄寓着悲欢，前者是"琴挑"与《白头吟》，后者是"惊汉主"到病居茂陵，正是这种二元对立的"知音"，在历史的大幕间徐徐展开，演绎着这一传奇。于是这种复杂的"知音"，又常指向一种隐喻：屈骚。屈原在《离骚》中的三次"求女"以及美人之喻，是古代文学中含蓄表达君臣关系之比兴传统的滥觞。相如作为赋家，一方面开创了汉赋的辉煌，一方面也继承了屈骚的情感。清人刘熙载《艺概·赋概》论赋时曾说过："楚辞，赋之乐；汉赋，赋之礼。"这话是很精到的，楚辞的"赋乐"源自礼乐崩坏的历史背景，与楚乐的糅合肌质相关，呈现出"因情制礼"的思想；汉赋的"赋礼"，开启的是礼乐争辉的时代格局，并决定于王朝制度下的赋家身份，而彰显其"以礼防情"的意旨。这恰与"凤求凰"的产生与接受有着异质同构的关联。相如的"琴挑"是以"乐"而动"情"，而与《琴歌》相关的《白头吟》的出现，以及传说中相如的作为，又表现出以"礼"制"情"的思想。这延伸到后人对"凤求凰"的书写，屈骚的隐喻也变得越发明显，对知遇之恩的渴求多涉及政治仕途与君臣关系，所谓"还君明珠双泪垂"（张籍《节妇吟》），实为具有代表性的常规言说。于是当古人不得不面对君臣这个"敏感"的问题时，他们选择了曲折的表达方式：自比女子，而将对方视为心仪的男子，用这样一种看似尴尬的"闺闱之情"化解更尴尬的官场"难为情"，"凤求凰"的介入使之比兴优美又富有情趣。宋人楼钥在《喜闻（其一）》中就浅吟低唱，"时抚素琴聊自遣，谁能更作凤求凰"，结合他本人的遭遇以及诗集中前后诗文的内容来看，表达的是在不遇情怀中对仕途的追慕。明人高出《听张山人弹琴二首》其一云："黄花自把满樽香，秋晚恒山落景长。近日真成消渴病，休弹司马凤求凰。"诗中连用到了相如的两个本事："消渴病"和"凤求凰"，其以爱情为本，却次生出隐讳君臣际会的含义。屈原在《离骚》中称"众女嫉余之蛾眉兮，谣诼谓余以善淫"，他的求女，也是在觅知音，当然他主要是指政治道路上的知音。由男女知音到君臣知音，再到超越男女的友朋知音，以"凤求凰"的男女欢娱喻指莫逆之交，也由此幻化而来，在不断地应用过程中逐渐褪去了政治的背景。比如袁华在与十余友人雅集玉山时，分韵作诗《芝云堂夜集分韵得相字》，其中有"一弹别鹄操，再鼓凤求凰。人生会合难，引满重举觞"的感慨，众友在临别之际，不禁弹唱《别鹄操》与《凤求凰》，依依惜别的感情溢于言表，其中不乏无人会意的寂寞冷清。换句话说，"凤求凰"因屈骚的隐喻，无限地拓展的"情"的内涵，构成具有广泛意义的凤凰传奇。

《红楼梦》为中国第一情书，在小说的第一回中，就赫然写了这样一段话："至若佳人才子等书，则又千部共出一套，且其中终不能不涉于淫滥，以致满纸潘安、子建、西子、文君，不过作者要写出自己那两首情诗艳赋来。"所说的才子佳人书中"文君""子建"，落实到文本便是"两首情诗"（相如《琴歌》二首）和一篇"艳赋"（曹植《洛神赋》）。《琴歌》中的"凤求凰"在历代情书中的影响力，确实令人赞叹与惊艳。

第十六章

赋圣流芳

　　司马相如因为赋惊汉主，在他去世约两百年后的东汉，被人称为"辞宗"，在千年后的宋代又尊为"赋圣"，这与他的辞赋创作与赋史地位相关。根据《汉书·艺文志》的著录，"司马相如赋二十九篇"，附归于"屈原赋"之后，而在其《后序》中论及相如赋，也是由屈原赋论列其统绪。如谓："屈原离谗忧国，皆作赋以风（讽），咸有恻隐古诗之义。其后宋玉、唐勒，汉兴，枚乘、司马相如，下及扬子云，竟为侈丽闳衍之词，没其风谕之义。是以扬子悔之，曰：'诗人之赋丽以则，辞人之赋丽以淫。如孔氏之门人用赋也，则贾谊登堂，相如入室矣，如其不用何！'"该序文引扬雄的话，有贬抑，有褒扬。今观相如赋，保存下来的仅六篇（《子虚赋》《上林赋》《大人赋》《美人赋》《长门赋》《哀二世赋》），另外有《梨赋》仅存一句"唎嗽其浆"，还有《鱼菹赋》《梓桐山赋》存目而已。为什么保留下来不多的作品，却产生如此巨大的影响？还是先来看看相如因"赋"而成"圣"的道路。

一、相如赋成"圣"之路

在历史文献中，有关相如在赋域的名号很多，如"赋祖""赋宗""赋雄""赋杰""赋首"等等，其中"赋圣"说虽材料不多，但是最为显眼，这是加冕的赋坛桂冠，或者说是人们赠予的赋学最高荣誉。[①] 人们追封相如为"赋圣"，是源于论"圣"以衡"文"的历史传统。如刘勰《文心雕龙·征圣》中说："夫作者曰圣，述者曰明。陶铸性情，功在上哲。夫子文章，可得而闻，则圣人之情，见乎文辞矣。"这种论"文"征于"圣"，窥"圣"宗于"经"的"圣"与"明"，又源自《礼记·乐记》中所说的"故知礼乐之情者能作，识礼乐之文者能述。作者之谓圣，述者之谓明"。这里说的"夫子文章"，指的是制礼作乐，其中含有某种开创性的意义。我们考察《说文解字》，说"圣，通也"。段玉裁注《说文解字》引《诗经·邶风·凯风》"母氏圣善"，《诗传》说"圣，睿也"，这与《书·洪范》"睿作圣"相契合；他又引《周礼·春官·大师》注"六德"中的"智、仁、圣、义、忠、和"说："凡一事精通，亦得谓之圣。"这在"圣"义的制作（创造）、睿智外又延伸出"一事精通"可谓"圣"的取向，这一说法又与《孟子·万章下》中的"伯夷，圣之清者也；伊尹，圣之任者也；柳下惠，圣之和者也；孔子，圣之时者也"意思相通，比如我们谈到机械，因为张衡、马钧擅长制作器物，而有"木圣"之荣誉。把"圣"

---

① 相关文献可参踪凡编《司马相如资料汇编》，中华书局2008年版。按：有关司马相如的历史资料，该书辑录甚为详备。

字聚焦到文艺领域，也就有了多种取向，比如"书圣""画圣""诗圣""词圣""赋圣"等，王羲之是"书圣"，顾恺之是"画圣"，杜甫是"诗圣"等。其间也可作一比较，比如明人陈明卿云："赋之推汉，犹法书之推晋也；相如之在汉，犹右军之在晋也。"[①]对称司马相如和王羲之，其中暗含了"赋圣"之于汉代，"书圣"之于晋代的比较，以赞美汉、晋的赋与书的双圣地位。

那么是谁最先称相如为"赋圣"的呢？我们首先见到的文献是黎靖德编《朱子语类》卷一百三十九《论文上》引宋人林光朝的说法：

> 林艾轩云："司马相如，赋之圣者。扬子云、班孟坚只填得他腔子（佐录作"腔子满"），如何得似他自在流出！左太冲、张平子竭尽气力又更不及。"

祝穆《古今事文类聚》别集卷十一《相如能赋》也有类似的引述。王应麟《汉艺文志考证》卷八在引述时又增加了一些内容：

> 朱文公曰："相如之文，能侈而不能约，能诏而不能谅。其《上林》《子虚》之作，既以夸丽而不得入于《楚辞》，《大人》之于《远游》，其渔猎又泰甚，然亦终归于谀也。特《长门》《哀二世》赋二篇，为有讽谏之意。"艾轩林氏曰："相如，赋之圣者。"

继后，元人祝尧，明人王世贞、单思恭、瞿式耜以及清人王之绩等，都有引说，而且褒贬不一。提出"赋圣"说的林光朝，字谦之，福建莆田人，南宋初理学家，因著《艾轩集》人称"艾轩先生"。据《宋元学案》记述，其"少闻吴中陆子正学于尹和靖，因往从之，由是专心圣贤践履之学"，"说者谓南渡后倡伊洛之学于东南者，自先生始"。林光朝的论文材料明显以尊儒行教、立言古雅为准，所以他对相如赋的评价也是如此。我们不妨读一则《艾轩集》卷四"策问

---

① 张运泰、余元熹：《司马长卿集》黄石斋序引，见载踪凡《司马相如资料汇编》第271页。

一十八首"中的论文（含赋）策语：

> 道之污隆，存乎其人；文章之高下，存乎其时。唐虞三代至周而治极矣，故其文为独盛也。战国之诡激，魏晋之浮夸，南北五季之颓败凋弱，其间号为继周者，易秦而汉，易隋而唐。汉至武、宣之世，始议文章；唐自元和以后，渐复古雅。虽贾谊、陈子昂之徒，一时特起，初若有意于发挥古文，润色当代，而其风流酝藉亦无传焉者，以其独立而未盛故也。班固赋《西都》，具述公卿侍从之臣若司马相如、刘向、董仲舒、萧望之之徒，皆以文章称之，至其叙武帝以来，则又列仲舒于儒雅，而以司马相如为文章。……文章、儒雅，若同然而实异者。……唐自元和之后，作者可数，屈、马希世之文也，学而似之者谁欤？

读了这篇策文可知，其中论文思想有三点：其一，以道术衡文章，以道统领文统；其二，赞颂汉、唐盛世号令文章，以三代古雅为典范；其三，汉代武、宣之世，分儒雅、文章二途，而相如为文章之代表，且援引班固"献赋"之论，这又与其"赋圣"思想应合。也正因如此，林光朝论文统则谓"《三百篇》之诗一变而为《离骚》，再变而为词人之赋，是以谈经者或至于穿凿，能赋者或至于破碎，亦其势然耳"，所谓宗经、重文，不可偏废，然科目分离，又罕能兼通，所以他不主张"求相如以经义""责仲舒以辞章"。换句话说，宗经，是林氏尊"圣"的基础，而容受文章之独立，又是他的"赋圣"说的由来。

如果我们从"一事精通"谓之"圣"与"作者曰圣"的视角来看作为"赋域"（一事）的作者（开创性）司马相如的成"圣"之路，可以林光朝"赋圣"说为历史坐标，来瞻前顾后。在宋代以前，对相如赋的评价不乏赞誉，却几乎没有独尊的言说。刘勰《文心雕龙·诠赋》的评价是"相如《上林》，繁类以成艳"，而与"枚乘《兔园》，举要以会新""贾谊《鵩鸟》，致辨于情理""子渊《洞箫》，穷变于声貌""孟坚《两都》，明绚以雅赡""张衡《二京》，迅发以宏富""子云《甘泉》，构深玮之风""延寿《灵光》，含飞动之势"并美，称作"辞赋之英杰"。这种并称现象，自汉到魏晋南北朝评论家笔下很多。如"屈、马"并称，扬雄述论："或问：'屈原、相如之赋孰愈？'曰：'原也过以浮，如也过以虚。'"①又如曹丕亦记："或问：'屈原、相如之赋孰愈？'曰：'优游按衍，屈原之尚也；浮沉漂淫，穷侈极妙，相如之长也。'"②一贬一褒，立意相同。或者"贾、马"并称，如扬雄说"如孔氏之门用赋也，则贾谊升堂，相如入室"（《法言·吾子》）。或者"马、扬"并称，如魏收说"汉之西京，马、扬为首称"（《魏书》卷八十五《文苑传序》）。在这些论述中，对"赋圣"说出现有较大影响力的，可归纳为三个方面：

一是相如赋"讽谏"功用论，其说成于最初的赋论文献，就是《史记·司马相如列传》"太史公曰"："相如虽多虚辞滥说，然其要归引之节俭，此与《诗》之风谏何异？"而扬雄所谓的"诗人之赋丽以则""孔氏之门用赋"等，都是传承赋源于《诗》的道德精神与致用功能而来的。这样一来，相如赋也就有了宗经的意识。到了三国蜀人秦宓仅就"经学"一途，大赞"蜀本无学士，文翁遣相如东受'七经'，还教吏民"，将其比拟于孔子，但却是赞"经"而非"赋"③。

二是相如为"辞宗"，这一说法源于班固《汉书·叙传下》："文艳用寡，子虚乌有，寓言淫丽，托风终始，多识博物，有可观采，蔚为辞宗，赋颂之首。"同时，班固的《离骚序》又称屈原"其文弘博雅丽，为辞赋宗"，所以辞宗说也非专属一人。如皇甫谧《三都赋序》认为孙卿、屈原是"赋之首也"，夏侯湛《张平子碑》称张衡"文为辞宗"。班固的说法到刘勰有了衍展，其《文心雕龙·才略》既谓相如"师范屈、宋"，又沿承班说，以其"洞入夸艳，致名辞宗"，而在《练字》篇中则以相如《凡将》与扬雄《纂训》等小学撰述为例，认为"前汉小学，率多玮字"，并引曹植的说法"扬、马之作，趣幽旨深，读者非师传不能析其辞，非博学不能综其理"，将"小学"与"辞章"结合，且落实于"赋"，这显然为"辞宗"说作出了有原创义的新解释。当然也有将"辞宗"与

① 萧统《文选》卷五十《谢灵运传论》李善注引《法言》佚文。
② 虞世南编《北堂书钞》卷一百引录曹丕《典论》残文。
③ 姚振宗《汉书艺文志拾补》卷三："如宓此言，蜀地经师，长卿为鼻祖。而《史》《汉》叙儒林授受，不一及之，以辞赋掩其名耳。"

蜀地文明结合起来的，如常璩《华阳国志》称颂"长卿彬彬，文为世矩。……上《大人赋》以讽谏，制《封禅文》，为汉辞宗"，这也成为后人"长卿之于文章，实全蜀开创之祖"（钱谦益《胡菊潭文集序》）说法的仿效蓝本。

三是相如的"凌云"之赋，得到后世文士的追摹与艳羡，所谓"常慕司马相如"，而"赋有凌云之称"①。因此很多赋家拟效相如，《汉书·扬雄传》录其自叙"赋莫深于《离骚》，反而广之；辞莫丽于相如，作四赋"，便是最典型的例证。尽管扬雄拟效相如丽辞而为赋，并无尊之为"赋圣"的意味，但是自扬雄以后大量文士对相如赋的拟效与追摹而使之经典化，则显然是其成"圣"的重要前提。

回到林光朝提出"赋圣"名称的宋代，已有类似的说法，如宋祁《司马相如字长卿赞》说"蜀有巨人，曰司马氏，在汉六叶，为文章倡始"，"蜀有巨人"表明有地域性，而"文章倡始"则是指引领文学的时代性。其他如李廌称述司马相如"文章冠天下"（《新修四斋记》），郑少微赋赞"韪长卿之绝尘，邈下视于屈、宋。……奋翼巴庸，前无古人"（《悯相如赋》），其中"冠天下"与"绝尘"，都含有肯定文章开创性与至尊地位的意思。而围绕"赋圣"说的出现，元、明、清三朝在取效宋代说法的同时，又向两方面展开：一种说法是强化"赋圣"说，以突出相如的赋史地位，其代表性的说法如王世贞的《艺苑卮言》卷二：

> 屈氏之《骚》，骚之圣也。长卿之赋，赋之圣也。一以风，一以颂，造体极玄，故自作者，毋轻优劣。……宋玉深至不如屈，宏丽不如司马，而兼撮二家之胜。

这里的"赋圣"已脱离了"经义"，而为纯粹"文学"的意涵。另一说法是针对此说的反驳，如清初王之绩《铁立文起》论"古赋"说："屈原为赋之圣，或以推司马长卿，谬矣。"在"论历朝赋"中，王氏作了解释：

---

① 分别引自江淹《自序传》与《别赋》。

又曰："林艾轩云：司马相如赋之圣者……"予谓若以长卿为赋之圣，则后之作赋者第宗长卿可矣。今观其赋，惟有《长门》以意胜。他若《子虚》《上林》，特靡丽无情之词而已，圣于赋者顾如是乎？林之所谓圣者，特以其不劳而就，而余子皆不能也。孰知称圣亦别之于意而已。

赞誉或批评相如"赋圣"说，都以屈、马对举，其中骚、赋的凸显，包括分立与合一，正隐含了一段赋史的记忆，尤其是由"辞宗"到"赋圣"，经历了相如赋的被经典化的过程。

二、相如赋经典的树立

　　汉赋被奉为文学的"一代之胜"，司马相如的功绩是不可磨灭的，而他被后世奉为"赋圣"，也与其所处的特定时代相关，其聚焦点是汉武帝的"赏识"，使其最大作为就是将辞赋引入汉廷而蔚成大国。但是，人们在对赋家相如的成就作历史回望时，已脱离了那个时代，对其人与赋的评价，尤其在相如赋被经典化的过程中，有向慕与质疑，有赞赏与抑弃，乃至在不断构建其赋学地位的论述间，也有着不同的视点和多元化的面向，个中的矛盾与冲突、肯定与否定并不在"美"与"刺"两条平行线上发展，而呈现出历史的层叠与变复。

　　考察相如赋作为经典的初成，是在"辞章·思想·文本"三个维度展开，时段是西汉末到东汉间，重点是扬雄向慕相如作品进行的拟效，与班固评价相如"辞宗说"的提出。探究其根源，又在相如所处的特定时代与其传奇的经历。陈子良《祭司马相如文》虽述及相如"夙敏，雅调雍容"的风致，"倦梁园之游""悦临邛之客"等身世，其中最关键的还是"琴挑文君"与献赋汉廷，尤其后者包含了相如由轻"武骑常侍"而为天子宾客的"言语侍从"，与离开梁国（梁园）而献赋朝廷的经历。对相如献赋武帝的过程，史传以"三惊（悦）"为主构，成为汉史相如传记的书写线索，也是相如赋入宫廷的浓墨重彩之处。然于传记所述，相如在梁王菟园写赋的经历，仅用"相如得与诸生游士居数岁，乃著《子虚》之赋"一笔带过，而将他写赋的第一鉴赏人付诸武帝。这也形成相如赋经典初成的第一个层面，就是对其"辞章"的赏识。因为武帝对相如创作《子虚》等三赋的认知，以及得到的快感，无非是对其辞章的惊艳。如武帝"读《子虚赋》而善之"，相如自谦"未足观"；武帝读"天子游猎之赋"，以至"大说（悦）"；又读《大人赋》乃有"凌云之气"，实缘相如所说的"尚有靡者"，其意正在因文辞所构建的篇章与气象。这种对相如赋文辞的评价，也影响到汉人的相关批评，例如《汉书·地理志》以"游宦京师"与"文章冠天下"为说辞，是说其"文辞"或"文章"的"显于世"而"冠天下"，这也决定了"文辞"是相如赋成为经典的基本要素。

对相如赋作正面评价的最初话语是司马迁附于《史记·司马相如列传》的"太史公曰"，其推述《春秋》《易》《大雅》《小雅》之义并称"合德一也"之后，即言"（相如赋）与《诗》之风谏何异"。继此语后的"扬雄以为靡丽之赋，劝百风（讽）一，犹驰骋郑卫之声，曲终而奏雅，不已亏乎"一句话，是后人传抄时将《汉书》语窜入，属于演绎史迁说法。如果对应《史记》本传中记述相如奏"天子游猎赋"时的文字中已有的"其卒章归之于节俭，因以风谏"，以及《史记·太史公自序》所说的"《子虚》之事，《大人》赋说，靡丽多夸，然其指风谏，归于无为"，显然，"靡丽"文辞只是书写载体，而其旨归于思想上的"讽谏"作用，这也构成相如赋经典化的又一层面。

到了西汉末年，扬雄一则拟效相如，擅为赋之丽辞，一则又特别强调赋的"讽"，从而凝合文辞与思想为一体，论其关键，在落实于赋之"文本"的思考，这也是相如赋初成经典的另一层面。首先看扬雄对相如赋"丽辞"的态度，一如《汉书·扬雄传》所载"（相如）作赋甚弘丽温雅，雄心壮之，每作赋，常拟之以为式"，又扬雄《与桓谭书》认为"长卿赋不似从人间来，其神化所至邪"，一如《法言·君子》所言"文丽用寡，长卿也"，这使其对丽辞的态度存在龃龉或矛盾的现象。再看对相如赋"讽谏"的批评，一则如《汉书·扬雄传》赞曰称其"辞莫丽于相如，作四赋"，而于本传中记述创作四赋的动机，又是"奏《甘泉赋》以风""恐后世复修前好，不折中以泉台，故聊因《校猎赋》以风""上《长杨赋》，聊因笔墨之成文章，故借翰林以为主人，子墨为客卿以风"等，以确认赋"讽"的功用，一则又在《法言·吾子》中以两条"或问"答疑，载指赋文"讽谏"说：

或问："吾子少而好赋。"曰："然。童子雕虫篆刻。"俄而，曰："壮夫不为也。"

　　或问："赋可以讽乎？"曰："讽乎！讽则已，不已，吾恐不免于劝也。"

　　这显然使"赋"与"讽"又产生了矛盾。如果对应《汉书·扬雄传》引雄自序语"雄以为赋者，将以风也，必推类而言，极丽靡之辞，闳侈巨衍，竟于使人不能加也，既乃归之于正，然览者已过矣。往时武帝好神仙，相如上《大人赋》，欲以风，帝反缥缥有凌云之志。由是言之，赋劝而不止，明矣"，其矛盾的聚焦点又在相如赋。于是扬雄的习丽辞而反丽辞，赞赋讽而疑其用的双重矛盾，又聚合成辞章（丽辞）与思想（讽谏）的矛盾，而这种矛盾的批评蓝本恰是以相如赋为代表的写作文本。

　　继扬雄之后，东汉以来有关对相如赋的认知，基本上均以文本为对象，结合辞章与思想将其赋作之旨归于"有用"与"无用"作讨论，构成了其经典化过程中的论说龃龉，并导致评价之向背。这种批评现象在班固的言说中有典型的体现，如他在《汉书·叙传下》说明撰写相如传的缘由云："文艳用寡，子虚乌有，寓言淫丽，托风终始，多识博物，有可观采，蔚为辞宗，赋颂之首。"再结合其《司马相如传》"赞曰"引述扬雄"丽靡之赋，劝百而风一，犹骋郑卫之声，曲终而奏雅"，《扬雄传》"赞曰"所述"辞莫丽于相如，作四赋，皆斟酌其本，相与放依而驰骋"，其重"文艳"与"丽辞"，故赞曰"辞宗"，又责其"用寡"，故抑之为"郑卫之声"，集中体现了对相如赋的态度纠结于词章与思想（经义）的矛盾。这种重其辞而寡其用的批评，在王充、张衡等人的笔下又兼括相如和扬雄，如王充《论衡·定贤》：

　　以敏于赋颂，为弘丽之文为贤乎？则夫司马长卿、扬子云是也。文丽而务巨，言眇而趋深，然而不能处定是非，辩然否之实。虽文如锦绣……无益于弥为崇实之化。

张衡《东京赋》云：

> 相如壮《上林》之观，扬雄骋《羽猎》之辞，虽系以"隤墙填堑"，乱以"收置解罘"，卒无补于风规，只以昭其愆尤。

对相如赋这种矛盾的评价，形成两种指向，一是由对丽辞的赞述引导出有关赋体的批评，一是由对"用寡"的反思引导出经学致用观对赋创作的介入。如果说最初的评价如史迁的"讽谏"说只是简单的经义观的呈现，那么后世相如赋经典化，经学致用思想的整体介入已然成为共识。

考察经学介入相如赋的经典化，大略有三种方式：

其一，承续史迁评相如赋同于《诗》之"讽谏"，以经学化的《诗》衡"赋"，形成以《诗》"义"衍成赋"体"的批评线索。这一取《诗》义之"用"而为论赋之"体"的转变，比较明显地体现于晋人皇甫谧撰写的《三都赋序》。在序中，论者一方面称颂"至于相如《上林》，扬雄《甘泉》……初极宏侈之辞，终以约简之制，焕乎有文，蔚尔鳞集，皆近代辞赋之伟也"，一方面又追溯其源："诗人之作，杂有赋体。子夏序诗曰：一曰风，二曰赋。故知赋者古诗之流也。"如此将《诗序》所称之"赋"归于创作之"体"，到刘勰《文心雕龙》中有关相如赋的评论，已融契无间。刘氏论创作风格，言及相如赋者甚多，例如："相如赋仙，气号凌云，蔚为辞宗，乃其风力遒也"（《风骨》），"长卿之徒，诡势瑰声，模山范水，字必鱼贯，所谓诗人丽则而约言，辞人丽淫而繁句也"（《物色》），"相如好书，师范屈、宋，洞入夸艳，致名辞宗。然覆（一作"核"）取精意，理不胜辞，故扬子以为'文丽用寡者长卿'，诚哉是言也"（《才略》），或有褒贬，仍介乎有用与无用之间。而在刘氏集中论赋的《诠赋》中，其论汉赋十家并列举"相如《上林》，繁类以成艳"的代表性时，有着两则有关赋体的提示：一则是"京殿苑猎，述行序志，并体国经野，义尚光大"的时代精神（大汉帝国），一则是《诗》学的经义阐释，即《诠赋》开篇的话题：

> 诗有六义，其二曰赋。赋者，铺也，铺采摛文，体物写志也。……传

云："登高能赋，可为大夫。"……刘向云明不歌而颂，班固称古诗之流也。

此杂糅《诗大序》《诗传》《汉志》《两都赋序》语，终归一个指向，即由《诗》义而为赋体。这种对赋体的认知，虽然并不仅属于对相如赋的评价，但在此赋本体之认知的前提下，其以《诗》义诠解赋的经学化意义，已不言而喻。也因此，以《诗》义评相如赋成为经典化话语中或臧或否的共识。

其二，为提升司马相如的历史文化地位，视其为"经师"，实以经学济补辞赋，以助力其赋学的经典化。较早提出这一问题的就是秦宓有关相如受"七经"说。汉代以经学为盛，或谓之一代学术，然汉史如《史记》《汉书》却多为赋家立传，胜过经师，这也引起后世尊经学者的质疑，比如清人唐晏在《两汉三国学案序》中说："汉史于司马相如、扬雄、张衡、蔡邕之伦其为传也，赋词铭赞，累牍连篇，而于经学诸儒反不能表彰一字。"出于这层思考，视"雕虫篆刻"的赋作为经典的道路自然多有障碍，于是相如受"七经"并为之"师"的说法虽汉史无载，却得以流行，成为提升其赋学地位不可或缺的一环。如明人谢肇淛《滇略》卷五依据《汉书·文翁传》有关文翁"选郡县小吏开敏有材者张叔等十余人亲自饬厉，遣诣京师，受业博士"的记述，延伸其说谓："司马相如元封二年……至若水，僰人张叔、盛览等皆往受学，文献于是乎始。"所谓张叔"受学"，即为传"经"，且与盛览学"赋"并列。明人杨慎《丹铅总录》卷十一《上林赋》条云：

> 司马长卿去战国之世未远，故其谈端说锋，与策士辨者相似，然不可谓之非正也。孔子认五谏曰："吾从其讽。"……故战国讽谏之妙，惟司马相如得之；司马《上林》之旨，惟扬子《校猎》得之。

以孔学彰显经义，突出相如赋的功用，实将汉人辞赋"讽谏"说加以泛化，而依附于经学。

其三，到了宋代，尊经以重赋的思潮尤盛，这又成为相如赋经典化过程中一个突出现象。如朱弁在《曲洧旧闻》卷八中说"赋为六义之一，盖《诗》之附庸也。屈、宋导其源，而司马相如斥而大之"，依经赞述，光大赋义。在这样的思想氛围中，最典型的是林光朝在经义衡量下的相如"赋圣"说的提出。尽管林光朝出于经义观论赋，也引起了朱熹的质疑，他说"相如之文，能侈而不能约，能诏而不能谅"，"特《长门》《哀二世》赋二篇，为有讽谏之意"①。林光朝与朱熹都是宋代理学（经学）代表性人物，二人具体意见相左处，均属因"尊经""尊圣"而"尊赋"（或"轻赋"）。对此，元人刘壎《隐居通议》兼综经、赋作解读：

> 赋在西京为盛，而诗盖鲜。故当时文士，咸以赋名，罕以诗著。然赋亦古诗之流，六义之一也。司马相如赋《上林》，雄深博大，典丽隽伟，若万间齐建，非不广袤，而上堂下庑，具有次序，信矣词赋之祖乎！扬子云学贵天人，《太玄》《法言》，与六经相表里。若《甘泉》诸赋，虽步趋长卿，而雄浑之气溢出翰墨外，则子云无之。他日自悔少作，或出于是。

俨然把经学与辞赋交织，抬举经义是为了提升赋势，这也是相如赋经典化过程中常见的现象。

从宋人林光朝提出"赋圣"说，再到明人王世贞对"赋圣"的解说，其间又有着由经学致用向赋体本义的转变，如追溯到汉代，相如赋之经典化更为宏观的是呈示了一条由"辞宗"到"赋圣"的历史线索。

由于被经学化的《诗》的参与，无论是"古诗之流"，还是"六义之一"，赋之"用"与"体"均无可回避地烙上《诗》这一厚重的印记，相如赋的经典化也是如此。只是以《诗》为代表的经学思想对赋的约制，出现了从汉人偏重于功用到魏晋以后兼及于体义的发展，这直接影响着历史上对相如赋接受与评判的态度。既然是"经典"，必具有权威性与至高性，也必然需要一些特定的称号冠诸身，在相如赋被经典化的过程中，最耀眼的称号就是从"辞宗"到"赋圣"。所谓"辞宗"，主要是限于修辞而论，其"丽雅""夸艳"，以及"文为世矩"，

---

① 引自王应麟撰，张三夕、杨毅点校：《汉制考·汉艺文志考证》，中华书局2011年版，第252—253页。

无不是这一脉的衍展。与之相似的论述如葛洪《西京杂记》载述"司马长卿赋，时人皆称典而丽，虽诗人之作不能加也。扬子云曰：'长卿赋不似从人间来，其神化所致邪？'子云学相如为赋而弗逮，故雅服焉"，比较扬、马，指的是赋文的典丽。同于此理，胡直在《果州正学书院记》中认为"司马相如工丽藻，以蛊人心，为古今作俑"，这又从反面印证了"辞宗"的意义，取的也是"丽藻"的辞章。王若虚的《谬误杂辨》则借相如《大人》一赋，质疑道："盖武帝好仙，而相如所陈，皆飞腾超世之语，适当其心，故自有凌云之气。而学者多以为文辞可以凌云，何也？"此用汉武帝"好仙"的本事，批评后世以"文辞"可"凌云"之虚，实际上已蕴含了人们认知"凌云"转"好仙"为"文辞"，因修辞而奉相如赋为"辞宗"的共识。

与"辞宗"提法不同的是"赋圣"一词，虽然这依附于经义观而来，但这一新称号却喻示了相如赋的至尊地位，而经过宋、元两代学者的辨体，特别是明人对"赋圣"说的阐发，基本上取代了泛修辞意义的"辞宗"，而生发出具有赋之"体义"的价值。明代学者继承宋、元时期的文学思潮，尤其是赋域的"祖骚宗汉"说，将"赋圣"落实到纯粹赋学批评，将相如赋经典化的价值取向推到了极致。在明人诸多类似的说法中，王世贞的"长卿之赋，赋之圣"的论述最具典范性。如何确认"长卿之赋，赋之圣也"，王氏在《艺苑卮言》卷二中从两方面加以阐说：一则评其创作而兼及文辞与思想，所谓"运笔极古雅，精神极流动，意极高，所以不可及"；一则出于批评观而言及作赋之原则，并引相传为相如"答盛览问作赋"语做证以发解：

> 语赋，则司马相如曰："合纂组以成文，列锦绣而为质。一经一纬，一宫一商。此赋之迹也。赋家之心，包括宇宙，总览人物，斯乃得之于内，不可得而传。"……作赋之法，已尽长卿数语。大抵须包蓄千古之材，牢笼宇宙之态。其变幻之极，如沧溟开晦，绚烂之至，如霞锦照灼，然后徐而约之，使指有所在。

关于冠名相如的"赋迹""赋心"说，王世贞无意辨文献归属的真伪，却属意于这则文献的赋史价值，有着证明其"赋圣"说不可取代的理论贡献。由此推演，这又不仅属于对相如赋的认知，而是对以相如创作为代表的汉赋（乃至赋体）的义理阐释。虽然，一如"辞宗"的说法尝被泛属多人，"赋圣"也有归属屈原、宋玉的说法，如谢榛《诗家直说》以"屈、宋为词赋之祖"，程廷祚《骚赋论》认为"赋何乎始？曰：宋玉"，因为"宋玉赋穷造化之精神，尽万类之变态，瑰丽窈冥，无可端倪。其赋家之圣"，但却不能忽略"赋圣"冠于相如的特殊意义。

这应该关注相如"赋圣"说完成的一个重要取向，"圣"所包含的集成与开创的文章意义。对"圣"的解释，《孟子·尽心下》谓"大而化之之谓圣"，又在《万章下》中说"孔子，圣之时者也。孔子之谓集大成"。考察宋人称赞杜甫为"诗圣"可见：一则源自江西诗派推尊"一祖三宗"之"祖"，此含开创性意义；一则取意中唐元稹《唐故工部员外郎杜君墓系铭并序》赞语，"至于子美，盖所谓上薄风骚，下该沈宋，古傍苏李，气吞曹刘，掩颜谢之孤高，杂徐庾之流丽，尽得古今之体势，而兼今人之所独专矣"，而取其"集大成"之义。与之相应，是宋人提出相如"赋圣"说，至明人从赋体的意义成就其说。其泛论如宋人丁谓《大蒐赋序》："司马相如、扬雄以赋名汉朝，后之学者多规范焉，欲其克肖，以至等句读、袭征引，言语陈熟，无有己出。观《子虚》《长杨》之作，皆远取旁索灵奇瑰怪之物，以壮大其体势，撮其辞彩，笔力恢然，飞动今古，而出入天地者无几。"具体论述，则可参见祝尧《古赋辨体》评述相如《子虚赋》时兼及汉大赋的写作云：

> 取天地百神之奇怪，使其词夸；取风云山川之形态，使其词媚；取鸟兽草木之名物，使其词赡；取金璧彩缯之容色，使其词藻；取宫室城阙之制度，使其词壮。

所言"夸""媚""赡""藻""壮"，皆是缘修辞技巧而呈示的艺术风格，也是汉赋家共通的语言形态，但若综会其理，这又显然如元稹之称杜诗，既集大成，又具开创性。

三、从"赋圣"说赋史

古人论"圣",既含有创造性,又具有典范性的意义,如《易·乾·文言》"圣人作而万物睹"、《老子》"圣人抱一为天下式",实由此两端立论。而林光朝首倡相如"赋圣"说,一在相如赋"自在流出"的开创(非模拟),一在如其所称赞的"汉""唐"的王法与古雅,相如赋为其代表。由此再看后人对"赋圣"说的认可,实际上隐含了两个历史现象:其一,汉制礼乐,考文章,而赋承《诗》义,归复"王言",构成一大文学传统;其二,由楚臣屈、宋之辞转入盛汉统一之赋,最突出的现象就是相如赋进入宫廷。

先看第一种现象。据班固《两都赋序》载:"武、宣之世,乃崇礼官,考文章,内设金马、石渠之署,外兴乐府协律之事,以兴废继绝,润色鸿业。"又《汉书·礼乐志》载:"至武帝定郊祀之礼……乃立乐府,采诗夜诵,有赵、代、秦、楚之讴,以李延年为协律都尉,多举司马相如等数十人造为诗赋。"这种兴礼乐、考文章而兴辞赋的现象,后人反复追述,如刘勰《文心雕龙·时序》所称"孝武崇儒,润色鸿业;礼乐争辉,辞藻竞骛",明末费经虞亦谓"孝武承平日久,国家隆盛,天子游心乐府,而赋兴焉",均说明了这一点,然并未能深入于武帝时代倡导文治与辞赋隆兴的历史意义。对此,刘熙载《艺概·赋概》的说法将汉赋创作与先秦时代的"赋诗言志"联系起来,作了更进一层思考:

> 古人赋诗与后世作赋,事异而意同。意之所取,大抵有二:一以讽

谏，《周语》"瞍赋矇诵"是也；一以言志，《左传》赵孟曰"请皆赋以卒君贶，武亦以观七子之志"，韩宣子曰"二三子请皆赋，起亦以知郑志"是也。

这里又兼得两义：其一，赋诗之讽谏、言志两端皆为作赋者秉承；其二，由讽谏到言志喻示赋诗之变，前者属"天子听政"，后者乃行人"赋诗言志"的权变之宜。由此我们结合前引所述司马相如等"造为诗赋"，直接源自崇礼官、考文章、兴乐府等文治活动，并且再参照《史记》本传"太史公曰"评相如赋"与《诗》之风谏何异"，显然更多地指向"天子听政"的赋《诗》"讽谏"说，其中喻示的是从周室"用诗"到汉赋源《诗》明政，即由"代行王言"到"归复王言"的线索①。

再看第二种现象，即相如赋进入宫廷形成的楚赋到汉赋之变。相如赋初入宫廷，第一次献于武帝，是因杨得意的推荐，从表面上看相如遇武帝似属偶然，然其中内含的必然性却标志了两重转折：第一是相如个人生涯的转折。这表现于他"以赀为郎，事孝景帝，为武骑常侍，非其好"，其对应的是"会景帝不好辞赋"，因此他弃朝廷"武职"而游梁孝王幕，侍王以"文事"，并著有《子虚赋》。景帝之后，武帝改制而好赋尚文，才可能有相如以文事复入宫廷的人生变化，相如从而成为汉廷第一代言语文学侍从。如果考察汉代的辞赋之学，是近有吴、梁，远师齐、楚，相如赋创作于藩国与书写于宫廷，就赋体本身而言也无太大变化，可就其人生的经历而言，意义非凡。第二重转折，即辞赋由藩国向宫廷的变移。就近而言，是汉初由吴、梁之地向朝廷的变移，而放眼纵览，又包含了由战国齐、楚文学向大汉朝廷的变移。对此，我们可以缀合汉人的说法，以观其大略。先看《汉书·艺文志》诗赋略序的说法：

> 古者诸侯卿大夫交接邻国，以微言相感，当揖让之时，必称《诗》以谕其志，盖以别贤、不肖而观盛衰焉。……春秋之后，周道浸坏，聘问歌咏不

---

① 有关汉赋的"归复王言"，详见许结、王思豪：《汉赋用经考》之"二、赋家用'经'与归复'王言'"，载《文史》2011年第2辑，中华书局2011年版，第12—18页。

行于列国，学《诗》之士逸在布衣，而贤人失志之赋作矣。大儒孙卿及楚臣屈原离谗忧国，皆作赋以风，咸有恻隐古诗之义。其后宋玉、唐勒，汉兴，枚乘、司马相如，下及扬子云，竟为侈丽闳衍之词，没其风谕之义。

此由"赋诗"到"作赋"呈三段论式，即从周制外交"赋诗言志"到春秋后"贤人失志之赋"（孙、屈）再到楚臣与汉臣（宋、马等）之赋"侈丽闳衍"。再看《两都赋序》的说法：

> 昔成、康没而颂声寝，王泽竭而诗不作。大汉初定，日不暇给。至于武、宣之世，乃崇礼官，考文章……以兴废继绝，润色鸿业。……故言语侍从之臣，若司马相如……之属，朝夕论思，日月献纳；……或以抒下情而通讽谕，或以宣上德而尽忠孝。雍容揄扬，著于后嗣，抑亦《雅》《颂》之亚也。

这段话主要突出两个时间段，即由"王泽竭而诗不作"以追述周室观"王政"之"赋诗"，再到汉廷宣"王言"之"作赋"。比较上引二说，前者乃"二刘"（向、歆）遗义，偏重于衰世之"讽"，故忽略楚、汉之变；后者为班固之说，偏重于盛世王道，论赋虽体兼"讽""颂"，但却略去"贤人失志之赋"的变化。

如果我们再结合前引刘熙载的说法，可想从周室"赋诗"到汉廷"献赋"应该经历了五个阶段：其一，"瞍赋矇诵"以观王政；其二，行人及宾祭之礼"赋诗言志"；其三，赋诗制衰而有孙卿、屈原的"失志之赋"；其四，楚臣宋玉等宫廷赋的出现，及至汉初藩国赋的承接；其五，以相如为代表的宫廷文学侍从由藩国转向帝国宫廷，引领了汉赋创作的新时代。最后一个阶段，典型的记录就是相如赋进入宫廷。相如上"天子游猎之赋"中以"无是公"掩压"子虚""乌有先生"的笔法，彰显的是"天子游猎"的胸襟与气象，至于对帝王"上林苑"的描绘，也诚如宋人程大昌《演繁露》卷十一评《上林赋》所论，"上林"是"该四海言之"，其中无论"讽"与"颂"，均属"明天子之义"。由此再回过头来看汉人有关汉赋发生与发展的论述，笔者认为前引班固《两都赋序》所言最为要紧。而班氏从《汉书·扬雄传》中引扬氏语"辞莫丽于相如"发展到《叙传》中称道其"蔚为辞宗，赋颂之首"，终于送出"辞宗"封号，正基于相如作为宫廷言语文学侍从的代表，所创制的宫廷赋对《雅》《颂》诗道的继承与对大汉文治的表彰。这也是班固赋学"尊汉"思想的体现。

"辞宗"是"赋圣"的先声，不过如何由汉人的"辞宗"说到宋人的"赋圣"说，其中或有诸多论者的个性色彩及偶然性，但其与相如赋地位的隆尊与赋"体"意识的不断强化是密切联系的。从"赋圣"说赋史，在相如赋成"圣"路途中有三大现象：

第一，由经义到文章，是相如成为"赋圣"的一个重要的赋史走向。汉、晋学者论赋，虽然已有称赞相如为"辞宗""赋首"的说法，但基本是在"赋者，古诗之流"原则下展开，而古诗又是经学化的工具，所以史迁评相如重在"《诗》之风谏"，经义为本，辞章为末，"辞宗"之说也就限于骈辞或修辞的意味，缺少文学的本体意义。晋人皇甫谧《三都赋序》将《诗》之"六义"引入"赋体"，所谓"诗人之作，杂有赋体"，虽然这不同于汉人论赋援《诗》要在于"用"，提出"赋体"源于"诗体"的想法，但当时学者对相如等汉赋家的"假象过大""逸辞过壮""辩言过理""丽靡过美"（挚虞《文章流别论》）的批评，仍然是本着经术致用的原则。所以萧统《文选》选文首"赋"，而在《序》中标明《诗》之六义，以为"古诗之体，今则全取赋名"，刘勰《诠赋》赞美相如等"并辞赋英杰"，亦誉之"辞宗"，而开篇明旨则是"诗有六义，其二曰赋"，与诸家思想相同。赋史发展到南北朝以后，尤其是进入唐宋时代，其创作向两方面衍展，一是文人创作赋，骋才华、铺丽辞而不邀功用，一是科举考试赋（与明经别立），要在观才学、考声律，以品其高下，二者皆游离经学致用。于是对前人辞赋的重视，也就有了渐趋独立的辞章学的意向。试举数则唐宋文士评相如赋言论如次：

> 汉朝人莫不能为文，独司马相如、太史公、刘向、扬雄为之最。
>
> （韩愈《答刘正夫书》）

博如庄周，哀如屈原，奥如孟轲，壮如李斯，峻如马迁，富如相如。

（柳宗元《与杨京兆凭书》）

买赋金钱出后宫，长卿文采冠诸公。

（胡宿《长卿》）

或褒或贬，无不着眼于辞章之学，而与囿于经义的批评大相径庭。至于元、明、清三朝论相如赋而赞其文采者，更不胜枚举。如明人张燮《重纂司马文园集引》谓"长卿赋手，横绝古今"，甚至认为相如笔下的其他文类，也是"以赋家之心发之，故成巨丽"；清人洪若皋批点《子虚赋》则认为"创辟奇艳灵奥之体，为有汉词赋第一人"①。其"巨丽"与"奇艳"，亦就辞章而言。在某种意义上说，宋以后出现的"赋圣"说，更多是对相如赋之辞章惊艳与华美的肯定。

第二，由诗赋到骚赋，是相如赋成"圣"过程中赋史的又一值得注意的现象，这与辨体文学思潮在赋域的兴起，特别是文学复古之定祖明宗思想有着极大的关联。这必须明确两个问题：一个问题是唐宋以来佛教宗派化而产生的"判教"对学术的影响，佛门追踪"佛统"影响到儒家，导致儒门追踪"道统"，并落实到文学（或赋学）即"文统"（或赋统）。简言之，佛学之"判教"形成诸宗派（如教下三宗之天台、法相、华严），无不判别真伪，传法定祖。同此思考，如果说刘勰《文心雕龙》首章《原道》之"道"是如《易》之"天文"与"人文"之道，具有普泛的自然性，那么韩愈的《原道》则显然是着意梳理"道统"，归复儒学，重在对"佛统"文化的纠正，苏轼《潮州韩文公庙碑》称其"文起八代之衰，而道济天下之溺"，是有针时惩弊之特征的。正是这种时代精神，促使诗域出现了江西诗派的"一祖三宗"，促使古文流派出现了相继推尊的"唐宋八大家"，而于赋域，最典型的就是促使元人祝尧《古赋辨体》中传承宋人的说法，而张大"祖骚宗汉"的理论思想。另一问题是宋代大兴《楚辞》之学，其中晁补之、洪兴祖、朱熹对楚骚的整理、延展与论述，极大地拓展了前人如刘勰论赋"拓宇于楚辞"的思路，而形

---

① 引自洪若皋辑评《梁昭明文选越裁》卷二。

成赋学史上以"骚赋"传统取代"诗赋"传统的批评观,这其中隐含了剥离《诗》学经义而彰显"骚赋"辞章的作用①。在赋论史上,北宋人宋祁首倡"《离骚》为辞赋祖"②,无疑是祝尧《古赋辨体》"祖骚宗汉"观念的前源,而祝氏这一理论的编织,尤其是对"祖骚"之"情"的重视,则又显然效仿了宋代楚辞研究诸家的思想。可以说,由于"祖骚宗汉",批评界出现了赋学"崇屈"和"尊马"的分歧,而"尊马"或"赋圣"说的确立,则与"宗汉"观同埒,这是没有疑义的。

第三,由时文变古体,是相如赋被复古派学者大加推尊的原因,这也为"赋圣"说被接受与推扬提供了历史条件。无论是汉代的"献赋",还是唐宋以后科举之"考赋",原则上都是"时文",受到习惯性崇古学者的摒弃。这一点在汉、晋时人对相如等赋家"虚辞滥说""丽靡过美"的批评,宋、元时人针对唐、宋、金三朝科场律赋而斥责"以诗赋取士……始无赋"(杨万里《周子益训蒙省题诗序》)、"惟以格律痛绳之,洗垢求瘢,苛甚"(刘祁《归潜志》卷九)等,有着同样的反对时文的复古意识。经过南北朝赋论中"古体"与"今体"的争议,尤其是唐宋科考律赋的大量创制,骚、汉辞赋已然被奉为"古体",而与"新体"(甲赋)划出了疆界。基于这样的考虑,祝尧《古赋辨体》卷三《两汉体上》明确提出:

> 古今言赋,自骚之外,咸以两汉为古,已非魏晋以还所及。心乎古赋者,诚当祖骚而宗汉,去其所以淫而取其所以则可也。

虽然祝氏继承扬雄的"丽则"观而以"屈骚"为赋体的正统,并认为相如赋"艾轩以为圣者,则以其运意犹自然,而辞未失于太过"(《两汉体上·上林赋》),显然降低了"赋圣"的意义,但他在同卷《子虚赋》题解中对相如赋创作的赞美,又把相如赋视为古体的榜样。作为榜样而被后代赋家效仿,"赋圣"说才有可能在理论上得以确立。

---

① 上述部分内容,详见许结:《从"诗赋"到"骚赋"——赋论传统之传法定祖新说》,载《四川师范大学学报》2010年第6期。
② 祝尧:《古赋辨体》卷一引。

四、"赋圣"说与文学批评传统

　　"赋圣"说的出现，经历了由宋到明的过程，质疑声也不少。明人单思恭《甜雪斋文集·文六之四》就发出"长卿之赋圣矣乎"的疑问，并作阐发："后人服膺长卿者，专拾字句以为师承，而屈、宋益邈矣。故径为之说曰：屈氏之响，续于宋玉，而绝于长卿，非过也。然则长卿之于圣，其犹未矣乎！屈氏神，宋玉圣，长卿工，而六朝之有别调者巧。"到了清代，类似说法更多，例如朱彝尊引孙开《骈雅序》"屈原《离骚》思郁以幽，文奇以崛，惊采绝艳，蔚为词赋之宗。自后司马相如、扬雄、班固、张衡、左思之徒，皆博雅君子，其所为赋罔不酝酿古今，错综名物，以文被质，度宫中商，丽句伟辞，骆驿奔会"[1]，表示认同。严可均《铁桥漫稿》卷六《司马长卿集叙》则以为："屈原为词赋之宗，宋玉亚之。长卿之与宋玉，在伯仲之间。"皆奉屈赋为"宗"，虽非"圣"说，但于相如赋，则有"非圣"之义。

　　虽然"赋圣"说有诸多质疑，但仍受到近现代学者的广泛接受。比如陶秋英认为相如赋"集各体之大成。……他的赋，绮丽朴茂，刚健柔媚，兼有各种风韵，不愧是汉赋的第一大家"[2]，即效仿元稹《唐故工部员外郎杜君墓系铭并序》赞美杜甫诗之"集大成"而开启后世"诗圣"说，以相如赋兼得屈宋之抒

---

① 朱彝尊：《经义考》卷二百八十《朱氏骈雅》。
② 陶秋英：《汉赋之史的研究》第三篇第二章，1939年上海中华书局铅印本。浙江古籍出版社1986年重版时改名为《汉赋研究》。

情、荀卿之说理与枚乘之问答，而为"赋圣"说作一形象之诠解。如果落实到"赋圣"说与文学批评的关联，又可由相如赋衍生出几个问题：

一是"经赋"论。在汉、晋时代，赞誉相如文章，一指"经师"，一指"辞宗"，绾合二者，正是史迁论《春秋》《易》《大雅》《小雅》之于王政的功用，称相如赋"与《诗》之风谏何异"，扬雄归相如于"孔氏之门用赋"同此义理。尽管相如"赋圣"说的出现是缘文章学（或辞章学）之兴盛而渐渐脱离"经学"致用观，然伴随着"赋圣"的赞誉话语，却始终缠绕着汉儒赋本经义的思想。杨慎《丹铅余录·续录》卷五说"汉兴，文章有数等。……司马相如、东方朔，讽谏之文"，是内含经义思想的。到了清代，赞誉相如赋者尤多，其中一个重要意向，就是引述杨慎之"讽谏"论以为立言旨趣，如吴景旭、尤侗均引其说，或以为"用修好贬人，而其言如此"①，表达了一种认同。最有趣的是，后世凡为赋体辩护，多以史迁评相如赋同于《诗》（经义）之用为言说模式，其中比较典型的是白居易《赋赋》为考场律赋张本，也是将其提升到经义的高度，即"酌遗风于三代，明变雅于一时。全取其名，则号之为赋；杂用其体，亦不违乎《诗》。四始尽在，六义无遗"。可以说，"窥圣必宗于经"（刘勰《文心雕龙·征圣》）使历史的诸"圣"必效仿于孔子之"大成至圣"，而赋圣之宗"经"，也正是其中隐含的理论情结。

二是"宗汉"观。在赋论史上，宗楚则"祖屈"，宗汉则"尊马"，而"祖骚宗汉"又为其折衷之论。在相如"赋圣"说较为流行的明代中后期，"赋圣"说成立的前提，就是赋史的"宗汉"，其极端论调应该是"唐无赋"说。在明代初年，一些学者出于强烈的治世意识，轻视文采，对司马相如的批评是"无识为已甚"（方孝孺《与郑叔度书》）、"祸天下万世之蛊毒"（胡直《瑞泉南先生文集序》）等，均非就文论文。然随着中后期文学复古思潮的兴起，明人论赋多继承祝尧"祖骚宗汉"之说，所谓"以屈宋冠之，以此文人之宗祖也"（李宾《八代文钞叙》）。这一时期的学者对前朝或当世赋作的选录或品评，又显然以"宗汉"为主，顾锡畴编辑《秦汉鸿文》，于《叙》文中称赞"文学则长卿、枚

---

① 吴景旭引语载《历代诗话》卷十三《丙集》上之上《赋》，尤侗之引语载《读东坡志林》，"用修好贬人，而其言如此"语见尤说。

叔"①，因为重视作为"文"中尤其博丽的"赋"，所以因尊体而"宗汉"。又如吴宗达《赋珍叙》论两汉之赋：

> 西京之文，号为尔雅，而挨藻宣华，特赋为甚。投湘问鹏之外，似已不免作法于奢，然鲜丽少俳，纵横多致，于长卿见风雅之遗焉。子云逊美，所称神化所至，不从人间来者也。东京递降，性情远于雕镂，体裁弊于声律。

其论赋宗汉，更重西京，以明其"体"义及宗旨。明人与此相近的论述甚多，随录两则如次：

> 宋玉嗣响（屈骚），颇得邯郸之步。而后之作者，虽相颉颃，要以微入无垠，或合或离，独司马长卿最为杰出。次贾长沙，又次扬子云、班孟坚，又次张平子、曹子建、陆士衡。……唐宋以还，亦同祖风骚，然皆自以其赋为赋，绳以古法，若培蝼之与泰岱。
>
> （汪廷讷《文坛列俎评文·赋则》卷九）

> 赋别为体，断自汉代。……《汉书·乐志》云："汉立乐府，采诗夜诵，多举司马相如等造为诗赋，略论律吕，以合八音之调。"是相如诸赋当时皆以入歌者也。观《上林》《长杨》散文多，何以合乐，不得其解者久之。老而始悟，盖散文诵而不歌，如后世院本之道白也；其有音韵乃以瑟筝之类歌，如后世之白毕唱词也。
>
> （费经虞《雅伦》卷四）

前一则推崇相如赋的杰出地位，后一则解析相如赋的歌、诵问题，他们对相如赋的见解，在当时应该是较普遍的共识，这也从历史的意义在理论上进一步确立了相如的"赋圣"地位。

---

① 顾锡畴《秦汉鸿文叙》，载汪廷讷《文坛列俎评文·赋则》卷九《秦汉鸿文》卷首。

三是"代胜"说。与赋体"宗汉"说相关的就是文学"一代有一代之胜"观念的形成,如果没有"汉之赋"作为"一代文学"的代表性与经典性,相如"赋圣"说只能是一时偶发之谈,而没有赖以支撑的理论基础。"一代文学"的观念在金、元时代已形成,如孔齐《至正直记》引虞集语有"一代之兴,必生妙才,必有一代之绝艺,足称于后世者。汉之文章,唐之律诗,宋之道学,国朝之今乐府",至明清迄近代,这种观念仍在发展,如谓"汉之赋,唐之诗"(艾南英《答杨淡云书》)、"一代有一代之所胜……汉之赋为周秦所无,故司马相如、扬雄、班固、张衡为四百年之作者……魏晋以后之赋,则汉赋之余气游魂"(焦循《易余籥录》卷十五)、"楚之骚,汉之赋……所谓一代之文学,而后世莫能继焉者也"(王国维《宋元戏曲史序》)。这里有一重要现象,即分楚"骚"与汉"赋"为二体,就像明人俞王言《刻辞赋标义序》所说的"艺林之技,首推辞赋。辞则屈子从容于骚坛,赋则马卿神化于文苑"。出于这层考虑,我们再看明人对相如赋的评价:如尹台《洞麓堂集》卷三《送郡侯周公擢赴贵州学宪序》论地域文明,列举蜀地相如等说"是故蜀始司马相如之述制,而严君平、王褒、扬雄之俦继之,辞文遂最一代",内含有"一代文学"之义;或如郭正域《选赋》卷三《子虚赋·眉批》评点相如赋作时说的"逞奇斗丽,遂为赋家滥觞。然譬之徒牢,自有神力。诸家费尽气力,终难凑泊到",其中也蕴含着相如赋的开山意义。

四是"示范"性。程廷祚《青溪集》卷三《骚赋论中》论相如赋谓"《子虚》《上林》,总众类而不厌其繁,会群采而不流于靡,高文绝艳,其宋玉之流亚乎?其次则扬雄也,王褒又其次也",说明的是相如赋创作对后人的示范性。然这句话之前,程廷祚还有一语是:"长卿天纵绮丽,质有其文;心迹之论,赋家之准绳也。"这里所谓的"准绳",无疑具有了赋学理论的指导(示范)性质,而其中所谓相如的"赋迹""赋心",又恰是赞成相如"赋圣"说者最爱援引的。也正是这段《西京杂记》中"相如曰"中有关"赋迹"与"赋心"的论赋语,被明清时人反复引述,成为其证明"赋圣"说的重要的理论依据之一。最典型的是王世贞在《艺苑卮言》中认为"长卿之赋,赋之圣也",评其创作"运笔极古雅,精神极流动,意极高,所以不可及",言及作赋原则,引的正是这则话语。又比如李鸿《赋苑·凡例》:

传曰：登高能赋可为大夫，言感物造端，材智深美，可以图事见功。
而长卿亦云："赋家之心，包括宇宙，总览人物，斯乃得之于内，不可得而
传。"长卿而下，赋家所推，岂不以子云为祭酒。而子云自巽晚乃叹曰：
"诗人之赋丽以则，词人之赋丽以淫。"是有寿陵余子之微憾也。

这也是将推尊汉赋的巅峰集中到相如赋，并以"相如之论"确立其义，以构
建起赋体的典范。清代的储大文论"作赋"即引《西京杂记》中"相如曰"语，
认为"此榷艺至言，功侔神化，未可以《西京杂记》为赝书而遂轻之"①。可以
这样认为，在前引诸论家眼中，"相如曰"中的"赋迹"与"赋心"说的历史真
实性并不重要，而奇特的是这则言谈被捆绑于"赋圣"说而具有了从创作到理论
的示范性，其所演绎的一段新的赋学历史，倒是非常有意义的。

从"辞宗"到"赋圣"完成了相如赋经典化的历史过程，其评价也渐由经
学与辞赋的纠结指向赋文。清代虽有与明人阐释"赋圣"诸论不同之处，但对相
如在汉赋创作中的功绩，皆不讳避。如赵翼《〈汉书〉多载有用之文》认为《汉
书》所载相如等人赋，是因为"班固本以作赋见长，心之所好，爱不能舍，固文
人习气，而亦可为后世词赋之祖也"，说明赋家气味相投的爱好。张惠言《七十
家赋钞目录序》认为赋家"神明为之橐，则司马相如之为也。其原出于宋玉，扬
雄恢之"，说明相如在早期赋史发展中的作用。刘熙载《艺概·赋概》则谓"相
如一切文，皆善于架虚行危。其赋既会造出奇怪，又会撇入窅冥，所谓'似不从
人间来者'此也"，又凸显相如作品的卓绝贡献。各种说法虽不尽相同，但有一
个共同的特点，就是将相如赋回归汉廷所作出的文学性的思考。

这种现象到近代学者笔下尤为突出，这与"一代文学"的史观相关。如胡朴
安《读汉文记》评相如赋"论者谓《子虚》紧峭，《上林》衍博。余谓二赋浩气
内转，精光外溢，譬之长江巨河，大波堆银，细沫喷雪，心骇目惊，莫可名状。
千里一曲，自成波澜，特人不见耳"，以代表作品彰显代表作家的成就。鲁迅
《汉文学史纲要》论相如"其专长，终在辞赋，制作虽甚迟缓，而不师故辙，自

---

① 引自储大文《存研楼文集》卷十六《杂文·作赋》。

摅妙才，广博闳丽，卓绝汉代"，以代表作家彰显时代。汪吟龙《汉赋考序》认为"古来文学，莫盛于汉，汉代文人，多工为赋。故欲明中国文学，不可不知汉代文学，欲明汉代文学，不可不知汉赋"，以特定时代彰显特殊文体（赋）。综合众家言论，可知相如赋之所以被奉为"经典"，并进入现代赋论视域，必基于两点，就是时代性与独创性。

应天地出版社友人之邀，撰写《司马相如传》，这一则因我与该社有前缘，出版过《宋诗》一书，一则因我也与司马相如有较深的"情缘"，此或许是更为重要的原因。

20世纪80年代，本人因写《汉代文学思想史》，必然关注到汉赋，关注到司马相如，相继有涉及相如的论文问世；90年代我与郭维森先生合作《中国辞赋发展史》，又必然面对相如的创作文本，于是相继又有专论相如赋的系列文章发表。

本世纪初，我应邀分别于2006年往四川邛崃（临邛）参加"文君文化节"活动，发表《弹琴而感文君——司马相如"琴挑文君"说解》的讲演，2007年往四川蓬安参加"纪念相如县建立1500年暨司马相如学术研讨会"活动，又发表《诵赋而惊汉主——司马相如与汉宫廷赋考述》的讲演。正是这次去蓬安，因感于活动主办方的热情，在会议及活动结束时，于主人设办的茶会上，我即席赋诗云：

> 万里金陵客，久怀朝圣心。蓬安多胜迹，赋笔两知音。汉主凌云意，文君月夜琴。奇才逢盛世，安辨古与今。

"金陵客"是自谓，"朝圣心"表示对赋圣的心仪，"两知音"指文君与武帝，"盛世"明写汉武帝朝，暗喻现实，所谓心游万仞，思接千载，已"不信人间有古今"（朱熹诗句）了。诗成后当即书成长卷，赠送当地政府，后刊发于《蓬安日报》。大约2013年又应贵州瓮安县邀请，我代表"中国赋学会"为该县颁发"辞赋之乡"的牌匾，观赏《相如、盛览问对》雕像，于是撰写了《论"盛览问作赋"的文学史意义》，后刊发于《华中师范大学学报》，既应景，亦传文。

自己因有关于相如赋的文章面世，且游访相如故里而生些许灵感，曾在2007年受上海电视台《文化中国》栏目之邀，作《司马相如的传奇故事》访谈节目，计八集，后由编导、主持与嘉宾将访谈录略加整理，合成小书一册，名曰《赋者风流——司马相如》，由上海文化出版社2008年出版发行。

教学相长，我相继指导两位硕士生研究司马相如生平、事迹与文章，所成论文分别是戎丽娟的《相如琴挑文君本事及其衍变考述》（2008年）和刘泽的《司马相如本事研究》（2013年）。两篇论文搜集相如材料详尽，分析有关问题明晰，尤其是刘泽文章分别以"凤求凰""相如病"与"凌云笔"三者构篇，关注诸端的原型、流传与发展，其成果堪称是对相如人生的重大问题的解读。当年我助力构画并指导其成篇，今撰写传文，又从中多有取资借用，包括材料的选择与文本的分析，这是应该特别感谢的。同样，学棣王思豪、蒋晓光、邓稳教授一些涉及相如赋的论文，皆与当年指导其撰写博士论文有关联，这次也颇多借鉴与参引。

2021年春，为庆祝建党百年，北京《诗刊》社与相如家乡蓬安县合办了"抒写盛世大赋，庆祝建党百年——'司马相如杯'中华辞赋大赛"，我受大赛筹委会特邀，撰写《绿水青山赋》千余言，刊发于《中华辞赋》2021年第7期。因为是"司马相如杯"，且我的赋作序文与赋文开篇都先言相如家乡蓬安之形胜与故事，所以抄录如次：

绿水青山赋（并序）

予昔游嘉陵山水，遥想明皇命吴道子图大同殿壁故事，到蓬安，望龙角山，过锦屏镇，临五马奔江处，忆相如琴台，尤醉心于赋圣笔底波澜。己亥秋，往浙江湖州之余村，见平旷草茵矗立巨碑石，上镌字曰"绿水青山，就是金山银山"。俄尔进两山会址，观习总书记当年讲话录像，谆谕在耳；又见村中景象，荷塘碧玉，翠竹幽篁，如入桃花源境矣。岁越两载，时逢辛丑，值中国共产党诞生百年之际，万象日新，看大好河山，赞生态中国，感成赋曰：

嘉陵山水，圣境蓬安，三百里风景再现，大同殿壁图辉煌。五马渡江，曾忆千年景象；万方物色，遥望众阜晴冈。锦屏镇前，诗意徘徊驻足；龙角山下，琴心倾诉衷肠。巴蜀来游，又到浙江，菰湖灵域，划野辟疆，北濒太湖，南接余杭。崇莫干之耸屹，广震泽之梯航。杨柳带风，丰碑矗立；双溪流韵，民生弘扬。乃江南之胜迹，实文脉乎贻芳。人与自然，万象更张。赞中华之日盛，看大地之新装。建三才乃可久，开二仪得显彰。中华正气，布烟霞以润泥；人类共同，植荃荛而成行。乐山乐水，尽天涯而临海角；一阴一阳，备藻缋以著华妆。

猗欤美哉！一江碧水，轶瑶池而波荡；两岸青山，接昆仑以腾骧。逾峻岭，超连冈，西合乎蒙汜，东苞乎扶桑。吉林雾凇，桂林山水，黄山云海，湘西凤凰。更有天山飞雪，遥映昭提寺院；壶口流瀑，并美九寨风光。油菜花，千垛水乡，迎来四方宾客；胡杨树，伊犁河谷，又见曲水流筋。都市风华，历千年而新构；九州生机，萃万象之琳琅。

尔乃以史为鉴，兴衰宜商。不违农桑，谷物盈筐，不失其时，斩伐养长。以食为天，四季行藏。稼穑惟宝，动植协调，天然有机，养生良方。以治为要，营构设防。去陈出新，时代风尚，生态指标，守责乃匡。以景为观，月色荷塘。于是变积淤而为通渠，改荒漠而为林墙。黄河清，成就梦想；蜀山兀，故旧忧伤。景澄则岩岫开镜，风生则芳林荣昌。长白山，渤海湾，划出自然生命线；库布奇，塞罕坝，写就人生好文章。洞庭湖边，又闻渔舟唱晚曲；扬子江上，目送悬帆燕语樯。绘城乡之妍丽，协阴阳之柔刚。创新、开放，保护自然底色；宁静、和谐，共享社会安康。

嗟乎！天人合一，道法自然。畋不掩群，渔不竭泽，周礼之所教训；数罟洿池，胜食鱼鳖，孟子之所衡量。民胞物与，张横渠之义理；如许清流，朱晦庵之诗囊。大禹治水，愚公移山，女娲补天，精卫填海，虽神话亦助于人世；潮平岸阔，采菊东篱，朝云暧碟，山色晴空，乃词人吟奏之笙簧。良禽择木，鱼逐水居，天育物有待时序，地生财奢汰意妨。绿色生态，何限乎南北；重光赋彩，抑或是寻常。蓝天白云，曜灵隆曦以欣忭；五岳四海，望舒临照而未央。噫！生态兴，文明彰，民福祉，国祯祥。于彼高冈，欣闻凤鸣盛德；两山理论，试看东作朝阳。

赞曰：太极两仪，天地刚柔；生态保护，幸福之舟；青山绿水，美丽神州；小康社会，绘制春秋；河清海晏，智慧运筹；循自然以发展兮，酬庸以沐麻。

盛世"相如赋"，诞生在那个叫作"大汉"的历史土壤，今天在新的时代，酬庸以沐麻，回望那些两千年前的往事，自己能为"赋圣"作传，也不失为一种幸运。